Thema Sprache – Wissenschaft für den Unterricht

Hrsg. von Björn Rothstein

Wissenschaftlicher Beirat

Ursula Bredel (Hildesheim)
Andreas Grünewald (Bremen)
Lena Heine (Bochum)
Karin Kleppin (Bochum)
Nicole Marx (Paderborn)
Grit Mehlhorn (Leipzig)
Johannes Müller-Lancé (Mannheim)
Claudia Riemer (Bielefeld)
Dirk Siepmann (Osnabrück)
Markus Steinbach (Göttingen)
Rosemarie Tracy (Mannheim)

Thema Sprache – Wissenschaft
für den Unterricht

Herausgegeben von Björn Rothstein

Band 10

Zur Entwicklung metasprachlicher Fähigkeiten bei Kindern mit ein- und mehrsprachigem Hintergrund

von

Andreas Krafft

Schneider Verlag Hohengehren GmbH

Titelbild: www.istock.com

Diese Arbeit wurde als Dissertation am Fachbereich Neuere Philologie der Goethe-Universität Frankfurt a.M. angenommen.

D.30

Gedruckt auf umweltfreundlichem Papier (chlor- und säurefrei hergestellt).

Bibliografische Information der Deutschen Nationalbibliothek

Die Deutsche Nationalbibliothek verzeichnet diese Publikation in der Deutschen Nationalbibliografie; detaillierte bibliografische Daten sind im Internet über ›http://dnb.d-nb.de‹ abrufbar.

ISBN 978-3-8340-1368-2
Schneider Verlag Hohengehren, 73666 Baltmannsweiler
Homepage: www.paedagogik.de

Alle Rechte, insbesondere das Recht der Vervielfältigung sowie der Übersetzung, vorbehalten. Kein Teil des Werkes darf in irgendeiner Form (durch Fotokopie, Mikrofilm oder ein anderes Verfahren) ohne schriftliche Genehmigung des Verlages reproduziert werden.
© Schneider Verlag Hohengehren, Baltmannsweiler 2014.
   Printed in Germany. Druck: Esser Druck, Bretten

Inhaltsverzeichnis

Vorwort   5

0   Einleitung   6

1   Zum aktuellen Stand der Zweitspracherwerbsforschung   8
    1.1   Begriffsklärung   9
    1.2   Forschungsstand zum Verlauf des frühen Zweitspracherwerbs   11
    1.3   Transfer und Interferenz im L2-Erwerb   15
    1.4   Der Altersfaktor im frühen L2-Erwerb   16
    1.5   Weitere Einflussfaktoren   18
    1.6   Zur Situation von Lerner/inne/n mit Deutsch als L2 im deutschen Bildungssystem   23

2   Sprachbewusstsein und metasprachliche Fähigkeiten – der Forschungsstand   28
    2.1   Einführung und Begriffsklärung   28
       2.1.1   Überblick über die in der Forschung verwendeten Begriffe   30
       2.1.2   Begriffliche Festlegung   37
    2.2   Metasprachliches Verhalten und metasprachliche Fähigkeiten – Ein Überblick über den Forschungsstand   38
       2.2.1   Metaphonologische Fähigkeiten   40
       2.2.2   Meta-morphosyntaktische Fähigkeiten   41
       2.2.3   Metalexikalische Fähigkeiten   43
       2.2.4   Metasemantische Fähigkeiten   45
       2.2.5   Metapragmatische und metakommunikative Fähigkeiten   46
    2.3   Theorien zur Entwicklung metasprachlicher Fähigkeiten   47
       2.3.1   Andresen: Theorie der ‚eigentlichen Sprachbewusstheit'   47
       2.3.2   Schöler / Hakes: Kognitivistische Theorie und die Trennung von implizitem und explizitem metasprachlichem Wissen   48
       2.3.3   Gombert / Karmiloff-Smith: Entwicklungsstufen und das RR-Modell   49
       2.3.4   Bialystok: Zwei-Komponenten-Modell   52

		2.3.5 Zusammenfassung und Evaluation der Theorien	55

3 Metasprachliche Fähigkeiten bei Kindern mit mehrsprachigem Hintergrund — 56

3.1 Untersuchungen zur Entwicklung metasprachlicher Fähigkeiten bei mehrsprachig aufwachsenden Kindern — 56
    3.1.1 Untersuchungen zu meta-morphosyntaktischen Fähigkeiten — 58
    3.1.2 Untersuchungen zu metalexikalischen Fähigkeiten — 59
    3.1.3 Untersuchungen zu metasemantischen Fähigkeiten — 62
    3.1.4 Zusammenfassung — 64

3.2 Formulierung der Hypothesen — 66

4 Empirische Studie — 68

4.1 Zusammenstellung und Beschreibung der Stichprobe — 68
    4.1.1 Einteilung nach dem Alter (Kl. 1 / Kl. 4) — 69
    4.1.2 Einteilung nach der Sprachbiographie (D=L1 / D=L2) — 70

4.2 Durchführung und Auswertung der Untersuchungsverfahren — 75
    4.2.1 Vortest zur Ermittlung sprachlicher Fähigkeiten — 75
    4.2.2 Grammatikalitätsurteile — 82
    4.2.3 Fragen zum Wortbegriff — 94
    4.2.4 Lexikalische Segmentierung — 104
    4.2.5 Bildung formaler Definitionen — 113
    4.2.6 Einflüsse von Alter und Geschlecht der Proband/inn/en auf die Ergebnisse — 122
    4.2.7 Zusammenhang zwischen metasprachlichen und sprachlichen Fähigkeiten — 123
    4.2.8 Zusammenhang zwischen metasprachlichen Fähigkeiten und den erfragten Daten zur Sprachbiographie — 127

4.3 Diskussion der Ergebnisse — 130
    4.3.1 Zur Hypothese I — 130
    4.3.2 Zur Hypothese II — 131
    4.3.3 Zur Hypothese III — 132
    4.3.4 Zur Hypothese IV — 133
    4.3.5 Zur Hypothese V — 134
    4.3.6 Zur Frage der Entwicklung metasprachlicher Fähigkeiten — 134

5	**Didaktischer Ausblick**		**135**
	5.1	Sprachbetrachtung für mehrsprachige Lerner/innen – Eine Bestandsaufnahme	135
		5.1.1 Zur Frage der Notwendigkeit einer mehrsprachigkeitsorientierten Grammatikdidaktik	136
		5.1.2 Didaktische Konzepte im Vergleich	138
	5.2	Die Untersuchungsergebnisse und ihre didaktischen Konsequenzen	146
		5.2.1 Folgerungen für den Stellenwert der Erstsprachen in Gesellschaft, Schule und Familie	147
		5.2.2 Folgerungen für den Sprachunterricht in der Primarstufe	148
	5.3	Fazit	155
6	**Literaturverzeichnis**		**157**
7	**Anhang**		**169**
	7.1	Material für die Sprachstandserhebung: LiSe-DaZ – Pilotierung III (Modul: Sprachproduktion)	169
	7.2	Beispielhafte Analyse einer Sprachstandserhebung	174
	7.3	Fragebogen (Kl. 1)	177
	7.4	Beispielhafter Verlauf einer Vorbereitungsphase zum Befragungsteil „Grammatikalitätsurteile"	180
	7.5	Informationen zur Sprachbiographie der Proband/inn/en mit DaZ	182
	7.6	Rohwerte der Proband/inn/en	184

Abkürzungsverzeichnis

aL2:	später Zweitspracherwerb (adult L2)
BICS:	Basic interpersonal communicative skills
CALP:	Cognitive academic language proficiency
cL2:	früher Zweitspracherwerb (child L2)
DaM:	Deutsch als Muttersprache
DaZ:	Deutsch als Zweitsprache
fL2:	früher Zweitspracherwerb
+G+M:	Grammatikalisch korrekter, semantisch akzeptabler Satz
–g–m :	Grammatikalisch und semantisch abweichender Satz
+G–m:	Grammatikalisch korrekter, semantisch abweichender Satz
–g+M:	Grammatikalisch abweichender, semantisch akzeptabler Satz
L1 / L2:	Erstsprache / Zweitsprache
SSES:	Spezifische Sprachentwicklungsstörung

Vorwort

Die vorliegende Arbeit ist eine überarbeitete Fassung meiner Dissertation, die in den vergangenen Jahren an der Goethe-Universität Frankfurt a. M. entstanden ist. Die Begeisterung für empirische Fragestellungen zu Spracherwerb und Sprachdidaktik, die sich in vielen Gesprächen dort ebenso wie im Zusammenhang mit meiner Arbeit an der Pädagogischen Hochschule Karlsruhe entwickelt hat, bündelt sich in der im Folgenden dargestellten Untersuchung.

Zuallererst aber ist es mir ein Anliegen, die Menschen zu erwähnen, die zum Entstehen und Gelingen dieser Dissertation beigetragen haben. Mein erster Dank gilt Herrn Prof. (em.) Dr. Jochen Möckelmann, ohne dessen Initiative die Arbeit niemals begonnen worden wäre. Ebenso danke ich meiner Betreuerin Frau Prof. Dr. Petra Schulz für ihr Zuhören und Mitdenken, für die vielen intensiven Gespräche sowie für zahlreiche kritische, aber immer konstruktive und hilfreiche Anregungen. Meinem Zweitgutachter Herrn Prof. Dr. Michael Hug bin ich für seine stetige Gesprächsbereitschaft und für viele wertvolle Impulse ebenfalls dankbar. Ebenso danke ich den weiteren Mitgliedern meines Promotionsausschusses, Frau Prof. Dr. Ilonca Hardy, Herrn Prof. Dr. Manfred Sailer und Herrn Prof. Dr. Helmut Weiß, für ihre Mitarbeit und für die interessanten Gespräche.

Von den zahlreichen Kolleginnen und Kollegen an der Goethe-Universität Frankfurt a. M. und an der Pädagogischen Hochschule Karlsruhe, die sich Zeit für Gespräche genommen haben und mit denen ich Fragen unterschiedlichster Art besprechen konnte, danke ich ganz besonders Frau Prof. (JP) Dr. Johanna Fay und Frau Dr. Barbara Geist. Auch meinen Hilfs-Kräfften, namentlich und stellvertretend Ann-Kathrin Fingler, Cornelia Baumgärtner, Julia Mattes, Anna Lüll und Annika Heitz, möchte ich ein herzliches Dankeschön für ihre engagierte und zuverlässige Unterstützung aussprechen. Abschließend danke ich ganz besonders allen Lehrerinnen und Lehrern, die mir in der Pilotphase sowie bei der eigentlichen Untersuchung die Türen ihrer Klassenzimmer öffneten, und natürlich den Kindern, die fröhlich und motiviert mitarbeiteten und mir mit ihren Äußerungen über Sprache und Sprachen in vielfacher Weise die Augen öffneten.

Der letzte und größte Dank geht an meine Frau Carolin und an meine Kinder Jonas, Lea und Joel. Ohne ihre Geduld, ohne ihre vielfältige moralische und praktische Unterstützung wäre die Arbeit wohl begonnen, aber niemals beendet worden.

0 Einleitung

„Mit dem Zauberstab des Wortes bildet der Mensch aus der Formlosigkeit und Bewegtheit der Welt die ordnenden Gestalten der Begriffe." (Ludwig Reiners)
„Wenn's keine Wörter gibt, dann wär's ganz schön langweilig." (Junge, Kl. 1, DaZ[1])

Äußerungen von Kindern zur Sprache lassen uns immer wieder staunen oder schmunzeln. Oft übergehen wir diese, da in der konkreten Kommunikationssituation der Inhalt des Gesagten wichtiger erscheint als die sprachlichen Mittel, die diesen Inhalt transportieren – allzu häufiges metasprachliches Reflektieren würde ein effektives Kommunizieren erheblich erschweren.

Im Deutschunterricht dagegen stellt die Betrachtung von Sprache ein traditionelles Arbeitsfeld dar, sodass spontane Sprachbeobachtungen von Kindern einen hohen Stellenwert genießen – sollte man meinen. Tatsächlich wissen wir auch heute noch viel zu wenig über die Entwicklung der kindlichen Fähigkeit, Sprache distanziert zu betrachten und zu beschreiben. Dies gilt insbesondere für mehrsprachige Kinder mit Deutsch als früher Zweitsprache, die an deutschen Schulen eine stetig wachsende Gruppe darstellen. Den Ergebnissen internationaler Vergleichsstudien lässt sich entnehmen, dass gerade diese Kinder im deutschen Bildungssystem nicht ausreichend erfolgreich sind, was auf einen dringenden Handlungsbedarf schließen lässt.

Ein ganz wesentlicher Aspekt bei der Förderung ihrer sprachlichen Fähigkeiten besteht darin, die Mehrsprachigkeit dieser Kinder nicht als bedauerliches Hindernis anzusehen – im Gegensatz zu häufigen Tendenzen im gesellschaftlichen Diskurs, die sich auch auf die Einstellungen von Lehrer/inne/n und Eltern auswirken. Der Vorteil, mehrere Sprachen als Kommunikationssystem nutzen zu können, kann noch sehr viel stärker als bisher hervorgehoben werden – zumal wir aus der aktuellen Spracherwerbsforschung wissen, dass Mehrsprachigkeit an sich kein grundsätzliches Hindernis für eine erfolgreiche kognitive und sprachliche Entwicklung darstellt.

Einen Ansatzpunkt, positive Aspekte von Mehrsprachigkeit herauszustellen, bieten möglicherweise die Forschungsarbeiten zur Entwicklung metasprachlicher Fähigkeiten. Zahlreiche Untersuchungen haben bereits gezeigt, dass sich simultaner Bilingualismus positiv auf bestimmte Aspekte von Sprachbewusstsein und Sprachreflexion auswirken kann. Die Übertragbarkeit dieser Ergebnisse auf Kinder mit sequentiellem Bilingualismus und einem frühen Zweitspracherwerb (ab ca. 3 Jahren), die an deutschen Schulen zahlreich vertreten sind, ist dagegen noch offen. Mit diesem Desiderat befasst sich die vorliegende Untersuchung.

Zwar scheint es sich allmählich in der sprachdidaktischen Diskussion durchzusetzen, „Mehrsprachigkeit als Ressource" (Horstmann 2002) anzusehen – jedoch wird diese Annahme erstens nur selten hinterfragt: Wo genau liegen die Vorteile

---

[1] Es handelt sich um den Probanden mit der Kennung D2-KA1-16-M (vgl. 4.1)

mehrsprachiger Kinder, und in welchen Bereichen haben die Zweitsprachlerner/innen eventuell auch Nachteile? Zweitens ist es bisher kaum gelungen, diese Annahme konsequent in flächendeckend durchführbare praktische Konzepte umzusetzen. Zwar liegen einzelne Entwürfe vor, die teilweise recht unreflektiert von offensichtlich vorhandenen metasprachlichen Fähigkeiten der mehrsprachigen Kinder ausgehen; ich halte jedoch eine genauere Untersuchung der Grundlagen für unverzichtbar. Spezielle Kompetenzen (und eventuell auch Nachteile) der Kinder mit sequentiellem Bilingualismus müssen präzise ermittelt werden, um auf dieser Grundlage neue und linguistisch fundierte Wege im Umgang mit Mehrsprachigkeit zu erarbeiten.

Um Hypothesen zur Entwicklung metasprachlicher Fähigkeiten bei mehrsprachigen Lerner/inne/n mit frühem Zweitspracherwerb aufstellen zu können, werden im ersten Kapitel zunächst die Besonderheiten dieser Erwerbsform herausgearbeitet. Dies geschieht unter Berücksichtigung der verschiedenen Faktoren, die nach aktueller Kenntnislage den Verlauf des Zweitspracherwerbs beeinflussen.

Anschließend werden angesichts des noch sehr uneinheitlichen Forschungsfeldes die zu verwendenden Begriffe aus dem Komplex ‚Metasprache' geklärt und die für die Arbeit relevanten Termini präzise bestimmt. Es folgt ein Überblick über verschiedene Teilbereiche metasprachlichen Verhaltens, die sich nach den linguistischen Subdisziplinen (Phonologie/Graphematik, Morphosyntax, Lexik, Semantik und Pragmatik) einteilen lassen, und über den Forschungsstand zu deren Entwicklung bei einsprachigen Lerner/inne/n. Wie zum Erst- und Zweitspracherwerb, so existieren auch zum Erwerb metasprachlicher Fähigkeiten Theorien, die auf unterschiedlichen Grundannahmen basieren; diese werden unter 2.3 einander gegenübergestellt und verglichen.

Das dritte Kapitel enthält eine Darstellung bereits vorliegender Forschungsergebnisse zur Entwicklung metasprachlicher Fähigkeiten bei mehrsprachigen Kindern, wobei die dargestellten Untersuchungen überwiegend mit Kindern mit zwei Erstsprachen durchgeführt wurden. Auf dieser Basis werden Hypothesen zur Entwicklung metasprachlicher Fähigkeiten bei Kindern mit frühem Zweitspracherwerb formuliert.

Den Kern der Arbeit bildet das vierte Kapitel mit der Vorstellung der empirischen Studie und der Ergebnisse. Die Fragestellung lässt sich vorläufig folgendermaßen zusammenfassen: Wie unterscheidet sich die Entwicklung metasprachlicher Fähigkeiten bei mehrsprachig aufwachsenden Kindern von der bei monolingualen Kindern? Zur Klärung dieser Frage wurden ein- und mehrsprachigen Kindern verschiedenen Alters Aufgaben gestellt, deren Bearbeitung auf ihre metamorphosyntaktischen, metalexikalischen und metasemantischen Fähigkeiten schließen lässt.

Im abschließenden fünften Kapitel werden auf der Grundlage dieser Ergebnisse bereits vorliegende fachdidaktische Konzeptionen diskutiert und mögliche Konsequenzen für den Deutschunterricht in der Primarstufe formuliert.

1 Zum aktuellen Stand der Zweitspracherwerbsforschung

Im Rahmen dieser Arbeit werden die metasprachlichen Fähigkeiten von Kindern mit unterschiedlichen Sprachbiographien untersucht. Von besonderem Interesse ist dabei der Erwerb des Deutschen als frühe Zweitsprache; deshalb wird dieser Erwerbstypus im folgenden Kapitel genau bestimmt und vom Erstspracherwerb abgegrenzt, auch sollen Einflussfaktoren für den Verlauf des frühen Zweitspracherwerbs erläutert werden. Die Ergebnisse dieser Beschreibung müssen bei der Bildung der Hypothesen berücksichtigt werden.

Echte Monolingualität, wie sie z. B von Weisgerber (1966) als Normalzustand angesehen wurde, ist, wie wir heute wissen, nicht mehr als ein Konstrukt. Dies zeigen schon die Erkenntnisse der Soziolinguistik zu Dialekten, Soziolekten oder Registern, durch die offensichtlich wird, dass jedes Individuum über unterschiedliche Sprachvarietäten verfügt und diese im optimalen Fall bewusst und zielgerecht einsetzt. Daraus folgt auch, dass das ‚Ideal Einsprachigkeit' bzw. der „monolinguale Habitus" (Gogolin 1994, vgl. 1.6) nicht haltbar ist. Für die vorliegende Untersuchung bedeutet diese Einschränkung, dass im Folgenden bei Monolingualität eine ‚relative Einsprachigkeit' gemeint ist, dass also von Menschen die Rede ist, die einen einfachen Erstspracherwerb durchlaufen haben und keine Zweitsprache in der frühen Kindheit erlernt haben. Personen, die Hochsprache und Dialekt beherrschen oder in der Schule eine Fremdsprache erlernen und somit im strengen Sinne nicht monolingual sind, werden dennoch einbezogen.

Die Bewertung von Mehrsprachigkeit in unserer Gesellschaft erscheint häufig als ambivalent: Auf der einen Seite wird sie geschätzt und gefördert, z.B. durch aufwändigen und immer früher einsetzenden Fremdsprachenunterricht – auf der anderen Seite wird sie offenbar als wenig vorteilhafte Abweichung von der Norm empfunden. Tracy/Gawlitzek-Maiwald weisen auf eine immer noch verbreitete Ablehnung hin, die „damit begründet wird, dass bilinguale Kinder überfordert, verlangsamt, phantasielos, gefühlsarm, doppelzüngig, berechnend, verlogen und oberflächlich seien und zur Schizophrenie neigten" (Tracy/Gawlitzek-Maiwald 2000: 495). Derartige Vorurteile sind keineswegs auf den deutschen Kultur- und Sprachraum beschränkt: „The monolingual-norm assumption gave rise to the negative myths surrounding bilingualism: bilingualism has been blamed for cognitive, social, and emotional damage to children." (Malakoff/Hakuta 1991: 141)

Dies führte (und führt teilweise noch heute) zu der Einstellung, Kinder und Jugendliche müssten nach Möglichkeit vor der aus Mehrsprachigkeit resultierenden ‚Mehrbelastung' geschützt werden (vgl. z.B. Brumlik 2000: 21). Eltern wird von mehrsprachiger Erziehung abgeraten, und auch die institutionelle Förderung in der Erstsprache wird als Hindernis angesehen, welches Defizite in anderen Bereichen verursachen könnte (vgl. auch Siebert-Ott 2000: 90).

Auch wenn die erwähnten Vorurteile keiner Reflexion, geschweige denn einer vernünftigen Überprüfung, standhalten, ist es immer noch eine nicht zu vernachlässigende Aufgabe der Zweitspracherwerbsforschung, den mehrfachen Spracherwerb als natürlichen und bewältigbaren Prozess zu beschreiben. Klein (2000: 537f.) weist mit einfachen Rechenbeispielen einleuchtend nach, dass global gesehen sowohl mehrsprachige Gesellschaften als auch mehrsprachige Individuen der Normalfall sind und keinesfalls Ausnahmen darstellen.

1.1 Begriffsklärung

Nun werden die für den Gegenstandsbereich wesentlichen Termini ‚Erstsprache' und ‚Zweitsprache' sowie verwandte Begriffe, die im weiteren Verlauf der Arbeit verwendet werden, bestimmt.

a) Erstsprache (L1), Muttersprache und Familiensprache

Der Begriff ‚Erstsprache' wird im Folgenden chronologisch verstanden, so beispielsweise auch bei Klein (1992: 16), nach dessen Definition ein Erstspracherwerb dann vorliegt, wenn zuvor noch keine andere Sprache erworben wurde. Gelegentlich ist der Terminus auch qualitativ besetzt und bezeichnet die am besten beherrschte Sprache, wobei dies in den meisten Fällen gleichzeitig die Mutter- bzw. Familiensprache und damit die als erstes erlernte Sprache sein wird.

Hier ist darauf hinzuweisen, dass der Erstspracherwerb auch mehrfach ablaufen kann: Wenn zwei Sprachen von Geburt an und ungesteuert erworben werden, wird von simultanem Bilingualismus gesprochen. Dies ist dann der Fall, wenn die Eltern (oder weitere Bezugspersonen) unterschiedliche Erstsprachen haben und mit dem Kind in ihrer jeweiligen Sprache reden. Für den simultan bilingualen Erwerb gibt es eine jahrzehntelange Forschungstradition mit zahlreichen Belegen dafür, dass er hinsichtlich des typischen Verlaufs als doppelter Erstspracherwerb aufgefasst werden kann (vgl. z.B. Meisel 2009: 5). Für den frühen Zweitspracherwerb, um den es in der vorliegenden Arbeit vor allem gehen wird, ist dieser Nachweis bisher nicht erbracht.

Der häufig mit ‚Erstsprache' synonym verwendete Begriff ‚Muttersprache' bezeichnet „formal betrachtet [...] die Sprache, die die Mutter spricht und die das Kind folglich als erste Sprache lernt." (Apeltauer 1997: 11) Allerdings muss es sich aufgrund unterschiedlichster Lebensumstände dabei nicht zwangsläufig um die L1 im Sinne der Spracherwerbsforschung handeln. Deshalb möchte ich im Folgenden den Begriff ‚Erstsprache' (L1) verwenden. Soll explizit der Status einer Sprache als Kommunikationsmittel in der Familie hervorgehoben werden, so wird diese als ‚Familiensprache' bezeichnet.

b) Zweitsprache (L2) und Fremdsprache

Mehrsprachigkeit kommt in Deutschland nicht nur bei Sprecher/inn/en mit Migrationshintergrund vor; Luchtenberg (2006[2]: 122ff.) nennt außerdem Sprachminderheiten (z.B. die Sorben in Brandenburg oder die Dänen in Schleswig-Holstein), Familien mit zwei Elternsprachen oder neu einwandernde Familien. Gleichwohl bilden Kinder und Jugendliche mit Migrationshintergrund[2] in unseren Kindertagesstätten und Schulen die bei weitem größte Gruppe, weshalb ich Mehrsprachigkeit und Migration im Folgenden nicht gleichsetzen, jedoch meinen Schwerpunkt auf die Bedingungen in Migrantenfamilien legen werde.[3]

Die Zweitsprache wird zeitlich versetzt zur Erstsprache ab dem dritten Lebensjahr oder später erworben, d.h. zu einem Zeitpunkt, zu dem das Kind bereits wesentliche Strukturen der Erstsprache erfasst hat (vgl. Apeltauer 1997: 68; Schulz/Grimm 2012: 164). Häufig wird dabei die Zweitsprache in der Lernumgebung, also in Bildungsinstitutionen wie der Kindertagesstätte oder Schule, benötigt. Gleichwohl spricht man hier von einem ungesteuerten Spracherwerb, da die Zweitsprache kaum systematisch und nach einem festen Curriculum gelehrt wird und in erster Linie zur kommunikativen Bewältigung von Alltagssituationen dient. Beim Fremdspracherwerb hingegen wird eine zweite Sprache mittels eines systematisch gesteuerten Unterrichts und meist in anderssprachiger Umgebung erworben. Die Fremdsprache ist im idealtypischen Fall ein eingeschränktes und selten als alltägliches Kommunikationsmittel verwendetes Medium (vgl. Günther/Günther 2004: 34).

Es ist durchaus zu erwarten, dass bei mehrsprachigen Lerner/inne/n entweder die Erst- oder die Zweitsprache dominant ist oder dass die Sprachen in unterschiedlichen Kontexten bevorzugt verwendet werden, was sich beispielsweise in einem domänenspezifischen Wortschatz auswirken kann (vgl. Scheib 2011: 7). Eine ‚doppelte Erstsprachigkeit' ist nicht der Regelfall und wird auch bei den Proband/inn/en dieser Studie nicht als gegeben angenommen.

---

[2] Damit sind im Folgenden Kinder und Jugendliche gemeint, die selbst Migrationserfahrungen gemacht haben oder in der zweiten bzw. dritten Generation in Deutschland leben.

[3] Zu beachten ist andererseits auch, dass die Gruppe der Kinder mit Migrationshintergrund größer ist als die der Mehrsprachigen, dass also in einigen Migrantenfamilien offenbar ausschließlich Deutsch gesprochen wird (vgl. Chlosta/Ostermann 2010[2]: 22). Genauere Daten hierzu liegen m. W. nicht vor; in der vorliegenden Untersuchung waren alle einbezogenen Kinder mit Migrationshintergrund auch mehrsprachig im oben erläuterten Sinne.

1.2 Forschungsstand zum Verlauf des frühen Zweitspracherwerbs

Im Vergleich zu den als bekannt vorausgesetzten Erkenntnissen zum Erstspracherwerb steckt die Erforschung des Zweitspracherwerbs noch in den Kinderschuhen (vgl. Keim/Tracy 2007: 121). Ein Problem, das zumindest teilweise dafür verantwortlich ist, ist die große Vielfalt bilingualer Lebensumstände (vgl. z.B. Bialystok 1991a: 2). Die zahlreichen Variablen, die als Einflussfaktoren unter 1.5 erwähnt werden, erschweren die Interpretation der Leistungen von L2-Sprecher/inne/n erheblich. So ist es auch zu erklären, dass Stufenmodelle für den L2-Erwerb erst im Entstehen sind.

Ein Hindernis für die Forschung war über lange Zeit auch die negative und von Vorurteilen geprägte Einstellung zum Bilingualismus. Die derzeitige Diskussionslage, in der Mehrsprachigkeit zumindest im wissenschaftlichen Kontext weitgehend akzeptiert ist, erleichtert dagegen die Konzeption von Untersuchungen:

> Politically, it seems less necessary to prove the acceptability of bilingualism for children. We are free, that is, to discover that being bilingual may in fact bring no special cognitive or linguistic benefit to children, and that finding will not threaten the existence of children in our educational system who happen to be bilingual. (Bialystok 1991a: 7)

Aktuelle Erkenntnisse der Zweitspracherwerbsforschung sollen nun für verschiedene sprachliche Ebenen kurz beleuchtet werden.

a) Der phonetisch-phonologische Erwerb

In diesem Bereich spielt der Einflussfaktor ‚Alter' eine besonders große Rolle (vgl. Schulz/Grimm 2012: 164f.): Bei frühen Zweitsprachlerner/inne/n, die auch die Zielgruppe dieser Arbeit bilden, wird die Aussprache des Deutschen in der Regel ohne Schwierigkeiten und Abweichungen erworben (vgl. Jeuk 2010: 56).

b) Der Erwerb semantischer und lexikalischer Fähigkeiten

Jeuk (2010: 60f.) zufolge läuft die Wortschatzentwicklung im Erst- und Zweitspracherwerb vergleichbar ab, jedoch steht den L2-Lerner/inne/n zu Schulbeginn wegen der kürzeren Kontaktdauer ein kleineres Lexikon zur Verfügung. Überwiegend arbeiten mehrsprachige Kinder mit denselben lexikalischen Erwerbsstrategien (z.B. Prinzip der taxonomischen Organisation, Prinzip der Ausschließlichkeit, Orientierung an Prototypen) wie gleichaltrige Einsprachige. Auch im Bereich der Satzsemantik gibt es hinsichtlich einzelner Konstruktionen Hinweise auf sprachübergreifende Parallelen zwischen L1- und L2-Erwerb (vgl. Schulz/Grimm 2012: 166f.).

c) Der Erwerb pragmatischer und diskursiver Fähigkeiten

Untersuchungen zum Erwerb pragmatischer und diskursiver Fähigkeiten in der L2 liegen bisher kaum vor. Jeuk nimmt für diesen Bereich eine besonders enge Verzahnung von erst- und zweitsprachlichen Kompetenzen an; die Umsetzung in konkreten Kommunikationssituationen ist jedoch auch von den lexikalischen und morphosyntaktischen Ressourcen in der Zweitsprache abhängig:

> Bei mehrsprachigen Kindern ist ein bedeutenden [sic!] Faktor, dass sie diskursive Qualifikationen parallel oder verschoben in zwei oder sogar mehreren Sprachen erwerben. So kommt es häufig vor, dass die Kinder in der Erstsprache bereits elaborierte diskursive Kompetenzen erworben haben, die sie in der Zweitsprache mangels formalsprachlicher Mittel nicht unbedingt umsetzen können. (Jeuk 2010: 58)

d) Der Erwerb morphosyntaktischer Fähigkeiten

Die aktuelle Syntaxerwerbsforschung wird hier ausführlicher berücksichtigt – einerseits, weil in diesem Bereich in den letzten Jahren am intensivsten geforscht wurde, andererseits, weil die damit zusammenhängenden meta-morphosyntaktischen Fähigkeiten eine wesentliche Rolle in der folgenden empirischen Untersuchung spielen. Die Zweitspracherwerbsforschung hat einige Ergebnisse erbracht, die zumindest für basale Strukturen des Deutschen eine Übereinstimmung des frühen L2- mit dem L1-Erwerb zu bestätigen scheinen. Eine Studie von Thoma und Tracy (2006) soll hier skizziert werden.

Sie nutzen zur Beschreibung der typischen Syntaxentwicklung im Erstspracherwerb das Modell der topologischen Felder, das der Klammerstruktur des Deutschen Rechnung trägt und eine Einteilung deutscher Sätze in eine linke (finites Verb / Complementizer) und rechte (infinite Verbteile / Verbalkomplex) Klammer sowie ein Vorfeld, Mittelfeld, Nachfeld sowie ggf. ein Vor-Vorfeld (Konjunktion) erlaubt (vgl. Dürscheid 2010^5: 89ff.; Geilfuß-Wolfgang 2007^2: 121ff.).[4]

Thoma/Tracy (vgl. 2006: 59ff.) werten zunächst Äußerungen von Kindern mit Deutsch als Erstsprache auf dieser Basis aus und beobachten so ein ‚Auffüllen' der topologischen Felder von rechts nach links, wobei das Nachfeld vorerst nicht berücksichtigt wird. Abschließend kommen auch VL-Sätze mit Subjunktionen in der linken Klammer vor. Auffällig ist, dass Verbstellung und Verbflexion eng zusammenhängen: Das Verb wird üblicherweise genau zu dem Zeitpunkt flektiert, zu dem es auch die Position in der linken Klammer ‚erobert' hat – zuvor dominieren in der rechten Klammer Infinitive, Partizipien und Verbpartikeln.

---

[4] Auf dieser Basis klassifiziert auch der in der vorliegenden Untersuchung eingesetzte LiSeDaZ-Test (vgl. 4.2.1) Kinderäußerungen, weshalb im empirischen Teil der Arbeit hierauf Bezug genommen wird.

V-VF	VF	LK	MF	RK	NF
–	–	–	Tür	auf	–
–	–	–	Mama nicht Bus	fahren	–
–	Da	kommt	der Ball	rein.	–
–	–	Ob	der Hund	weggelaufen ist?	–

Abbildung 1.1: *Besetzung der topologischen Felder im L1-Erwerb (vgl. Thoma/ Tracy 2006: 61)*

Die Autoren heben nun hervor, dass erwachsene Lerner/innen mit Deutsch als L2 charakteristischerweise auch mit ganz grundlegenden Eigenschaften der deutschen Sprache, insbesondere Verbstellung und Verbflexion, Probleme haben. Sie bilden Strukturen, die nicht dem oben erläuterten Muster entsprechen, sondern im L1-Erwerb völlig untypisch sind und teilweise an die Äußerungen von Kindern mit SSES erinnern – so etwa V2-Sätze mit nicht flektiertem Verb oder Sätze mit zwei oder mehr Konstituenten im Vorfeld, d.h. vor dem flektierten Verb.

Bei den von Thoma und Tracy untersuchten vier Kindern mit Deutsch als früher L2, deren Äußerungen im Kindergartenalter über 13 Monate zweiwöchentlich protokolliert und insbesondere hinsichtlich der Verbstellung analysiert wurden, ergab sich ein anderes Bild: Die wesentlichen Meilensteine wurden ohne auffällige Abweichungen sowie in ähnlicher Geschwindigkeit und Reihenfolge wie bei L1-Lerner/inne/n erreicht.

> Unsere Untersuchung zeigt, dass sich Kinder, die im Alter von drei bis vier Jahren zum ersten Mal in intensiven Kontakt mit dem Deutschen treten, die wichtigsten morphosyntaktischen Eigenschaften deutscher Sätze (syntaktische Baupläne, Subjekt-Verb-Kongruenz) bereits innerhalb eines halben Jahres erschließen können. Damit können sie sehr gut mit L1-Kindern mithalten, die in der Regel von der Produktion erster Wortkombinationen bis zur Verfügbarkeit der Satzklammer des Hauptsatzes mindestens ein halbes Jahr benötigen. (Thoma/Tracy 2006: 74)

Hinsichtlich des Wortschatzes wiesen die Zweitsprachlerner/innen erwartungsgemäß noch einen Rückstand gegenüber gleichaltrigen Einsprachigen auf (s.o. unter b), die basalen syntaktischen Strukturen bereiteten ihnen jedoch wenig Probleme – scheinbar unabhängig von der jeweiligen Erstsprache: „In keinem Fall behinderten die typologischen Kontraste zwischen den Satzmustern der beteiligten Erstsprachen und dem Deutschen den Erwerb" (Thoma/Tracy 2006: 75). Hervorzuheben ist dabei auch, dass es sich bei diesen Erstsprachen (Tunesisches Arabisch, Russisch und Türkisch) um Vertreter unterschiedlicher Sprachfamilien mit teils gravierenden Unterschieden handelte.

Die skizzierten Ergebnisse ähneln denen anderer aktueller Untersuchungen, die hier nur kurz erwähnt werden sollen. So kommen Keim und Tracy (2007: 134ff.) zu dem Schluss, dass mindestens der Erwerb der Wortstellung im Satz und die Subjekt-Verb-Kongruenz im Alter von 3-4 Jahren noch in derselben Weise wie beim L1-Erwerb gemeistert werden kann, sofern die Kinder quantitativ und qualitativ ausreichenden Input erhalten, was idealerweise durch frühe Sprachförderung im Kindergarten möglich ist. Sie heben des Weiteren die hohe Sprachkompetenz von mehrsprachigen Hauptschüler/inne/n und Gymnasiast/inn/en hervor, die zeige, dass der Gebrauch von Misch- und ethnolektalen Formen den Erwerb standardnaher Formen nicht gefährde (vgl. Keim/Tracy 2007: 124ff.).

Auch Rothweiler berichtet von türkischen L2-Lerner/inne/n mit Erwerbsbeginn im Alter von 3-4 Jahren, die sich Verbstellung und Verbflexion innerhalb von 8-10 Monaten aneignen. „The presented results deliver evidence that early successive acquisition equals L1 acquisition, at least in connection with the relevant aspects in the acquisition of sentence structure." (Rothweiler 2006: 110)

Pienemann et al. (2006: 97ff.) konnten zeigen, dass das syntaktische Grundmuster des Englischen (Subjekt-Prädikat-Objekt) von Kindern mit Türkisch als Erstsprache genauso gut erworben wird wie von deutschen oder schwedischen Kindern, deren L1 – im Gegensatz zum Türkischen – Ähnlichkeiten zum Englischen aufweist.

Kroffke und Rothweiler (2006) vergleichen in ihrer Studie den Erwerb der Satznegation bei Kindern mit Türkisch als Erst- und Deutsch als früher Zweitsprache und unterschiedlichem Alter bei Erwerbsbeginn. Es zeigte sich hierbei, dass der Zeitpunkt des Erstkontakts den Verlauf maßgeblich beeinflusste: Während die Kinder, die zwischen 2;8 und 4;4 Jahren mit dem Erwerb des Deutschen begannen, dieselbe Entwicklung der Satznegation wie einsprachige Kinder aufweisen, unterscheiden sich die Äußerungen der mit 6;0 nach Deutschland gekommenen Kinder von diesem Verlauf deutlich. Die Annahme spezifischer Spracherwerbsfähigkeiten, die zwischen 3 und 6 Jahren allmählich schwächer werden (vgl. 1.4), wird dadurch gestützt.

Eine natürliche Immersionssituation, wie sie im Erstspracherwerb vorliegt, scheint demzufolge für die Aneignung grundlegender Struktureigenschaften des Deutschen im frühen Zweitspracherwerb auszureichen. Es gibt jedoch grammatikalische Bereiche, die im L2- und teilweise auch im L1-Erwerbsprozess fehlerträchtiger sind und vergleichsweise langsam erworben werden. Sie werden beispielsweise von Müller (2003: vii) als „vulnerable grammatical domains" bezeichnet. Zu diesen weniger regelmäßig aufgebauten Teilsystemen gehört etwa die Kasus- und Genusmarkierung in der Nominalgruppe: Auch Meisel (2009: 26) hebt in diesem Zusammenhang hervor, „that even very young cL2 [child L2, A.K.] learners encounter major problems with gender and may fail to acquire anything remotely resembling the target system." Für den Erwerb ist in diesen Teilbereichen nach dem bisherigen Kenntnisstand vielfältiger und kontrastreicher Input, möglichst von Muttersprachler/inne/n, erforderlich.

Es lässt sich zusammenfassend aus den geschilderten Befunden schließen, dass zumindest hinsichtlich der basalen syntaktischen Eigenschaften des Deutschen der frühe L2-Erwerb in seinen Grundzügen dem L1-Erwerb entspricht (vgl. auch Meisel 2009: 21). Für die vorliegende Arbeit ergibt sich daraus, dass einem frühen Zweitspracherwerb im Zuge der Hypothesenbildung ähnliche Auswirkungen wie einem doppelten Erstspracherwerb zugeschrieben werden können. Auch bilden die überindividuellen Gemeinsamkeiten zwischen Lerner/inne/n mit verschiedenen Erstsprachen die Rechtfertigung dafür, im Folgenden nicht systematisch zwischen Kindern mit unterschiedlichen Familiensprachen zu differenzieren.

1.3 Transfer und Interferenz im L2-Erwerb

Die empirische Erforschung des kindlichen Zweitspracherwerbs befindet sich, wie erwähnt, noch in den Anfängen. Jedoch wurden bereits in den letzten Jahrzehnten – teilweise basierend auf den konkurrierenden Erstspracherwerbstheorien (z.B. Nativismus, Kognitivismus und Interaktionismus) – verschiedene Erwerbstheorien entwickelt, die sich insbesondere bei der Bestimmung der Relation zwischen den zu erwerbenden Sprachen unterscheiden. Wesentlich sind hier die beiden Begriffe ‚Transfer' und ‚Interferenz', mit denen versucht wird, das Verhältnis zwischen Erst- und Zweitsprache zu bestimmen. Bei der Unterscheidung verschiedener Formen des Spracheneinflusses bezeichnen Müller et al. Interferenz als Performanzerscheinung, d.h. eine Übertragung aus der L1 in die L2 „ohne erkennbare Systematik" (Müller et al. 2007[2]: 20). Der Spracheneinfluss auf der Kompetenzebene hingegen wird als Transfer benannt, der sich positiv (Erleichterung des L2-Erwerbs) oder negativ (Verlangsamung des L2-Erwerbs) auswirken könne:

> Negativer Transfer entsteht, wenn die beiden Sprachen [...] für einen bestimmten grammatischen Bereich unterschiedlich sind und der Lerner die grammatischen Regularitäten der Erstsprache auf die Zweitsprache anwendet. Positiver Transfer entsteht, wenn sich die beiden Sprachen in einem grammatischen Bereich gleichen und der Lerner die Regularitäten der Erstprache für seine Zweitsprache übernehmen kann [...]. (Müller et al. 2007[2]: 22)

Dass bei sukzessivem L2-Erwerb Transfer stattfindet, ist vielfach belegt. Sein Stellenwert jedoch, zumal für den frühen L2-Erwerb, wird von Vertreter/inne/n der verschiedenen Theorien höchst unterschiedlich angesetzt (vgl. z.B. Ahrenholz 2008). Die klassische Identitätshypothese oder L1=L2-Hypothese basiert auf der nativistischen Spracherwerbstheorie nach Chomsky. Laut dieser Theorie hängen L1- und früher L2-Erwerb von denselben genetisch angelegten Prädispositionen ab, verlaufen demzufolge identisch und folgen denselben Gesetzmäßigkeiten. Das Kind aktiviere in beiden Fällen angeborene Ressourcen, die bewirken, dass die Regeln und Strukturen der Zweitsprache in der gleichen Abfolge erworben werden, wie es bei Erstsprachlerner/inne/n der Fall ist. Hieraus wird abgeleitet, dass Entwicklungsverläufe im L2-Erwerb durch die Struktur der Zweitsprache und nicht durch die der Erstsprache gesteuert werden – Transfer spiele demzufolge eine untergeordnete Rolle.

Die Kontrastivhypothese geht hingegen davon aus, dass bereits erlernte Sprachen den Prozess des Erwerbs weiterer Sprachen beeinflussen. Demnach seien übereinstimmende Regeln und Strukturen dank der Möglichkeit eines positiven Transfers leicht zu erlernen. Abweichende Strukturen und Elemente führten dagegen zu negativem Transfer, d.h. zu Lernschwierigkeiten und Fehlern (s. o.). Hieraus lässt sich ableiten, dass eine sprachliche Konstruktion umso schwieriger zu lernen sei, je stärker die beteiligten Sprachen voneinander abwichen.

Müller et al. (2007[2]: 22ff.) führen verschiedenste Beispiele für negativen und positiven Transfer aus der Erst- in die Zweitsprache an; Herkenrath et al. (2003: 257ff.) finden in den türkischsprachigen Äußerungen von bilingualen Kindern umgekehrt Belege für einen Transfer der Zweitsprache (Deutsch) in die Erstsprache (Türkisch). Tracy (1996: 80) und Jeuk (2010: 45) warnen jedoch davor, strukturelle Überschneidungen allzu bereitwillig auf einen Transfer von der einen in die andere Sprache zurückzuführen.

Die Kontrastivhypothese ist in ihrer ursprünglichen Form nicht haltbar, wie bereits Klein (1992[3]: 38) darlegt. Ein Übermaß an Lernschwierigkeiten bei großen strukturellen Unterschieden ließ sich empirisch nicht nachweisen, auch treten interessanterweise gerade dann häufig Probleme auf, wenn die Strukturen von L1 und L2 sich stark ähneln. Aktuelle Untersuchungen (vgl. 1.2) zeigen für basale Eigenschaften der deutschen Sprache bemerkenswerte Übereinstimmungen zwischen Lerner/inne/n mit unterschiedlichen Erstsprachen, jedoch keine Hinweise auf einen Transfer aus der L1 in die L2. Kontraste zwischen Erst- und Zweitsprache sollten deshalb nicht zur Erklärung des Zweitspracherwerbs, sondern allenfalls für die Diagnose von lernersprachlichen Produkten (vgl. Henrici/Riemer 2003: 40) herangezogen werden.

1.4 Der Altersfaktor im frühen L2-Erwerb

Aktuell steht in der wissenschaftlichen Diskussion zum L2-Erwerb insbesondere der Altersfaktor im Mittelpunkt. Meisel (2009: 5ff.) beispielsweise unterscheidet zwischen dem einfachen (L1) oder doppelten ([2]L1) Erstspracherwerb, dem späten (aL2) und dem kindlichen (cL2) Zweitspracherwerb und diskutiert auf der Basis verschiedener Studien qualitative Unterschiede sowie mögliche Altersgrenzen zwischen diesen Erwerbsformen.

Er geht dabei von der ‚Fundamental Difference Hypothesis' (FDH) aus, die besagt, dass zwischen dem cL2-Erwerb und dem aL2-Erwerb ein grundlegender Unterschied besteht. Die FDH ist als eine Modifikation der ‚Critical Period Hypothesis' anzusehen und interpretiert die Unterschiede zwischen kindlichen und erwachsenen L2-Lerner/inne/n (auf der Basis nativistischer Erwerbstheorien) nicht als Folge sekundärer Einflussfaktoren: Vielmehr sei bei einem späteren Erwerbsbeginn die Grundlage der Sprachentwicklung, LAD (Language Acquisition Device) bzw. UG (Universal Grammar), aufgrund neuronaler Reifungsprozesse nicht mehr in vollem Umfang zugänglich. Für diese FDH sprechen Meisel zufolge sowohl neurologische als auch linguistische Untersuchungsdaten (vgl. Meisel 2009: 6f.).

Pagonis (2009: 205) bezeichnet in diesem Zusammenhang den Grundsatz „the younger the better" als den kleinsten gemeinsamen Nenner in der Altersfaktorforschung. Es ist jedoch durchaus umstritten, ob durch einen späteren Erwerbsbeginn der Spracherwerb grundsätzlich zunehmend erschwert wird und ein späterer Beginn sich per se negativ auf den Erfolg auswirkt: „[T]he changes in the LMC [language making capacity, A.K.] could create both enhancements and limitations at the same time." (Paradis 2009: 44) Die Vorteile des späteren Zweitspracherwerbs könnten darin bestehen, dass dem Kind andere kognitive Ressourcen zur Verfügung stehen – beispielsweise auch metasprachliche Fähigkeiten, die z.B. aufgrund der fortgeschrittenen kognitiven Entwicklung oder durch die Literalisierung in der Erstsprache angeregt sein könnten. Reich/Roth fassen zusammen:

> Ohne Zweifel spielt das Alter beim Zweitspracherwerb eine Rolle, allerdings nicht in der Weise, dass die Sprachlernfähigkeit mit zunehmendem Alter generell abnähme, sondern so, dass aus den verschiedenen Stufen jeweils alters- und situationsgerechte Sprachlernfähigkeiten zur Geltung kommen. (Reich/Roth 2002: 11)

Den Zeitpunkt, ab welchem ein problemloser cL2-Erwerb nicht mehr möglich ist, setzt Meisel verhältnismäßig früh an – es handelt sich jedoch seinen Ausführungen zufolge nicht um einen plötzlichen Abbruch, sondern um ein langsames Ausklingen: „My conclusion is that successive language acquisition can justly be referred to as child L2 acquisition if AOA [age of onset of acquisition, A.K.] happens around age 4." (Meisel 2009: 12)

Insbesondere betreffen die frühen Änderungen im Spracherwerbsverlauf den Bereich der Flexionsmorphologie: „The grammatical domains in which cL2 resembles aL2 and in which they both differ from (2)L1 include at least parts of inflectional morphology." (Meisel 2009: 30) Tracy widerspricht Meisel in diesem Punkt, wenn sie auf der Basis eigener Untersuchungen eine Übereinstimmung zwischen dem Erwerb der Syntax und der Flexionsmorphologie postuliert: „This supports the hypothesis that at least up to the age of 4-5, L2 acquisition can proceed like L1 for both syntax and (inflectional) morphology." (Tracy 2009: 64) Auflösen lässt sich der Widerspruch zwischen den beiden Autoren möglicherweise, wenn man bedenkt, dass sie sehr unterschiedliche Aspekte der Flexionsmorphologie fokussieren: Tracy weist für die Verbflexion Übereinstimmungen mit der Entwicklung der Verbstellung nach (vgl. 1.2). Meisel dagegen erkennt insbesondere bei der Genuskennzeichnung in der Nominalgruppe Schwierigkeiten, die nicht mit den syntaktischen Fähigkeiten der L2-Lerner/innen übereinzustimmen scheinen.

Es ergibt sich aus den Erkenntnissen zur Bedeutung des Alters, dass die nicht in der Wissenschaft, aber in der Gesellschaft und auch in vielen Bildungsinstitutionen weit verbreitete Ansicht, man solle mit dem Erlernen der Zweitsprache erst nach einer ‚Stabilisierung' der Erstsprache beginnen, nicht zu rechtfertigen ist.

Für die vorliegende Studie ist insbesondere die Frage interessant, ob altersmäßig eine Grenze zwischen verschiedenen Erwerbstypen des Deutschen als L2 gezogen werden kann. Aus den angeführten Gründen sollen in die Untersuchung metasprachlicher Fähigkeiten nur Kinder einbezogen werden, die im frühen Kindergartenalter (3;0 bis 4;6 Jahre) mit dem Erwerb des Deutschen begonnen haben – frühere oder erheblich spätere Kontaktzeitpunkte würden andere Erwerbsverläufe erwartbar machen und die Ergebnisse der Studie somit möglicherweise verfälschen.

1.5 Weitere Einflussfaktoren

Für den Erfolg im Zweitspracherwerb sind neben dem Alter bei Erwerbsbeginn zahlreiche weitere Faktoren verantwortlich; eine monokausale Erklärung für das Ge- oder Misslingen lässt sich aus Beobachtungen und empirischen Studien nicht ableiten (vgl. Meisel 2009: 23). Selbstverständlich kann das Erlernen von Sprachen nicht unter Laborbedingungen erforscht werden; es gibt deshalb eine Vielzahl möglicherweise relevanter Faktoren, die auch durch das Bilden von Vergleichsgruppen nicht vollständig in den Griff zu bekommen sind. Demzufolge ist es äußerst schwierig, empirisch überprüfbare Hypothesen über die Auswirkung unterschiedlicher Variablen zu formulieren, weshalb über den Stellenwert der im Folgenden dargestellten Faktoren teilweise keine Einigkeit besteht.

a) Sprachvermögen

Auch bei (nur theoretisch denkbaren) völlig identischen Rahmenbedingungen wird ein Zweitspracherwerb ebenso wenig wie ein Erstspracherwerb programmartig abgespult, sondern ist immer zumindest teilweise von der Sprachlernkapazität des Kindes beziehungsweise des/der erwachsenen Sprachlerners/in abhängig. Für die Funktionsweise dieses ‚Sprachverarbeiters' macht Klein (2000: 550ff.) biologische Determinanten sowie das zu einem bestimmten Zeitpunkt verfügbare Wissen verantwortlich. Zu den biologischen Determinanten gehören neben Artikulations- und Hörapparat die sprachverarbeitenden Bereiche des Gehirns. Das verfügbare Wissen besteht zum einen aus dem gesamten Weltwissen der/s Lerners/in, das es ihm ermöglicht, Teile des Lautstroms auszugliedern und mit außersprachlichen Bedeutungen zu verknüpfen. Zum anderen gehört hierzu die aktuelle Kenntnis der zu erwerbenden Sprache bzw. auch die Kenntnis anderer Sprachen (z.B. der L1).

b) Motivation

Die basalen Sprachlernfähigkeiten werden durch unterschiedliche Faktoren ergänzt, die sich in ihrer Gesamtheit auf den Erfolg des Zweitsprachlerners auswirken. Ein ganz wesentlicher Gesichtspunkt scheint die Motivation bzw. der Antrieb zu sein, sich überhaupt eine zweite Sprache anzueignen:

> Unter Antrieb verstehen wir die Gesamtheit aller Faktoren, die den Lerner dazu führen, seine Sprachlernfähigkeit auf eine bestimmte Sprache anzuwenden. Es gibt sehr viele unterschiedliche Faktoren, verstärkende wie abschwächende, deren Zusammenwirken den Antrieb im einzelnen Fall ausmacht. (Klein 1992^3: 45)

Hier muss allerdings bereits zwischen verschiedenen Altersgruppen differenziert werden. Klein (1992^3: 47) unterscheidet in diesem Zusammenhang zwischen integrativem und instrumentellem Antrieb: Lernende mit instrumentellem Antrieb erwerben eine zweite Sprache, um daraus einen bestimmten Nutzen zu ziehen, beispielsweise um sich am Arbeitsplatz verständigen zu können oder um einen gewissen sozialen Aufstieg zu ermöglichen. Hingegen ist es das Ziel von Lernenden mit integrativem Antrieb, wozu in der Regel auch frühe L2-Lerner/innen gehören (vgl. Oksaar 2003: 62), durch den Erwerb einer zweiten Sprache mit Muttersprachler/inne/n oder anderen Sprachverwender/inne/n zu kommunizieren und Mitglied einer Gemeinschaft zu werden.

c) Input in der Zweitsprache

Zunächst ist zu betonen, dass der im Spracherwerb relevante Input mehr ist als die rein sprachlichen Einflüsse, denen ein/e Sprachlerner/in ausgesetzt ist. Es handelt sich um zwei Informationsquellen: den Schallstrom und die gesamten Parallelinformationen, „Gesten, Handlungen, den ganzen situativen Kontext, mit dem es möglich ist, einzelne Teile aus dem Schallstrom herauszubrechen und sinnvoll zu interpretieren" (Klein 2000: 552) – mit Unterstützung des zur Verfügung stehenden Weltwissens.

In welcher Weise der Input beim Erst- oder Zweitspracherwerb den Grammatikerwerb unterstützt, ist Gegenstand der Kontroverse zwischen nativistischen und interaktionistischen Erwerbstheorien. Dass jedoch ein qualitativ hochwertiger Input beim frühen L2-Erwerb eine wesentliche Rolle spielt, wird auch von Vertreter/inne/n nativistischer Theorien nicht bestritten. Auch wenn von einem modular angelegten ‚Sprachverarbeiter' ausgegangen wird, ist die Konfrontation mit Sprache die Voraussetzung dafür, dass dieser in Aktion tritt:

> Je reichhaltiger der Input, je salienter die Darbietung, desto leichter kann ein Kind die Informationen entdecken, die es braucht, um das System einer Sprache in detektivischer Kleinarbeit ‚zu knacken'. (Tracy 2003: 13)

Beim ungesteuerten L2-Erwerb erfolgt der sprachliche Input vor allem in Interaktionssituationen mit Kommunikationspartnern, die die Zielsprache sprechen. Demzufolge haben die Wohnumgebung und das Umfeld in Schule und Kindertageseinrichtung eine große Bedeutung, ebenso Freizeit- und Begegnungsmöglichkeiten. Außerdem kann Input über unterschiedlichste Medien erhalten werden. Allerdings spielt hierbei, wie von Tracy hervorgehoben, die Qualität eine ganz wesentliche Rolle. Insbesondere für die Entwicklung der von Cummins (1979) als ‚cognitive academic language proficiency' (CALP) eingeführten Aspekte ist elaborierter und abwechslungsreicher Input Voraussetzung.

Der Input beim Erstspracherwerb, die an das Kind gerichtete Sprache (‚motherese'), kann sich in wesentlichen Punkten von der alltäglichen Kommunikation unterscheiden. In phonologischer Hinsicht liegen z.B. Überartikulationen vor, es werden morphologische Vereinfachungen vorgenommen, und auch das Kommunikationsverhalten weist Besonderheiten auf, da häufiger als in anderen Fällen eine explizite Verständniskontrolle stattfindet. Inwiefern diese Spezifika den kindlichen Spracherwerb unterstützen oder gar eine notwendige Voraussetzung bilden, ist durchaus umstritten (vgl. z.B. Tracy 1990). Dass allerdings ein im L2-Erwerb möglicherweise intuitiv eingesetzter „foreigner talk" (Klein 1992[3]: 56) den Zweitspracherwerb nicht fördert, sondern das Verstehen erschweren und soziale Distanz vermitteln kann, wird allgemein bestätigt.

Vernachlässigt wird in vielen wissenschaftlichen Untersuchungen ein weiterer zentraler Aspekt, nämlich der Umfang und die Qualität des Inputs in Bildungsinstitutionen. Dass dieser eine wichtige Rolle spielt, ist plausibel – eine systematische Erforschung steht aber noch aus. Die Vermutung, dass die gegebene Mehrsprachigkeit bei der Planung und Durchführung von Unterricht eine zu geringe Rolle spielt (vgl. z.B. Belke 2006[2]: 840), ist somit noch zu überprüfen.

d) Erstsprache

Ob Lerner/innen mit bestimmten Erstsprachen Vor- oder Nachteile beim Erwerb des Deutschen haben, ist eine Frage, die sich mittels einfacher Studien angesichts der vielen zusätzlichen Faktoren nicht beantworten lässt. So relativiert Esser seine Befunde zu Auswirkungen der linguistischen Distanz selbst:

> Herkunftseffekte, die als Folge linguistischer Distanzen interpretiert werden können, sind eines der stabilsten Ergebnisse, auch über ganz verschiedene

Kontexte und Sprachfamilien hinweg. Dahinter verbergen sich wahrscheinlich weitere Aspekte unterschiedlicher Lerneffizienzen, wie etwa auch kulturelle und soziale Distanzen. (Esser 2006: 126)

Auch über die Auswirkungen der (institutionellen und nicht-institutionellen) Förderung der Erstsprache besteht keine Einigkeit. Einerseits wird von Pädagog/inn/en und Sprachdidaktiker/inne/n (vgl. z.B. Rösch 2003: 18) die Bedeutung der L1 für die Sozialisation und auch für die Entwicklung metasprachlicher Fähigkeiten hervorgehoben. Die Annahme positiver Effekte der erstsprachlichen Förderung wird allerdings bisher nur durch vereinzelte Studien (vgl. z.B. Brizic 2009: 35) gestützt. Esser zitiert hingegen Untersuchungen, die einen Zusammenhang zwischen der politischen Lage, die sich auf den Zugang zur L1 (,Status quo-Option') auswirke, und der Kompetenz von Sprecher/inne/n mit Migrationshintergrund in der L2 belegen:

> Die aus dem Modell des L2-Erwerbs nahe liegende Interpretation ist, dass mit der Unterstützung der Status quo-Option der Wert und der Zugang zu L1 erhöht wird, was sich wegen der Absenkung des Investitionsmotivs dann negativ auf den L2-Erwerb auswirkt. […] Allerdings verschwindet der Effekt, wenn die USA, die als rechts-regiert eingestuft wird [was den Grundannahmen des Modells zufolge den L1-Zugang erschwert, A.K.], aus der Analyse ausgeschlossen werden. (Esser 2006: 131)

Es ist bei genauerem Hinsehen fraglich, ob aus den von Esser zitierten Daten auf einen negativen Effekt der Förderung in der Erstsprache auf die zu entwickelnden Fähigkeiten in der Zweitsprache geschlossen werden kann. Zum einen erscheint der von Esser ausgewählte Faktor (Rechts- bzw. Linksregierung) nicht unbedingt aussagekräftig für die tatsächlichen Zugangsmöglichkeiten zur L1. Zum anderen stellen gerade die USA als Einwanderungsland par excellence einen Sonderfall dar, dessen schlichte Kategorisierung als ,rechtsregiert' der Sachlage wohl kaum gerecht wird.

e) Weitere Variablen

Von den weiteren Variablen, die nach Esser (vgl. 2006: 94ff.) den Erfolg des Zweitspracherwerbs beeinflussen können, möchte ich nur einige nennen, da andere für den in dieser Arbeit relevanten Kontext – den frühen L2-Erwerb bei Kindern im Vorschulalter – nicht relevant sind.

- Das Bildungsniveau der Eltern, ob im Herkunfts- oder im Aufnahmeland, ist „neben dem Einreisealter der wichtigste Faktor für die Effizienz des Spracherwerbs bei gegebener Motivation und vorhandenem Zugang" (Esser 2006: 109). Eltern mit einem hohen Bildungsstand und kultureller Nähe zu den Bildungsinstitutionen bilden offenbar einen ganz wichtigen

Hintergrund für den Spracherwerb und die gesamte Schullaufbahn von Kindern mit Migrationshintergrund.
- Dass interethnische Kontakte sich positiv auf die Fähigkeiten in der L2 auswirken, kann nicht überraschen:

> Empirisch ist der bivariate Zusammenhang zwischen interethnischen Kontakten und dem L2-Spracherwerb auch gut bestätigt und zur Wirkung unter multivariater Kontrolle anderer Einflussgrößen liegen deutliche Ergebnisse vor. Das Problem bei jeder multivariaten Analyse der spezifischen Wirkung der interethnischen Kontakte auf den Spracherwerb ist aber die gerade bei diesem Zusammenhang anzunehmende Endogenität der beiden Variablen [...]. (Esser 2006: 131).

Dennoch ist offensichtlich, dass zur Förderung des L2-Erwerbs Kontakte zu einsprachig deutschen Sprecher/inne/n, wie sie sich in Bildungseinrichtungen ergeben, positiv beitragen.
- Hinderlich wirken dagegen negative Stereotype, die sich in sozialer Distanz zwischen verschiedenen Bevölkerungstypen niederschlagen können. Dies spricht nach Esser nicht für Offenheit bezüglich der Erstsprachen, aber für grundsätzlich positive und integrationsfreundliche Einstellungen. „Eine multilinguale Politik (mit entsprechenden Maßnahmen der L1-Förderung) wirkt eher *gegen* den L2-Erwerb, ein multikulturelles öffentliches Klima der Toleranz und Offenheit wirkt *eher* dafür." (Esser 2006: 135f.; Hervorh. im Original)
- Konzentrationen von Sprecher/inne/n identischer Herkunftssprachen, wie sie in Deutschland vielerorts auftreten, korrelieren in vielen Untersuchungen mit Misserfolgen im L2-Erwerb – möglicherweise, weil diese Konzentrationen den Gebrauchswert der L1 erhöhen und damit die Motivation für den Zweitspracherwerb reduzieren. Entsprechendes gilt für die Nutzung von Medien in den Herkunftssprachen. Allerdings ist...

> [...] eine definitive Bestimmung der genauen Mechanismen [...] kaum möglich, weil üblicherweise mit der ethnischen Konzentration viele der relevanten Faktoren gleichzeitig kovariieren und die Effekte kaum zu trennen sind. Das gilt entsprechend für andere Kontexteffekte, etwa die der ethnischen Konzentration in Schulklassen und ihrer Wirkung auf die schulischen Leistungen. (Esser 2006: 144)

Speziell in Deutschland sieht Esser nur geringe Effekte ethnischer Konzentrationen, in erster Linie beeinflussen seiner Ansicht nach individuelle

Eigenschaften das inter- bzw. intra-ethnische Kontaktverhalten (vgl. Esser 2006: 150).

1.6 Zur Situation von Lerner/inne/n mit Deutsch als L2 im deutschen Bildungssystem

Die Relevanz der Mehrsprachigkeit für das deutsche Bildungssystem ergibt sich nicht nur aus der Anzahl von Lerner/inne/n mit Migrationshintergrund, sondern vor allem daraus, dass sich die Migrantensprachen in Deutschland auch nach mehreren Generationen noch durch eine hohe Vitalität auszeichnen. Alle Erkenntnisse der letzten Jahre deuten darauf hin, dass die migrationsbedingte Mehrsprachigkeit in der deutschen Gesellschaft auch in Zukunft erhalten bleiben wird.

Angesichts der unter 1.2 erläuterten Fähigkeiten von Kindern im frühen Zweitspracherwerb sind die objektiv beobachtbaren Schwierigkeiten dieser Kinder im deutschen Bildungssystem umso auffälliger. Sprachliche Fähigkeiten, die in hohem Maße mit guten Leistungen auch in mathematischen oder naturwissenschaftlichen Fächern korrelieren, sind bei vielen mehrsprachigen Jugendlichen mit Migrationshintergrund nicht in ausreichendem Maße vorhanden. Die PISA-Studien weisen schon mehrfach nach, dass Kinder und Jugendliche mit Migrationshintergrund[5] insbesondere beim Leseverständnis und bei damit korrelierenden Kategorien signifikant schlechtere Ergebnisse erreichten als einsprachige Gleichaltrige (vgl. z.B. Klieme et al. 2009). Alarmierend ist in diesem Zusammenhang die Erkenntnis, dass Jugendliche aus neu zugewanderten Familien häufig bessere Werte erzielten als solche, die das deutsche Bildungssystem von Anfang an durchlaufen hatten (für einen Überblick vgl. z.B. Gogolin 2008: 13ff.; Jeuk 2003: 48).

Jeuk sieht die Ursache für die Probleme von Kindern und Jugendlichen mit Migrationshintergrund in den äußeren Erwerbsbedingungen:

> Eine zweite Sprache im Vorschulalter sukzessiv (z.B. ab drei Jahren) zu erwerben, erfordert keine besondere Begabung und führt auch nicht zur Überforderung. Vielmehr sind soziogene Bedingungen wie die Lernbedingungen und das Lernumfeld die entscheidenden Faktoren für einen erfolgreichen Erwerb zweier Sprachen. (Jeuk 2007: 64)

Dieselbe Position vertreten Thoma und Tracy in der Interpretation der unter 1.2 zitierten Studie:

---

[5] Als solche wurden in diesem Fall Schüler/innen erfasst, bei denen mindestens ein Elternteil nicht in Deutschland geboren wurde.

Angesichts der prinzipiellen Begabung des Menschen für die Mehrsprachigkeit, der Erwerbsgeschwindigkeit und der dem L1-Erwerb qualitativ und quantitativ vergleichbaren Art und Weise, in der sich Drei- bis Vierjährige eine neue Sprache aneignen, kann man aus den aktuellen Klagen über die geringen Deutschkenntnisse von Migranten nur schließen, dass man es bisher versäumt hat, geeignete Erwerbsbedingungen zu schaffen. (Thoma/Tracy 2006: 77)

Einige Studien zeigen, dass die Schulleistungen von Kindern mit Migrationshintergrund im Vergleich zu einsprachigen Kindern, die in derselben sozialen Lage aufwachsen, nicht wesentlich abweichen (vgl. z.B. Gogolin 2003: 18; Jeuk 2010: 20) – die schlechten Ergebnisse lassen sich demzufolge nicht auf die Mehrsprachigkeit an sich zurückführen, sondern auf die häufig beklagte Eigenschaft des deutschen Bildungssystems, soziale Ungleichheit nicht auszugleichen, sondern zu reproduzieren (vgl. Bade/Bommes 2004: 26). Dies wirkt sich bei Kindern mit nichtdeutscher Familiensprache verstärkt aus:

Kinder mit gleichen Testleistungen erhielten z. T. völlig unterschiedliche Bewertungen durch die Lehrenden und dementsprechend auch unterschiedliche Schullaufbahnempfehlungen. Kinder ohne Migrationshintergrund haben eine viermal höhere Chance, eine Gymnasialempfehlung zu erhalten, als Kinder mit Migrationshintergrund. Selbst bei vergleichbaren kognitiven Fähigkeiten und vergleichbarer Lesekompetenz erhalten Kinder aus oberen Sozialschichten immer noch wesentlich öfter (2,63) eine Gymnasialempfehlung als Kinder aus der unteren Sozialschicht. (Keim/Tracy 2007: 122)

Man kann hier geradezu von „institutionalisierter Diskriminierung" (Bommes/ Radtke 1993: 483) sprechen, wenn „Migrantenkinder mit dem Argument der ‚mangelnden Deutschkenntnisse' für die Hauptschule empfohlen werden, auch wenn sie die kognitiven Voraussetzungen für einen Besuch des Gymnasiums haben." (Keim/ Tracy 2007: 123)

Dass der an sich bewältigbare Zweitspracherwerb bei vielen Kindern mit Migrationshintergrund nicht zum gewünschten Erfolg führt, lässt viele Autor/inn/en auch auf grundlegende Defizite der Bildungseinrichtungen im Umgang mit Mehrsprachigkeit schließen. „Eine Mehrzahl der Kindertageseinrichtungen scheint weder personell noch konzeptionell auf die anspruchsvolle Aufgabe vorbereitet zu sein, einer heterogenen Kindergruppe Deutsch beizubringen." (Jeuk 2005: 37) Auch hinsichtlich der Schule lässt sich diese Vermutung mit aussagekräftigen Daten belegen: Die Leistungsunterschiede zwischen den Kindern mit und ohne Migrationshintergrund sind nicht in der Grundschulzeit am gravierendsten, was auf unterschiedliche Startbedingungen hindeuten würde, sondern verstärken sich noch in der Sekundarstufe (vgl. Gogolin 2008: 13f.).

Knapp (2001: 18ff.) führt die (schulischen und nachschulischen) Probleme mehrsprachiger Lerner/innen auf „verdeckte Sprachschwierigkeiten" zurück. In der Schule fallen seiner Ansicht nach viele Sprachschwierigkeiten aus unterschiedlichen Gründen nicht auf: Im Unterricht dominieren häufig leistungsstarke Kinder, zudem achten Lehrer/innen vorrangig auf den Inhalt von Äußerungen. Kinder aus Migrantenfamilien verfügen beim Schuleintritt meist über basale kommunikative Fähigkeiten, so dass die Schwierigkeiten bei der elaborierten (Schrift-) Sprachverwendung weniger augenfällig sind. Die Probleme werden häufig erst dann wahrgenommen, wenn umfangreiche schriftsprachliche Einheiten produziert werden – zu einem Zeitpunkt, an dem mögliche Fördermonate und -jahre bereits verstrichen sind.

Zu dieser mangelhaften Entwicklung trägt nach Auffassung zahlreicher Forscher/innen nicht zuletzt der „monolinguale Habitus" (Gogolin 1994) vieler Förderkräfte bei: Der doppelte Spracherwerb wird von Anfang an als Problem angesehen – nicht nur hinsichtlich des Spracherwerbs selbst, sondern auch hinsichtlich der Identitätsentwicklung. Leistungen in der Erst- und Zweitsprache werden nicht gewürdigt, sondern unter der Defizitperspektive wahrgenommen. Funktional angemessene Sprachmischungen, die häufig zur kreativen Bewältigung von Kommunikationssituationen dienen oder stilistische Funktionen erfüllen, werden entgegen den Erkenntnissen der Spracherwerbsforschung negativ interpretiert (vgl. Keim/Tracy 2007: 131).

Verbesserungsvorschläge für den Elementarbereich liegen inzwischen vor, müssen jedoch noch in der Erzieher/innen-Ausbildung implementiert und in der Praxis umgesetzt werden. Dabei bedarf es einer Würdigung und Nutzung der sprachlichen Vorkenntnisse (in der L1 ebenso wie auf der metasprachlichen Ebene). Das Förderpersonal muss seine Rolle als sprachliches Vorbild bewusst wahrnehmen, das eigene Sprachverhalten reflektieren und Handlungen möglichst häufig und vielfältig versprachlichen.

Auch in der Primar- und Sekundarstufe ist ein Einstellungswandel bei Lehrkräften eine Voraussetzung für die erfolgreichere Förderung mehrsprachiger Kinder. Bilingualismus muss als gleichberechtigte Option neben dem Monolingualismus anerkannt werden. Familien mit Migrationshintergrund sollte vor dem Hintergrund dieser Wertschätzung der Erstsprachen nicht empfohlen werden, Deutsch zur Familiensprache zu machen – vielmehr sollten sie ermutigt werden, ihren Kindern reichhaltigen Input in der L1 zur Verfügung zu stellen. Keinesfalls darf das Sozialprestige der Erstsprachen (z.B. bei Türkisch oder Russisch im Vergleich zu Englisch oder Französisch) zum Maßstab für die Wertschätzung der Mehrsprachigkeit herangezogen werden, wie es leider vielfach noch üblich ist (vgl. Keim/Tracy 2007: 139).

Während über die Notwendigkeit sprachlicher Förderung in der Zweitsprache Einigkeit besteht, gilt dies nicht bezüglich der Rolle, die die Erstsprachen der Kinder im Rahmen der Sprachförderung einnehmen sollten. Deren Einbeziehung wird – vor allem abseits der linguistisch orientierten Spracherwerbsforschung – häufig kritisch gesehen, unter anderem mit Bezug auf einen Text von Leo Weisgerber („Vorteile und Gefahren der Zweisprachigkeit", 1966), der aufgrund seiner Wirkungsgeschichte hier Berücksichtigung finden soll.

Weisgerber sieht trotz unzweifelhaft positiver Aspekte der Mehrsprachigkeit ein klares Übergewicht der Nachteile. Er schließt aus der Zusammenfassung verschiedener Studien eine…

> […] spürbare Überlegenheit der einsprachig erzogenen Kinder gegenüber zweisprachig erzogenen sowohl in Testen über allgemeines Verhalten wie in solchen über spezifisch sprachliche Aufgaben; es kamen hinzu bei den zweisprachigen Kindern Unsicherheiten der Verhaltensweisen, Verlangsamung mancher Reaktionen, auch Minderwertigkeitsgefühle (Weisgerber 1966: 76).

Der große Aufwand, den die Unterstützung des Zweitspracherwerbs in der Schule erfordere, sei nicht gerechtfertigt angesichts dieser Nachteile:

> Zweisprachigkeit unter den genannten Bedingungen führt zu Einbußen in allen Formen des Kulturlebens. […] Das geht von einer Störung der geistigen Entfaltung zu einer Einbuße an Geistesschärfe selbst; geistige Mittelmäßigkeit ist die Folge, erschwert dadurch, dass zugleich die Kräfte des Charakters leiden: man lässt sich gehen, unscharfer, grober, fahrlässiger Sprachgebrauch, das ist gleichbedeutend mit wachsender Trägheit des Geistes und sich lockernder Selbstzucht; einem Abgewöhnen des Dranges nach sprachlicher Vervollkommnung. Die Trübung des sprachlichen Gewissens führt nur zu leicht zum Erschlaffen des Gewissens insgesamt. (Weisgerber 1966: 78)

Zwar sei in Einzelfällen „erfüllte" (Weisgerber 1966: 85) Zweisprachigkeit möglich, für die Mehrheit sei dieses Ideal jedoch unerreichbar und somit die Einsprachigkeit vorzuziehen.

Weisgerber kommt zu dem Schluss, dass „der Mensch im Grunde einsprachig angelegt ist" (Weisgerber 1966: 85). Gleichwohl sei Zweisprachigkeit in bestimmten Lebenssituationen, zu denen er explizit auch Migration zählt, unumgänglich, und hier könne auch aus der Not eine Tugend gemacht werden – keine Lösung ist seiner Ansicht nach (konsequenterweise angesichts der großen Bedeutung, die er der Muttersprache zumisst) der Ausschluss der Erstsprachen und die als „Sprachimperialismus" (Weisgerber 1966: 82) bezeichnete erzwungene Zweisprachigkeit. In bestimmten Konstellationen sei eine Erziehung zur Mehrsprachigkeit möglich und notwendig – auf die große Masse möchte er dies jedoch nicht übertragen.

Weisgerbers Positionen sind, wenn man seinen Text genau liest, in mancher Hinsicht durchaus nachvollziehbar, wenn auch die pessimistische Auffassung zu den Folgen der Zweisprachigkeit genauerer Überprüfung nicht standhält und inzwischen widerlegt ist. Verhängnisvoll ist allerdings, dass von seiner Argumentation inzwischen in den Köpfen von Lehrer/inne/n und Eltern sowie in den Medien hauptsächlich Schlagworte übrig geblieben sind, die dazu verwendet werden, einen sinnvollen Umgang mit Mehrsprachigkeit zu unterlaufen. Teilweise stehen diese Überbleibsel den Auffassungen Weisgerbers geradezu diametral entgegen, wenn z.B. gefordert wird, dass Migrant/inn/en sich auf die in der Gesellschaft verwendete Zweitsprache konzentrieren und diese sogar in der Familie an Stelle der Erstsprache einsetzen sollten.

In dieser Tradition wird beispielsweise der muttersprachliche Unterricht für Kinder aus Migrantenfamilien kritisiert, weil er nicht (oder nicht nachweisbar) zur Entwicklung von Kompetenzen in der Umgebungssprache beitrage. Hingegen führe er zu einer nachteiligen Verfestigung der ursprünglichen kulturellen Identität: „Aktivität, Intelligenz und Aktivität [sic!] [sind] umso schwächer ausgebildet, je mehr die Jugendlichen in die Herkunftskultur einbezogen sind." (Brumlik 2000: 21)

Dieser Kritik liegt allerdings, wie Reich (2000: 114ff.) hervorhebt, häufig ein falsches Bild vom Herkunftssprachenunterricht zugrunde, der längst nicht mehr nur als Rückkehrhilfe für Gastarbeiter/innen konzipiert ist. Die multilinguale und multikulturelle Gesellschaft ist ein Faktum, und ein nach neueren Vorgaben durchgeführter Herkunftsunterricht kann einen Beitrag zum positiven Umgang mit den vorhandenen Kulturunterschieden leisten. Hinzu kommt: Gute Leistungen in der einen Sprache müssen, wie oben gesehen, nicht als Hemmschuh für die Entwicklung in der jeweils anderen Sprache betrachtet werden. Vielmehr wurde in verschiedenen Arbeiten ein Zusammenhang zwischen gut entwickelten L1- und L2-Kenntnissen gezeigt (vgl. Siebert-Ott 2000: 92).

> Nichts spricht im Augenblick dafür, dass der Erwerb und die Entwicklung der einen Sprache auf Kosten der jeweils anderen Sprache geht. Die Mehrzahl der Fälle deutet vielmehr darauf hin, dass eine gleichsinnige Entwicklungstendenz in beiden Sprachen häufiger auftritt als eine divergente Entwicklungstendenz, und es gibt Anzeichen dafür, dass die Pflege der Herkunftssprachen, wenn sie nicht mit Scheuklappen erfolgt, sich eher positiv auf die Entwicklung der Zweitsprache auswirkt. (Reich 2000: 118)

Auch Ehlers sieht bereits eine weitgehende Übereinstimmung innerhalb der Wissenschaft zugunsten einer positiven Bewertung der Förderung in der Erstsprache, die ausdrücklich auch auf den schriftsprachlichen Bereich ausgedehnt werden sollte:

> Konsens besteht in der Forschung dahingehend, dass für eine erfolgreiche zweisprachige Erziehung und für Spracherhalt Literalität in der Muttersprache erworben werden sollte, doch ist weitgehend ungeklärt, wie der primäre Schriftspracherwerb in zwei Sprachen zu regeln ist. (Ehlers 2002: 50)

Ob sich in der vorliegenden Untersuchung Indizien für den von Brumlik negierten Zusammenhang zwischen muttersprachlichem Unterricht und metasprachlicher Handlungskompetenz erkennen lassen, muss noch abgewartet werden.

Festzuhalten bleibt jedenfalls, dass die Sprachförderung von Schüler/inne/n mit Migrationshintergrund eine genuine Aufgabe des Deutschunterrichts ist. Die immer noch häufig anzutreffende Indifferenz gegenüber den Schwächen und Stärken mehrsprachiger Kinder und Jugendlicher ist keine akzeptable Reaktion auf die Probleme, die unser Bildungssystem offenbar mit zu verantworten hat.

2 Sprachbewusstsein und metasprachliche Fähigkeiten – der Forschungsstand

Das folgende Kapitel beginnt mit einer Darstellung des Forschungsstands zum Gegenstandsbereich der metasprachlichen Fähigkeiten. Es werden die im weiteren Verlauf zu verwendenden Begriffe geklärt und von verwandten Termini abgegrenzt, anschließend Befunde zur Entwicklung metasprachlicher Fähigkeiten in verschiedenen linguistischen Teilbereichen erläutert sowie im Abschnitt 2.3 unterschiedliche Entwicklungstheorien dargestellt, um auf dieser Basis die Auswahl des für die Hypothesenbildung zentralen Zwei-Komponenten-Modells von Bialystok (vgl. 2.3.4) zu begründen.

2.1 Einführung und Begriffsklärung

> Language proficiency is not simply a skill or procedure which is mastered independently of other forms of knowledge and other types of abilities. Language is also a logical symbolic system, capable of being known itself and capable of guiding and shaping other aspects of cognition. (Bialystok 1991b: 113)

Die Fähigkeit, über Sprache nachzudenken und diese Gedanken in Worte zu fassen, ist nach heutigem Kenntnisstand einer der wesentlichen Unterschiede zwischen menschlichen und anderen bekannten Sprachsystemen, wie das folgende Zitat treffend verdeutlicht:

> Young children know something about language that the spider does not know about web-weaving. (Gleitman et al. 1972: 160)

Die Entwicklung dieser Fähigkeit unter bestimmten Spracherwerbsbedingungen soll in der vorliegenden Arbeit erforscht werden. Als ein Vorläufer der heutigen Forschung im Gegenstandsbereich der Metasprache kann der Universalwissenschaftler und Sprachphilosoph Wilhelm v. Humboldt (1767-1853) angesehen werden (vgl. Essen 1997: 1), der den Blick von der Sprache als *Ergon* (Produkt) auf die Sprache als *Energeia* (Prozess, Arbeit des Geistes) lenkte.

> Die Sprache in ihrem wirklichen Wesen aufgefasst, ist etwas beständig und in jedem Augenblick Vorübergehendes. Selbst ihre Erhaltung durch die Schrift ist immer nur eine unvollständige, mumienhafte Aufbewahrung, die es doch erst wieder bedarf, daß man dabei den lebendigen Vortrag zu versinnlichen sucht. Sie selbst ist kein Werk (Ergon), sondern eine Tätigkeit (Energeia). [...] Sie ist nämlich die sich ewig wiederholende Arbeit des Geistes, den artikulierten Laut zum Ausdruck des Gedankens fähig zu machen. (Humboldt 1973: 36)

Obgleich im 19. und im frühen 20. Jahrhundert das pädagogische Klima ungünstig für sprachdidaktische Reformen im Sinne Humboldts war, gab es doch bereits in diesem Zeitraum erste Ansätze. Beispielsweise forderte, wie Essen (vgl. 1997: 1ff.) zusammenfassend darstellt, van den Bosch (1903) einen induktiven Sprachunterricht, in dem Kinder durch Vergleichen und Unterscheiden selbst Strukturen ermitteln sollten. Gabelentz (1901) unterschied explizit zwischen spontanem Sprachkönnen und durch Sprachunterricht erworbenem sprachlichem Wissen, und Hildebrand (1867) sowie Jespersen (1904) postulierten, dass bewusste Sprachreflexion sich automatisch positiv auf das intuitive Sprachgefühl auswirken müsse – eine nach wie vor aktuelle und umstrittene These (vgl. 2.4).

Ein neues Interesse am Wissen und Nachdenken über Sprache entwickelte sich in den 1970er Jahren in Großbritannien parallel zum „Meta-Boom in der Psychologie" (Wehr 2001: 17), ausgelöst durch schlechte Ergebnisse in Bildungsstudien (z.B. dem Bullock-Report 1975) und eine verbreitete Unzufriedenheit mit den Ergebnissen des muttersprachlichen Grammatikunterrichts. In Studien konnte – ähnlich wie aktuell in Deutschland – ein enger Zusammenhang zwischen dem familiären Hintergrund und dem schulischen Erfolg von Kindern nachgewiesen werden. Als Konsequenz hieraus ergab sich die Forderung nach systematischer Spracherziehung, wie sie in ‚language awareness'-Programmen für Eltern und Kinder im Sinne einer kompensatorischen Spracherziehung realisiert wurde. Es wurde beabsichtigt,

> [...] Sprache zu einem festen Bestandteil aller Unterrichtsfächer zu machen und, wo immer es möglich ist, im Unterricht auf ihre Form und Funktion zu fokussieren und damit bei den Schülern ‚language awareness' aufzubauen. (Wolff 2002: 32)

Seit den 90er Jahren des 20. Jahrhunderts wurden für den Unterricht des Englischen als Fremdsprache vergleichbare Konzepte entwickelt.

Im Zuge dieses ‚language awareness-Booms' kam es auch zur „Etablierung eines eigenständigen Forschungsbereichs im Spracherwerb" (Schöler 1987: 340). Zentrale

Forschungsfragen im Kontext von language awareness, Sprachbewusstsein und metasprachlichem Wissen sind nach Wehr (2001: 22) die folgenden, die – in unterschiedlicher Gewichtung – auch im Rahmen dieser Arbeit eine Rolle spielen werden:

- Was ist überhaupt als metasprachliche Fähigkeit zu bezeichnen, und in welchen Ausdrucksformen zeigt sich diese spezielle Fähigkeit?
- Ab wann hat ein Kind Wissen über die Funktion von Sprache und Wissen über die formale Struktur von Sprache?
- Macht sich ein Kind mehr Gedanken über Sprache, wenn es in einem mehrsprachigen Umfeld aufwächst?
- Wie können metasprachliche Fähigkeiten erfasst werden?

Eine neuere Tendenz in Forschungsarbeiten zur Metasprache, die wiederum im angloamerikanischen Raum angestoßen wurde, ist es, unter dem Label der ‚critical language awareness' das Bewusstsein für die Verwendung von Sprache als Werkzeug in zentralen Lebensbereichen zu fokussieren (vgl. z.B. van Lier 1995: 117ff.).

2.1.1 Überblick über die in der Forschung verwendeten Begriffe

Wer sich mit fachwissenschaftlichen und -didaktischen Arbeiten zur Metasprache befasst, sieht sich unweigerlich mit einer großen Anzahl teils ähnlicher, teils völlig unterschiedlicher Begriffe konfrontiert, die zudem häufig mit verschiedenen Bedeutungen verwendet werden (vgl. z.B. Hug 2007: 10ff.). Deshalb wird hier ein kurzer Überblick über die einschlägigen Begrifflichkeiten gegeben, bevor die für diese Arbeit wesentlichen Begriffe ausgewählt, definiert und begründet werden.

a) Language Awareness

‚Language awareness' ist der zentrale Begriff in den frühen englischsprachigen Arbeiten zum hier dargestellten Forschungskontext. Er steht zunächst in einem allgemeinen Sinn für die Wahrnehmung sprachlicher Strukturen bzw. die Fähigkeit, Sprache zum Gegenstand des Nachdenkens zu machen (vgl. Oomen-Welke 2006^2c): „Language awareness is a person's sense to and conscious awareness of the nature of language and its role in human life" (Donmall 1985: 7).

Nach Peyer (2003: 324) bezeichnet ‚language awareness' die Aufmerksamkeit für sprachliche Phänomene in einem weiten Sinn – sie nennt als Beispiele hierfür Kommentare zu und das Spielen mit unterschiedlichen sprachlichen Einheiten, die Segmentierung von Wörtern, etymologische Ableitungen, Aussagen über sprachliche Strukturen und Funktionen oder den Sinn von Äußerungen sowie Fragen über andere Sprachen und Sprache überhaupt. Daneben führt sie Handlungen und Prozesse an, die von vielen anderen Autor/inn/en nicht dem Bereich von ‚language awareness' zugeschrieben würden, weil sie zu eng mit der konkreten Sprachverwendung verknüpft sind. Dies gilt zum Beispiel für spontane Korrekturen der eigenen Aussprache, Fragen über die richtige Wortwahl bzw. Artikulation oder den passenden Sprechstil, Reime und Wortspiele (vgl. Hug 2007: 11). Inwieweit und ob die Sprache in diesen Fällen wirklich Gegenstand des Nachdenkens und nicht nur kommunikatives Instrument ist, ist strittig. Übereinstimmung besteht hingegen in der Auffassung, dass es sich bei ‚language awareness' um kognitive Zustände handelt, die der direkten Beobachtung nicht zugänglich sind (vgl. Neuland 2002: 6).

Andere Autor/inn/en heben im Zusammenhang mit ‚language awareness' insbesondere die pragmatische Dimension von Sprache hervor, sehen das Wissen um die Rolle (und Macht) der Sprache im menschlichen Zusammenleben als einen wichtigen Aspekt der Bewusstwerdung und schließen damit, wie unter 2.1 erwähnt, auch den als ‚critical language awareness' in die Diskussion eingeführten Komplex ein:

> Language awareness can be defined as an understanding of the human faculty of language and its role in thinking, learning and social life. It includes an awareness of power and control through language, and of the intricate relationships between language and culture. (van Lier 1995: xi)

b) Metalinguistic Awareness

Das Konfix [meta-] weist darauf hin, dass es sich bei den hier beschriebenen Phänomenen um eine grundlegend andere Ebene als die der konkreten Sprachverwendung handelt. Der Terminus ‚metalinguistic awareness' spielt unter anderem im Entwicklungsmodell von Gombert (1992) eine wichtige Rolle und bezeichnet die Wahrnehmung von Sprache auf einem sehr hohen Bewusstseinsniveau, anders als etwa bei vielen der von Peyer im Kontext von *language awareness* angeführten Beispiele. Voraussetzung für die Entwicklung von ‚metalinguistic awareness' ist nach Gombert ein externer Impuls, beispielsweise durch schulische Sprachreflexion im muttersprachlichen Grammatikunterricht.

c) Sprachaufmerksamkeit

‚Sprachaufmerksamkeit' wird weithin als direkte Übertragung von *language awareness* angesehen und bezeichnet verschiedenen Autor/inn/en zufolge kognitive Zustände, die nicht direkt der Beobachtung zugänglich sind, die aber die Grundlage für metasprachliche Handlungen im engeren Sinne bilden (vgl. z.B. Neuland 2002: 6). Für Oomen-Welke (1998: 152) ist „Sprachaufmerksamkeit [...] der wache Umgang mit der Sprache, nämlich die sich entwickelnde Fähigkeit, Sprache als Mittel der Kommunikation und als verfügbares System wahrzunehmen und darüber erkennend, kritisch oder humorvoll zu reflektieren." Sie sieht ‚Sprachaufmerksamkeit' als ein Fundament, auf dem durch geeignete Förderung Sprachwissen und Sprachbewusstheit angelegt werden können.

d) Sprachbewusstsein / Sprachbewusstheit

Angesichts der Vagheit des Bewusstseinsbegriffs (vgl. Wehr 2001: 13) besonders problematisch sind die Begriffe ‚Sprachbewusstsein' und ‚Sprachbewusstheit', die teilweise synonym, teilweise aber auch im Sinne einer Dichotomie verwendet werden. Deshalb sollen sie in der vorliegenden Arbeit vermieden bzw. durch eindeutigere Begriffe ersetzt werden.

Wolff (2002) sieht beide Begriffe synonym als Übertragung des englischen *language awareness*. Auch Oomen-Welke (2006²c: 452f.) verwendet ‚Sprachbewusstsein' und ‚Sprachbewusstheit' im Sinne von *language awareness* dann, wenn ein bewusster Zugriff auf sprachliche Phänomene vorliegt, wenn also sprachliche Einheiten unabhängig vom kommunikativen Kontext Gegenstand der geistigen Aufmerksamkeit werden. ‚Sprachbewusstsein' und ‚Sprachbewusstheit' umfassen ihrer Ansicht nach *Sprachaufmerksamkeit* (als nicht direkt zugängliche kognitive Ressource) und *metasprachliche Fähigkeiten* (als operational überprüfbare Kompetenz im Umgang mit und in der Benennung von sprachlichen Phänomenen). Der Komplex lässt sich weiter ausdifferenzieren, so spricht Oomen-Welke beispielsweise von ‚Sprachlernbewusstheit' oder ‚Sprachverwendungsbewusstheit'. Sie versteht deren Entwicklung als erfahrungsabhängig und nicht allein auf der kognitiven Entwicklung basierend; dies führt ihrer Ansicht nach dazu, dass bestimmte günstige Bedingungen, z.B. das Aufwachsen in mehrsprachigen Kontexten, sich förderlich auf den Erwerb von ‚Sprachbewusstsein' und ‚Sprachbewusstheit' auswirken können.

Die Mehrzahl der Forscher/innen unterscheidet jedoch explizit zwischen ‚Sprachbewusstsein' und ‚Sprachbewusstheit'. Neuland (2002: 6) setzt ‚Sprachbewusstsein' mit *Sprachwissen* gleich. Dieses definiert sie als kognitive Einheiten, die sich nicht unmittelbar beobachten lassen, die jedoch in ihrem Objektcharakter differenzierter beschreibbar sind als die nicht direkt zugänglichen kognitiven Zustände, die von ihr mit ‚Sprachbewusstheit' bzw. *Sprachaufmerksamkeit* bezeichnet werden. Diese bilden ihrer Auffassung nach die Grundlage für das ‚Sprachbewusstsein'.

Wesentlich häufiger anzutreffen ist hingegen die Trennung von ‚Sprachbewusstsein' und ‚Sprachbewusstheit' im Sinne einer Unterscheidung von Kompetenz und Performanz. Das ‚Sprachbewusstsein' bezeichnet in diesem Sinne die notwendigen mentalen Ressourcen, beispielsweise die Fähigkeit, Äußerungen hinsichtlich ihrer grammatikalischen Qualität zu beurteilen, sie in unterschiedliche sprachliche Einheiten zu segmentieren und Ähnliches. Nach Hug (2007: 10) lässt sich ‚Sprachbewusstsein' auch als eine Übertragung des hier nicht eigens aufgeführten englischen Begriffs *linguistic consciousness* interpretieren. Mit ‚Sprachbewusstheit' wäre dann der mit Chomskys Performanz vergleichbare Part gemeint, d.h. nicht die zugrunde liegenden kognitiven Fähigkeiten, sondern das konkrete *metasprachliche Verhalten*

(Wehr 2001: 13). Wehr beruft sich an dieser Stelle auf die von Januschek, Paprotté und Rohde (vgl. Januschek et al. 1981) verwendete Terminologie. Hug (2007: 10) spricht im selben Zusammenhang von ‚Sprachbewusstheit' als *linguistic awareness* im Gegensatz zur oben erwähnten *linguistic consciousness*.

e) Sprachreflexion

Der Begriff ‚Sprachreflexion' beinhaltet aufgrund seiner Verwendungsgeschichte eine gewisse Konnotation, war er doch „in den 70er-Jahren des 20. Jahrhunderts ein Kampfbegriff, der sich gegen den Begriff ‚Grammatikunterricht' und dessen Konzeptualisierung behaupten sollte" (Bredel 2007: 32).

Paul (1999: 59ff.) unterscheidet zwischen handlungspraktischer und handlungsentlasteter ‚Sprachreflexion'. Erstere ist an Kommunikationssituationen gebunden, in denen beispielsweise eine Störung auftritt – letztere ist dekontexutalisiert, wie es beispielsweise bei schulischer ‚Sprachreflexion' in der Regel der Fall ist. Paul zufolge besteht zwischen den beiden Formen der ‚Sprachreflexion' eine nicht überbrückbare Differenz.

Aktuell spielt der Terminus ‚Sprachreflexion' insbesondere im Modell von Neuland (2002) eine Rolle und meint hier eine Erscheinungsweise von *Sprachbewusstsein* bzw. *metasprachlichem Wissen*. Wenn kognitive Prozesse Sprache zum Gegenstand haben, findet ‚Sprachreflexion' (oder auch *Sprachbetrachtung*) statt. Diese ist dann beobachtbar, wenn die Reflexionsprozesse direkt verbalisiert werden – häufig läuft sie jedoch auch rein kognitiv und damit „verdeckt" (Neuland 2002: 6) ab. ‚Sprachreflexion' ist darüber hinaus in diesem Begriffssystem immer auch Selbstreflexion, weist also einen Bezug zur eigenen (sprachlichen) Identität auf. „Gegenstand des Sprachunterrichts würden damit auch Dialekte, Soziolekte oder geschlechts- oder altersspezifische Varietäten." (Bredel 2007: 33) Diese Betrachtungsweise kritisiert Bredel jedoch: Sprache sei kein subjektives, sondern ein Handlungssystem, in dem es um Sprecher/innen, Hörer/innen, Situationen, Kommunikationsprobleme etc. gehe. Deshalb sei die aufs Ich bezogene ‚Sprachreflexion' kein geeigneter Terminus, im Gegensatz zu dem von ihr bevorzugten Begriff *Sprachbetrachtung*.

f) Sprachbetrachtung

Diesen Terminus führt Bredel (2007: 22) folgendermaßen ein: „Wir wollen vorläufig alle Tätigkeiten, mit denen wir Sprache zum Gegenstand unserer Aufmerksamkeit machen, Sprachbetrachtung nennen." Sprachbetrachtung kann implizit (z.B. bei Formulierungsabwägungen, die nicht verbalisiert werden) oder explizit (z.B. bei der Bestimmung von Wortarten und ähnlichen sprachlichen Kategorien) stattfinden.

‚Sprachbetrachtung' soll laut Bredel (2007: 33f.) ein neutraler Begriff sein, d.h. die Konnotationen und Implikationen ‚belasteter' Ausdrücke wie *Sprachreflexion*

(s.o.) vermeiden. Sie benennt drei Kriterien, die im Falle von ‚Sprachbetrachtung'
gegeben sein müssen:

- Voraussetzung dafür, dass ein Objekt (hier: die Sprache) überhaupt betrachtet werden kann, ist die *Distanzierung*.
- Die üblichen kommunikativen Abläufe müssen außer Kraft gesetzt sein, es muss eine *Deautomatisierung* stattfinden, die auch zu Verstehensverlusten bei der eigentlichen Sprachwahrnehmung führen kann. Die Problematik der Deautomatisierung illustriert Bredel (2007: 150f.) mit dem aus der Psychologie bekannten Stroop-Effekt: Sprachverwender/innen konzentrieren sich intuitiv auf Bedeutung und Funktion sprachlicher Einheiten, eine formbezogene Betrachtung kommt spontan nur bei Störungen im kommunikativen Ablauf vor.
- Das betrachtete Objekt muss aus der gewohnten Umgebung herausgelöst werden, d.h. bei der ‚Sprachbetrachtung' findet eine *Dekontexualisierung* von Sprache statt.

g) Metasprache

‚Metasprache' bezeichnet im Unterschied zur ‚Objektsprache' „die Sprache, mit der wir Sprachbetrachtung betreiben" (Bredel 2007: 25). Wehr (2001: 13) verwendet ähnlich wie bereits Schöler (1987) ‚Meta-Sprache' als Oberbegriff für das Denken und Sprechen über Sprache. Dieses umfasst ihrer Terminologie zufolge sowohl konkrete Äußerungen über linguistische Einheiten bzw. diesbezügliche Handlungen (*Sprachbewusstheit*, s. unter d) als auch die diesen Äußerungen bzw. Handlungen zugrunde liegenden kognitiven Kompetenzen (*Sprachbewusstsein*, s. unter d). ‚Metasprache' lässt sich hinsichtlich der fokussierten sprachlichen Phänomene in verschiedene Teilbereiche gliedern, die analog zu den linguistischen Teildisziplinen (Syntax, Morphologie, Semantik, Pragmatik) bestimmt werden (vgl. 2.2).

Bialystok schlägt angesichts der Schwierigkeiten bei der Definition von Metasprache vor, diese an eine bestimmte Ausprägung der Komponenten *analysis* und *control* (vgl. 2.3.4) zu koppeln.

First, metalinguistic cannot be used to apply to a unique set of abilities possessed by some language learners. This is because the processing components invoked in the solution to metalinguistic tasks are exactly the same (but to different degrees) as the processing components invoked in the solution to oral and literate tasks.

Second, the criterion of awareness does not serve to clearly demarcate the domain, since various problems in oral and literate uses of language were characterized by different degrees of awareness, even though the problem was not metalinguistic.

Accordingly, the best application of the term metalinguistic appears to be a group of tasks, or language uses. These would be those uses of language characterized by three criteria: relatively high demand for analysis of linguistic knowledge; relatively high demand for control of processing; and the topic is language or structure. (Bialystok 1991b: 130)

Diese Bestimmung scheint mir allerdings, ungeachtet der Überzeugungskraft des Zwei-Komponenten-Modells (vgl. 2.3.4), als Bestandteil einer Definition für Metasprache nicht hilfreich zu sein. Es ist zumindest fraglich, ob nicht bei der Bestimmung metasprachlicher Verhaltensweisen als *high analysis / high control* ein Zirkelschluss vorliegt, zumal es Bialystok nicht gelingt, die postulierten Anforderungen an die beiden Komponenten im Einzelfall schlüssig zu begründen. In meinen Augen ist das Konzept von *analysis* und *control* jedoch durchaus sinnvoll, und zwar dann, wenn es nicht zur Definition herangezogen wird, sondern zur genaueren Beschreibung von Verhaltensweisen, die aufgrund anderer Kriterien als metasprachlich gelten können (vgl. 2.3.4).

h) Metasprachliches Wissen

Funke (2001: 11) sieht ‚metasprachliches Wissen' als anzunehmende Grundlage für *metasprachliches Verhalten* und will ersteres dann als gegeben annehmen, wenn eine metasprachliche Leistung desselben Typs zuverlässig immer wieder erbracht werden kann.

An anderer Stelle unterscheidet Funke (2001: 129ff.) ebenso wie Bredel (2007: 127) zwischen implizitem und explizitem metasprachlichem Wissen, wobei letztere hier von Prozesswissen und Analysewissen spricht. Das (implizite) Prozesswissen ist für operative metasprachliche Handlungen leitend und kann entweder als automatisiertes Begleitwissen parallel zur Sprachverwendung aktiviert, oder aber durch eine von außen herangetragene Aufgabe angeregt werden. Das (explizite) Analysewissen befähigt zu deklarativen metasprachlichen Handlungen. Es kann ebenfalls situationsgebunden oder unabhängig von kommunikativen Prozessen aktiviert werden. Die verschiedenen Kombinationsmöglichkeiten verdeutlicht die folgende Übersicht:

	situationsgebunden	situationsentbunden
operativ (implizit)	A: integriertes Prozesswissen	C: autonomes Prozesswissen
deklarativ (explizit)	B: integriertes Analysewissen	D: autonomes Analysewissen

Tabelle 2.1: *Formen metasprachlichen Wissens (vgl. Bredel 2007: 110)*

Oomen-Welke (2006²c: 453) geht bei dem verwandten Terminus *Sprachwissen* von einer noch höheren Abstraktionsstufe aus: Bei ihr ist nicht von prozeduralem, sondern von deklarativem Wissen die Rede, d.h. das Wissen um sprachliche Strukturen, um die Verschiedenheit von Sprachen etc. kann nicht nur zur Durchführung von Operationen genutzt werden, sondern ist dem Subjekt bewusst und kann verbalisiert werden.

i) Metasprachliche Fähigkeiten

Als ‚metasprachliche Fähigkeiten' bezeichnet Neuland (2002: 6) kognitive Fähigkeiten „im Zustand der Sprachbewusstheit und im Rückgriff auf Bestände des Sprachbewusstseins und Sprachwissens". Diese müssen als Grundlage für *metasprachliches Verhalten* (s.u. unter j) bzw. *Sprachbetrachtung* oder *Sprachreflexion* (s.o. unter e, f) angesehen werden.

j) Metasprachliches Verhalten

‚Metasprachliches Verhalten' ist grundsätzlich von sprachlichem Verhalten (Sprechen und Hören bzw. Schreiben und Lesen) zu unterscheiden und liegt nach Wehr (2001: 15) dann vor, wenn ein/e Sprachverwender/in sich von letzterem löst und die Sprache beobachtbar zum Gegenstand des Sprechens und Handelns wird. Bredel (2007: 126f.) nennt hierfür die unter (f) schon genannten Kriterien *Distanzierung*, *Dekontextualisierung* und *Deautomatisierung*.

Es kann dabei zwischen selbstinduziertem und fremdinduziertem Verhalten unterschieden werden: Selbstinduziertes, d.h. spontanes metasprachliches Verhalten kann durch verschiedene Motive, beispielsweise Neugier, Spieltrieb oder auch situative Missverständnisse ausgelöst werden. Von fremdinduziertem oder evoziertem metasprachlichem Verhalten spricht Wehr, wenn in Test- oder Unterrichtssituationen die Aufmerksamkeit von außen auf sprachliche Phänomene gelenkt wird. Des Weiteren differenziert Wehr (2001: 91ff.) zwischen verschiedenen Abstraktionsstufen, nämlich dem Wissen über bzw. dem Umgang mit sprachlichen Einheiten, sprachlichen Regeln und der Arbitrarität sprachlicher Zeichen.

Metasprachliche Handlungen können sowohl im Online-Modus, also in Kommunikationsvorgänge integriert, als auch im Offline-Modus (Bredel: „situationsgebunden" bzw. „situationsentbunden", 2007: 110.) erfolgen. Bei situationsgebundenen Aktivitäten handelt es sich ihrer weit gefassten Definition zufolge beispielsweise um Eigen- und Fremdkorrekturen, das Abwägen von Formulierungsalternativen oder das Klären gesprächsrelevanter Wortbedeutungen. Beispiele für situationsentbundene metasprachliche Handlungen sind die Durchführung grammatischer Proben oder das explizite Benennen sprachlicher Kategorien.

‚Metasprachliche Äußerungen' sind nach List (1992: 15) solche, die sich explizit auf die Sprache selbst beziehen." Fraglich bleibt allerdings, ob zum ‚Sprechen über Sprache' nur Äußerungen über das System an sich gehören oder auch solche, die die Sprachverwendung thematisieren (z.B.: „Ich bin jetzt groß – ich kann jetzt ‚Pullover' sagen!", vgl. Wehr 2001: 40).

k) Metakommunikation

Einen Grenzfall metasprachlichen Verhaltens stellt auch die ‚Metakommunikation' dar; nach Wehr (2001: 12) Kommunikation über Kommunikation, wobei sich die Sprecher/innen nicht auf formale Aspekte, sondern auf Inhalte und Absichten beziehen. Beispielsweise können Verstöße gegen Konversationsmaximen thematisiert werden („Warum sprichst du nicht aus, was du wirklich meinst?") oder es kann die Illokution indirekter Sprechakte explizit erfragt werden („Willst du damit sagen, dass das meine Aufgabe gewesen wäre?").

Bredel (2007: 65) unterscheidet ‚Metakommunikation' ganz grundsätzlich von *Metasprache*, indem sie die Sprache, in der Sprachbetrachtung (s. o. unter f) betrieben wird, entweder als *Metasprache* (dann, wenn Eigenschaften des Sprachsystems thematisiert werden) oder als ‚Metakommunikation' (dann, wenn Sprecher/innen sich über das kommunikative Handeln verständigen) definiert.

2.1.2 Begriffliche Festlegung

Im Rahmen der vorliegenden Arbeit möchte ich aufgrund der oben angeführten Probleme auf die zwar häufig verwendeten, aber vagen und missverständlichen Begriffe ‚Sprachbewusstsein' und ‚Sprachbewusstheit' verzichten. Die Basis für die im Folgenden zu verwendende Terminologie bildet die Kategorie ‚Metasprache' in der von Wehr (2001: 15) und Bredel (2007: 25) eingeführten Bedeutung. Davon ausgehend werden nun die Ausdrücke ‚metasprachliches Verhalten', ‚metasprachliche Fähigkeiten' und ‚metasprachliches Wissen' definiert.

Von *metasprachlichem Verhalten* soll dann die Rede sein, wenn Äußerungen über Sprache und/oder spielerische Manipulationen vorliegen, die sprachliche Strukturen unterschiedlicher Ebenen (vgl. 2.2) zum Objekt machen. Damit erreichen kognitive Prozesse den Status der Beobachtbarkeit – erst wenn diese Bedingung erfüllt ist, kann von ‚Verhalten' gesprochen werden (vgl. Wehr 2001: 29). *Metasprachliches Verhalten* kann sowohl fremd- als auch selbstinduziert, sowohl im Online- als auch im Offline-Modus vorliegen.

Metasprachliche Fähigkeiten sind nicht direkt beobachtbar, lassen sich aber aus dem metasprachlichen Verhalten von Kindern und Erwachsenen ableiten. Schöler (1987: 341) spricht hier von der Fähigkeit, „Sprache nicht mehr nur alleine als Instrument benutzen zu können, um kommunikative Ziele zu erreichen, sondern Sprache selbst zum Reflexionsobjekt, zum Gegenstand der Betrachtung zu machen." Da hier nicht akzidentielle, sondern konstant verfügbare Kompetenzen untersucht werden sollen, möchte ich von metasprachlichen Fähigkeiten nur dann sprechen, wenn eine bestimmte metasprachliche Verhaltensweise zuverlässig reproduziert oder durch geeignete Verfahren gezielt elizitiert werden kann (vgl. Funke 2001: 11).

Voraussetzung hierfür ist, dass zufällige und vereinzelte Sprachbeobachtungen sich verfestigt und zur Bildung erster Kategorien geführt haben.

Metasprachliche Fähigkeiten sind konsequent zu unterscheiden von sprachlichen Fähigkeiten, die verschiedentlich auch als ‚primärsprachlich' oder ‚sprachpraktisch' bezeichnet werden. Mit sprachlichen Fähigkeiten ist im Folgenden die Fähigkeit gemeint, Sprache auf all ihren Ebenen (Phonologie, Morphologie, Syntax, Semantik, Pragmatik) in konkreten Kommunikationssituationen einzusetzen.

Metasprachliches Wissen lässt sich nicht eindeutig von den metasprachlichen Fähigkeiten in oben genanntem Sinne trennen, bezeichnet jedoch in stärkerem Maße die kognitiven Ressourcen, die diesen zugrunde liegen. Hierzu gehört das eher undifferenzierte ‚Sprachbewusstsein' (vgl. Januschek et al. 1981) ebenso wie die von Neuland (2002: 6) als ‚Sprachwissen' beschriebenen kognitiven Einheiten. Ähnlich wie bei Funke (2001: 14ff.) sollen hier sowohl nicht verbalisierbare, implizite Kenntnisse als auch ausdrücklich verbalisierbare, explizite Wissensbestände zusammengefasst werden.

2.2 Metasprachliches Verhalten und metasprachliche Fähigkeiten – Ein Überblick über den Forschungsstand

Wie unter 2.1.2 bereits erwähnt, kann sich metasprachliches Verhalten auf verschiedene Aspekte von Sprachsystem und Sprachverwendung beziehen, was eine Einteilung metasprachlicher Handlungen nach den verschiedenen linguistischen Subdisziplinen nahelegt.

Es wird im Folgenden von einem weiten Verständnis metasprachlicher Fähigkeiten ausgegangen, um auf dieser Basis ein möglichst umfangreiches Spektrum dessen, was als metasprachliches Verhalten aufgefasst werden kann, abdecken zu können. Um zu verdeutlichen, in welch verschiedenen Abstufungen metasprachliches Verhalten vorliegen kann, eignet sich eine als aufsteigende Skala (mit einem zunehmendem Grad an Explizitheit) angeordnete Übersicht nach Clark (1978), bei der es sich laut Bredel (2007: 34) um eine der ersten und noch immer vollständigsten Systematisierungen handelt. Ich orientiere mich hierbei an der Adaption von Bredel (2007: 35f.).

(1) Eigene Äußerungen werden während des Sprechens (On-Line) gesteuert.
    a. Spontane Selbstreparaturen
    b. Durchprobieren von Lauten, Phrasen und Sätzen
    c. Bewusstes Einstellen auf das Alter und den Status des Hörers
(2) Das Resultat einer Äußerung wird geprüft.
    a. Überprüfen, ob ein Hörer die Äußerung verstanden hat, falls erforderlich reparieren

   b. Die eigene Äußerung oder die Äußerung anderer kommentieren
   c. Die Äußerung anderer reparieren
(3) Eine Äußerung wird an der Wirklichkeit getestet.
   Entscheiden, ob ein Wort oder eine Beschreibung treffend ist
(4) Es wird versucht, sprachliche Einheiten bewusst zu erlernen und einzuüben.
   a. Einüben neuer Laute, Wörter und Sätze
   b. Rollenspiele und ‚doing the voices' für unterschiedliche Rollen
(5) Es werden Vorhersagen über die Konsequenzen des Gebrauchs von Flexiven, Wörtern, Phrasen oder Sätzen gemacht.
   a. Anwenden von Flexiven auf neue Wörter
   b. Beurteilen, welche Äußerung angemessen ist
   c. Korrigieren der Wortstellung
(6) Das Produkt von Äußerungen wird reflektiert.
   a. Identifizieren von sprachlichen Einheiten (Phrasen, Wörter, Silben, Laute
   b. Definitionen geben
   c. Rätsel und Wortspiele erfinden
   d. Erklären, warum bestimmte Sätze möglich sind und wie sie interpretiert werden sollen

Die Skala verdeutlicht, dass – wie auch der obigen Terminologiediskussion entnommen werden kann – eine klare Abgrenzung metasprachlicher und sprachlicher (objektsprachlicher) Verhaltensweisen äußerst schwierig ist. Eher handelt es sich um ein Kontinuum, wobei die hier genannten Stufen 1, 2 und 3 von den meisten Autor/inn/en (und in dieser Arbeit) nicht als metasprachlich im engeren Sinne aufgefasst werden. In der hier vorgestellten empirischen Untersuchung (vgl. 4.2) spielen insbesondere 5b sowie 6a, b und d eine Rolle.

Bei der nun folgenden Zuweisung zu den linguistischen Subdisziplinen orientiere ich mich an Gombert (1992: 15ff.) bzw. Demont/Gombert (1995: 12ff.), trenne jedoch zwischen metalexikalischen und metasemantischen Fähigkeiten und komme damit zu fünf Bereichen. Besondere Berücksichtigung finden im Rahmen dieses Überblicks der meta-morphosyntaktische, der metalexikalische und der metasemantische Bereich, weil diese Gegenstand der folgenden Untersuchung sein werden. Eine knappe Darstellung der aktuellen Forschungslage zur Entwicklung der verschiedenen Kompetenzen bei einsprachigen Lerner/inne/n ist in die jeweiligen Abschnitte integriert.

2.2.1 Metaphonologische Fähigkeiten

Unter metaphonologischen Kompetenzen (vielfach auch als phonologische Bewusstheit bezeichnet) verstehen wir die Fähigkeit, die lautliche Seite (nach de Saussure das ‚signifiant') sprachlicher Zeichen isoliert zu betrachten und willkürlich zu verändern. Nach Demont/Gombert (1995: 12ff.) und Wehr (2001: 81) gehört hierzu das Erkennen von Reimen, das Segmentieren oder Weglassen von Silben und auch das Identifizieren und willkürliche Manipulieren von Phonemen. Es geht also immer darum, lautliche Einheiten unterschiedlicher Art zu identifizieren oder willkürlich und ohne Berücksichtigung der Bedeutung mit ihnen umzugehen.

In verschiedenen Erwerbsstudien (für einen Überblick vgl. z.B. Nicholson 1997) konnte gezeigt werden, dass sich die phonologische Bewusstheit im weiteren Sinne – hierzu wird der Umgang mit Reimen und Silben gezählt – bei Kindern noch vor Schuleintritt spontan entwickelt. Der Umgang mit Phonemen als den kleinsten bedeutungsdifferenzierenden Einheiten (phonologische Bewusstheit im engeren Sinne) bedarf dagegen, wenn er im Vorschulalter praktiziert werden soll, gezielter Anregung und Förderung. Beide Varianten metaphonologischer Fähigkeiten lassen sich operationalisieren; Testaufgaben zur Erfassung phonologischer Bewusstheit liegen in standardisierter Form beispielsweise in dem für das Vorschulalter konzipierten Bielefelder Screening (vgl. Jansen et al. 2002) vor.

Der enge Bezug zwischen metaphonologischen Kompetenzen und dem Schriftspracherwerb ist angesichts der alphabetischen Grundstruktur unseres orthographischen Systems nicht nur naheliegend, sondern auch durch zahlreiche empirische Studien belegt. Beigetragen haben hierzu nicht zuletzt Untersuchungen, die im Zusammenhang mit vorschulischen Förderprogrammen zur Vorbereitung des schulischen Schriftspracherwerbs durchgeführt wurden. Eine dänische Trainingsstudie (Lundberg et al. 1988) zur Effektivität von Förderprogrammen zeigte deutliche positive Effekte: Das systematische Training der Fähigkeit, Sätze in Wörter, Wörter in Silben und Silben in Phoneme zu segmentieren sowie der Fähigkeit, Wortlängen und Reime zu beurteilen, wirkte sich im Vergleich zur nicht trainierten Kontrollgruppe positiv auf den Erfolg in den ersten Schuljahren aus. „Die Ergebnisse zeigten, dass die genannten Fähigkeiten trainiert werden können und ein kausaler Zusammenhang zwischen dem Training und den späteren schriftsprachlichen Leistungen besteht." (Wehr 2001: 121) Mit deutschsprachigen Kindern wurde eine vergleichbare Untersuchung erstmals 1994 im Kontext des ‚Würzburger Trainingsprogramms' (Küspert/Schneider 2006[6]) durchgeführt, ebenfalls mit dem Ergebnis, dass ein Training metaphonologischer Kompetenzen eine wirkungsvolle Vorbereitung des Schriftspracherwerbs darstellt.

Ebenso deutlich ist aber auch der gerade durch den Schriftspracherwerb ausgelöste Anstieg metaphonologischer Fähigkeiten. Diese können demzufolge nicht nur als Voraussetzung, sondern gleichermaßen als Folge einer gelingenden Literalisierung gesehen werden (vgl. Scheerer-Neumann 1997: 90; eine Zusammenfassung der Diskussion über die Relation zwischen phonologischer Bewusstheit und dem Schriftspracherwerb findet sich bei Marx 1997).

Als weitere Folge des Schriftspracherwerbs ist die Entwicklung metagraphematischer und metaorthogaphischer Fähigkeiten zu betrachten – ein Bereich, der in der bisherigen Erforschung metasprachlicher Fähigkeiten kaum beachtet wurde. Analog zur o. g. Definition soll von metagraphematischem Verhalten dann die Rede sein, wenn schriftsprachliche Aspekte sprachlicher Zeichen isoliert betrachtet und willkürlich verändert werden, wie es in der folgenden Schüleräußerung der Fall ist:

„Ein Wort ist, wenn's viele Buchstaben sind, so ganz viele." (D1-CW1-09-M)

Es ist anzunehmen, dass die Entwicklung metagraphematischer Fähigkeiten wesentlich direkter von schulischen Impulsen abhängig ist und dass sich auch die Verknüpfung mit dem konkreten schriftsprachlichen Handeln enger darstellt, als es in den folgenden Bereichen der Fall ist. Angesichts der Fokussierung der vorliegenden Arbeit auf meta-morphosyntaktische, metalexikalische und metasemantische Fähigkeiten wird hier auf eine weitere Beschreibung des Wesens und der Entwicklung metagraphematischer Fähigkeiten verzichtet.

2.2.2 Meta-morphosyntaktische Fähigkeiten

Meta-morphosyntaktische Kompetenzen (bei Gombert: metasyntactic competence) befähigen Sprachverwender/innen, grammatikalische Aspekte von Sprache bewusst wahrzunehmen und grammatikalische Regeln willkürlich (d.h. gewollt) anzuwenden: „Metasyntactic competence refers to the ability to reason consciously about the syntactic aspects of language, and to exercise intentional control over the application of grammatical rules." (Gombert 1992: 39) Syntaktische und morphologische Phänomene werden in diesem Zusammenhang als eng zusammenhängend und kaum trennbar angesehen (vgl. Wehr 2001: 80f.).

Häufig werden als Beispiele für diesen Bereich selbstinduzierte oder fremdinduzierte Urteile über die grammatikalische Qualität von Äußerungen angeführt, wobei umstritten ist, inwiefern dafür bereits metasprachliche Fähigkeiten im Sinne der obigen Definition erforderlich sind. Aufgaben, die Grammatikalitätsurteile verlangen, lassen grundsätzlich noch nicht zweifelsfrei auf metasprachliches Wissen schließen, da „zumindest fraglich ist, welche Rolle die Identifikation syntaktischer Strukturen bei ihrer Bearbeitung überhaupt spielt" (Funke 2001: 13). Ein reines Ablehnen nicht korrekter Äußerungen weist noch keine meta-morphosyntaktischen Fähigkeiten nach: „This may correspond to a vague refusal to accept sound sentences which differ from those with which the children are customarily surrounded" (Gombert 1992: 41).

Es darf also nicht die sprachliche Fähigkeit, grammatische Regeln anzuwenden, gleichgesetzt werden mit der metasprachlichen Fähigkeit, diese Regeln auch (z.B. auf Aufforderung / fremdinduziert) bewusst einzusetzen bzw. sie gar erklären zu können.

> In fact, the idea of grammaticality, however it is formulated, is probably meaningless for the young child, whose response is determined by the global acceptability of the sentences. Grammaticality is only one of a number of components in this acceptability, a component which is in no way a privileged (or even a particular) object of reflection for the young child. (Gombert 1992: 50)

Spontane Grammatikalitätsurteile kommen nach Gombert zwar schon im Vorschulalter vor, sind aber wohl auf extrasyntaktische und häufig sogar extralinguistische Reflexionen zurückzuführen. Deshalb sieht er Beurteilungsaufgaben als fragwürdiges Mittel zur Erfassung meta-morphosyntaktischer Kompetenz. Letztlich muss bei der Erforschung meta-morphosyntaktischer Fähigkeiten anhand von Grammatikalitätsurteilen unterschieden werden zwischen einem Bewusstsein für Fehler und einem Bewusstsein für sprachliche Strukturen; metasprachlich im Sinne o. g. Definition ist nur Letzteres. Angesichts der Datenlage aber ist es auch nach Gombert (1992: 50f.) notwendig, vom Verhalten, das sich aus dem Erkennen von Fehlern ergibt, auf Letzteres zu schließen. Es lassen sich zudem, wie im weiteren Verlauf der Arbeit gezeigt wird, die Bedingungen bei Judgment-Aufgaben durchaus so variieren, dass Komponenten metasprachlicher Fähigkeiten ermittelt werden können.

Gombert zitiert in diesem Zusammenhang auch eine Untersuchung von Berthoud-Papandropoulou/Sinclair (1983), bei der Kinder die Grammatikalität von Sätzen in einer ihnen unbekannten Sprache beurteilen sollten. Es wurden Syntagmen gebildet, die offensichtlich sprachübergreifenden Regeln widersprachen (z.B. italienisch: cane cane cane). Deren Zurückweisung, die ab ca. 7 Jahren zuverlässig gelingt, sehen die Autoren als Beweis für die Entwicklung echten metasprachlichen Urteilens. „Of all the data reported, this result is the only one which seems to be unambiguously concerned with the emergence of metasyntactic awareness." (Gombert 1992: 51)

Meta-morphosyntaktische Fähigkeiten lassen sich darüber hinaus bei der Produktion von Selbst- und Fremdkorrekturen beobachten. Es handelt sich hier – ähnlich wie bei den Grammatikalitätsurteilen – jedoch zunächst um epilinguistische Handlungen auf einer niedrigen Bewusstseinsstufe. Aus verschiedenen Untersuchungen zieht Gombert den Schluss, dass bei Kindern im Vorschulalter Korrekturen auf der morphosyntaktischen Ebene spontan und nicht zuverlässig zustande kommen. Die Wiederholung fehlerhafter Konstruktionen, wie sie in einigen Studien (vgl. 3.1.1) verlangt wird, beanspruche dagegen metasprachliche Kontrolle (vgl.

Bialystok/Ryan 1985: 239), weil der natürliche Impuls zur Korrektur unterdrückt werden müsse.

Bei der Entwicklung meta-morphosyntaktischer Kompetenzen fällt ebenso wie bei den metaphonologischen und -graphematischen Fähigkeiten ein Zusammenhang mit dem Schriftspracherwerb auf (vgl. Bredel 2007: 176ff.; vgl. auch Funke/Sieger 2009). Ein Beleg dafür ist, dass die Fähigkeit zu syntaktischer Reflexion offenbar die Leseentwicklung unterstützt: „Die Kinder mit guter syntaktischer Bewusstheit erkennen schneller, dass ein falsch gelesenes Wort nicht in den Satzzusammenhang passt, und haben somit bessere Revisionsmöglichkeiten" (Bredel 2007: 176). Andererseits könne die Konfrontation mit geschriebener Sprache es Bredel zufolge erleichtern, diese selbst zum Objekt zu machen, was nicht literalisierten Kindern noch schwer falle (vgl. Bredel 2007: 178).

Interessanterweise ist der Zusammenhang zwischen meta-morphosyntaktischen Fähigkeiten und dem schulischen Grammatikunterricht nicht so klar belegt, wie man als Deutschlehrer/in gerne vermuten würde. Etliche Untersuchungen deuten laut Bredel eher darauf hin, dass der Grammatikunterricht den Aufbau grammatischen Wissens geradezu behindere.

2.2.3 Metalexikalische Fähigkeiten

Unter metalexikalischen Kompetenzen verstehen wir die Fähigkeit, Wörter als lexikalische Einheiten zu identifizieren und Beziehungen unterschiedlicher Art (z.B. Synonymie, Antonymie, Kontradiktion, Hyperonymie) zwischen verschiedenen Wörtern zu bestimmen: „[...] the subject's ability on the one hand to isolate the word and identify it as being an element of the lexicon, and on the other to endeavour to access the internal lexicon intentionally" (Gombert 1992: 63).

Eine aus diesen Kompetenzen resultierende Form metasprachlichen Verhaltens ist es, wenn Kinder oder Erwachsene – selbst- oder fremdinduziert – Äußerungen in ihre lexikalischen Bestandteile zerlegen. Bei diesbezüglichen Untersuchungen ist zu beachten, dass der Schwierigkeitsgrad der zu segmentierenden Wortfolgen stark von deren Struktur abhängt. Problematisch für Kinder ist offenbar vor allem das Identifizieren von grammatikalischen Einheiten, so genannten Funktionswörtern (Artikeln, Präpositionen, Subjunktionen etc.), innerhalb syntaktisch und semantisch verbundener Syntagmen.

Eine klassische Studie zum Wortbegriff stammt von Papandropoulou/Sinclair (1974). Sie kamen zu dem Ergebnis, dass Kinder bis zum 7. Lebensjahr nicht über ein ausgebildetes Wortkonzept verfügten und deshalb nicht in der Lage seien, Wörter – insbesondere Funktionswörter – zu zählen. Bei der Frage nach der Wortlänge orientierten sie sich am Objekt (,Zug' sei demzufolge ein längeres Wort als ,Regenwurm'), während schriftkundige ältere Kinder und Erwachsene hier nach phonologischen (Silbenzahl) oder orthographischen (Zahl der Buchstaben) Kriterien entschieden. Trotz der auffälligen Weiterentwicklung im Alter von 6-7 Jahren spielt der Schriftspracherwerb nach Ansicht von Papandropoulou/Sinclair für die metalexikalische Kompetenz keine wesentliche Rolle – sie führen diese auf kognitive Entwicklungssprünge zurück.

Karmiloff-Smith et al. (1996: 210ff.) widersprechen diesen Annahmen und wiesen mit einer eigenen Untersuchung nach, dass Kinder schon ab 4;6 Jahren in der Lage sind, Wörter der ‚geschlossenen Klasse' als solche zu erkennen sowie zwischen signifiant (Bezeichnung) und signifié (Gegenstand) zu differenzieren. Dies begründen sie u. a. mit den Ergebnissen einer Studie zur Wortwiederholung, bei der Kinder während des Vorlesens einer Geschichte nach unvermittelten Abbrüchen die Aufgabe hatten, das jeweils letzte Wort zu wiederholen. Die fünfjährigen Kinder schafften dies (im Gegensatz zu den dreijährigen) schon recht zuverlässig, die sechs- bis siebenjährigen waren zusätzlich auch in der Lage, ihr Wortkonzept anhand eines Beispiels zu verbalisieren. Daraus schließt Karmiloff-Smith, dass metalexikalische Fähigkeiten sich als Folge des mündlichen Spracherwerbs schon wesentlich früher als von Papandropoulou/Sinclair angenommen entwickeln. Bedingung für die erfolgreiche Bewältigung der Aufgabe war allerdings die Einbindung der Beispiele in die Sprachproduktion der Versuchspersonen: „Ein Zugriff auf sprachliche Strukturen ist offensichtlich dann leichter möglich, wenn Sprache ‚in Aktion' ist, wenn also die entsprechende Struktur nicht offline, sondern online aufgerufen wird" (Bredel 2007: 57).

Weitere häufig eingesetzte Forschungsmethoden sind die Frage nach einer Definition des Begriffs ‚Wort' und die Unterscheidung von Wörtern und (künstlichen) Pseudowörtern.

Zusammenfassend lässt sich sagen, dass die Ausbildung des Wortkonzepts zu den am besten untersuchten Bereichen metasprachlichen Wissens zählt. Allerdings ist hinsichtlich der Fähigkeit zur lexikalischen Segmentierung hervorzuheben, dass sie mit Sicherheit nicht nur dem metalexikalischen, sondern ganz wesentlich auch dem meta-morphosyntaktischen Bereich angehört. Gerade wenn Proband/inn/en anspruchsvolle Segmentierungsaufgaben bearbeiten, also Determinierer von Nomen abtrennen oder Komposita als Einheiten erkennen müssen, ist ein ausgebildetes Wortkonzept nicht ausreichend, weil diese Probleme nur unter Berücksichtigung des syntaktischen Kontextes zu lösen sind. Die Segmentierung syntaktisch-semantisch verbundener Wortfolgen beansprucht also sowohl metalexikalische als auch meta-morphosyntaktische Fähigkeiten.

2.2.4 Metasemantische Fähigkeiten

Als metasemantische Kompetenzen bezeichnet man das Wissen um die Arbitrarität sprachlicher Einheiten und die Fähigkeit, Bedeutungen dekontextualisiert und unter Verwendung anderer sprachlicher Einheiten zu erklären.

Die Fähigkeit, sprachliche Zeichen als arbiträre Symbole für Außersprachliches zu erkennen, wurde im Kontext der Psychologie erstmals von Piaget (2005[8]: 68ff.) im Rahmen des sogenannten ‚sun-moon-problems' untersucht. Bei diesem Experiment wird ein Austausch der Begriffe ‚Sonne' und ‚Mond' vorgenommen; anschließend werden dem Kind verschiedene Fragen gestellt, die es unter Berücksichtigung des Begriffstauschs beantworten muss (vgl. auch 3.1.3). Es gehört zur Bewältigung solcher Umbenennungsaufgaben die Einsicht, dass Wörter bzw. sprachliche Einheiten nicht identisch sind mit den Objekten, für die sie stehen, sondern zufällige und aufgrund einer Übereinkunft zustande gekommene Zeichen.

Nach Snow et al. (1991) und Benelli et al. (2006) ist auch das Formulieren angemessener Definitionen als metasprachliches beziehungsweise metasemantisches Verhalten zu betrachten, weil dabei die Fähigkeit verlangt wird, nicht nur auf den Inhalt einer Äußerung, sondern auch auf die Art des Ausdrucks zu achten (vgl. Benelli et al. 2006: 73). Das Bilden einer Definition im aristotelischen Format (‚Ein X ist ein Y, das Z'), die ein Hyperonym, eine Kopula sowie ein einschränkendes Merkmal enthält, ist eine besondere Form dekontextualisierten Sprachgebrauchs und steht in Relation mit der Fähigkeit, das eigene Wissen über ein Wort zu analysieren (vgl. Snow et al. 1991: 91). Wörter müssen als arbiträre Zeichen für Objekte erkannt werden, damit in einer formalen Definition ein und dasselbe Objekt bewusst mit verschiedenen Mitteln bezeichnet werden kann: „[T]he Aristotelian format requires a metalinguistic definition, which is based on the *auto-referential function* of language" (Benelli et al. 2006: 73; Hervorh. im Original).

Kinder im Vorschulalter beziehen oft zufällige, kontextuelle oder persönliche Elemente in ihre Definitionen ein. Eine hochwertige, weil allgemein verständliche Definition beschränkt sich dagegen auf Informationen, die der gesamten Sprachgemeinschaft zur Verfügung stehen. Ältere Kinder und auch Erwachsene scheitern häufig bei der Definition abstrakter Nomen, bei Verben und Adjektiven; unter anderem wohl deshalb, weil hier ein angemessenes Hyperonym im Gegensatz zu konkreten Nomen weniger leicht zu finden ist. Snow et al. folgern hieraus:

As such, giving formal definitions constitutes a metalinguistic task in which both analysis of knowledge and control of processing, Bialystok and Ryan's (1985) terms, are crucial to success. (Snow et al. 1991: 90f.)

Auch Bredel hebt den metasprachlichen Charakter von Definitionen hervor:

Mit solchen Strategien, die zum festen Repertoire von Lernprozessen gehören, wird zugleich die Deautomatisierung primärsprachlicher Handlungsroutinen trainiert; sie stellen damit eine wichtige Voraussetzung zum Aufbau kontrollierter Sprachbetrachtungsaktivitäten dar. (Bredel 2007: 28)

Bisherige Untersuchungen deuten darauf hin, dass die Fähigkeit, formale Definitionen zu produzieren, in stärkerem Maße als andere metasprachliche Fähigkeiten von der Schulbildung und dem Zugang zur Schriftkultur abhängt (vgl. Snow et al. 1991: 109f.).

2.2.5 Metapragmatische und metakommunikative Fähigkeiten

Metapragmatische Kompetenzen betreffen nach einer Definition von Pratt und Nesdale das Wissen um die Zusammenhänge zwischen dem sprachlichen System und den Kontexten, in welchen Sprache verwendet wird:

Pragmatic awareness is concerned with the awareness of knowledge one has about the relationships that obtain within the linguistic system itself [...] and with the relationships that obtain between the linguistic system and the context in which the language is embedded. (Pratt/Nesdale 1984: 105)

Tomlinson (1994: 122) sieht pragmatische Strategien zur Erreichung kommunikativer Zwecke als den vielleicht komplexesten und wichtigsten Teil des Sprachlernprozesses an, weil die häufige Diskrepanz zwischen Äußerungsform und Illokution nur schwer induktiv zu interpretieren sei. Möglicherweise sind deshalb metapragmatische und metakommunikative Fähigkeiten von besonderer Bedeutung für den Erwerb sprachlicher Fähigkeiten – eine Frage, der an dieser Stelle nicht weiter nachgegangen werden kann. Zu den metapragmatischen Fähigkeiten gehört es, die pragmatische Angemessenheit von Formulierungen zu beurteilen und hinsichtlich des Kontextes zu bewerten. Luchtenberg (1995: 94) weist darauf hin, dass hierbei auch soziolinguistische Aspekte berücksichtigt werden müssen.

Ein ausgeprägter Einsatz metapragmatischer bzw. metakommunikativer Aktivitäten findet sich nach Andresen (2002: 40f.) beim Rollenspiel von Kindern ab einem Alter von ca. vier Jahren. Hier wird auf einer Handlungsebene (markiert beispielsweise durch den Konjunktiv II oder durch lexikalische Einheiten wie ‚wohl') Fiktion ‚erzeugt', allerdings kann diese Handlungsebene auch kurzfristig verlassen werden – hier spricht Andresen von expliziter oder impliziter Metakommunikation. Diese kann notwendig werden, um Spielhandlungen gemeinsam zu planen oder Umdeutungen (z.B. von Requisiten) vorzunehmen.

2.3 Theorien zur Entwicklung metasprachlicher Fähigkeiten

Die Frage, auf welchen Grundlagen die Entwicklung metasprachlicher Fähigkeiten beruht, wird höchst unterschiedlich beantwortet: Teilweise werden allgemein kognitive Entwicklungsschritte, teilweise auch (schrift-)sprachliche Einflüsse verantwortlich gemacht.

Die Konzeption der vorliegenden Untersuchung basiert wesentlich auf dem Zwei-Komponenten-Modell nach Bialystok (vgl. 2.3.4), das deshalb besonders ausführlich dargestellt werden soll. Die kognitiven und sprachlichen Aspekte, denen in den zuvor skizzierten Modellen (vgl. 2.3.1 bis 2.3.3) ein unterschiedlicher Stellenwert zukommt, werden bei Bialystok in überzeugender Weise miteinander verbunden.

2.3.1 Andresen: Theorie der ‚eigentlichen Sprachbewusstheit'

Ein Indiz für den Zusammenhang zwischen Meta- und Schriftsprache ist bereits, „[...] dass die [metasprachlichen, A.K.] Ausdrücke *Wort* und *Satz* nach dem, was man bisher weiß, nur in solchen Kulturen vorkommen, die verschriftet sind" (Bredel 2007: 38; Hervorh. im Original). Dies lässt sich dadurch erklären, dass Schrift sprachliche Einheiten konserviert und sichtbar macht. So werden sie der Reflexion bzw. der distanzierten Betrachtung zugänglich gemacht. Obwohl es durchaus auch vorliteralisierte Sprachbetrachtung gibt, kann als gesichert gelten, dass Dekontextualisierung und Deautomatisierung durch den Umgang mit Schriftsprache entscheidend befördert werden (vgl. Bredel 2007: 40ff.).

Andresen geht deshalb von einer engen Verknüpfung metasprachlicher Fähigkeiten mit der Entwicklung schriftsprachlicher Kompetenzen aus. Sie beruft sich dabei unter anderem auf Wygotski (1974), der als erster Wissenschaftler Zusammenhänge zwischen Sprachbewusstheit und Schriftspracherwerb hergestellt habe (vgl. Andresen 2005: 201). Andresen nennt Belege dafür, dass die Betrachtung von Sprache als Objekt Kindern im Kindergartenalter schwer falle („Fisch – Tisch... das reimt sich. Apfel und Baum... das reimt sich auch, oder?", Andresen 2005: 210) und schließt daraus, dass Vorschulkinder ohne schriftsprachliche Kenntnisse Sprache noch nicht losgelöst von einer übergeordneten Handlungssituation als Objekt betrachten, analysieren sowie sprachliche Aspekte zielgerichtet und willkürlich aus einem Tätigkeitszusammenhang herauslösen könnten (vgl. Andresen 1985: 103f.). Somit nimmt sie eine Unterscheidung vor zwischen spontaner Sprachreflexion, die bereits in der frühen Kindheit stattfinden könne, und systematischer Sprachreflexion, die erst durch den Schriftspracherwerb und die damit verbundene Vergegenständlichung von Sprache möglich sei. Mittels dieser systematischen Sprachreflexion kommt es ihrer Auffassung nach zur „eigentlichen Bewusstwerdung von Sprache"

(Andresen 1985: 109), wobei hier zunächst semantische und pragmatische, später auch morphosyntaktische Aspekte im Vordergrund stehen.

Dafür, die metasprachliche auf die schriftsprachliche Entwicklung zurückzuführen, sprechen in der Tat die unter 2.2.1 erwähnten Erkenntnisse zur Entwicklung phonologischer Bewusstheit im Zusammenhang mit dem Schriftspracherwerb. Auch die von Andresen postulierte Bedeutung der Vergegenständlichung von Sprache für die Sprachreflexion ist durchaus plausibel. Die Auffassung, dass die metasprachliche Entwicklung insgesamt durch den Schriftspracherwerb vorangetrieben wird, wird heute kaum noch ernsthaft bezweifelt. Allerdings gibt es unzählige Belege dafür, dass Kinder auch schon im Vorschulalter und ohne direkten Zusammenhang mit Verschriftlichungen bewusst sprachliche Formen fokussieren. Die Annahme einer klaren Grenze zwischen ‚spontaner' und ‚eigentlicher' Sprachbewusstheit erscheint dadurch wenig überzeugend.

Andresens Hypothese einschränkend lässt sich daraus schließen, dass der enge Zusammenhang zwischen Meta- und Schriftsprache insbesondere für die metaphonologischen Kompetenzen, nicht aber für den Erwerb metasprachlicher Fähigkeiten insgesamt gilt und dass eine Trennung von ‚spontaner' (im Vorschulalter) und ‚eigentlicher' (ab dem Schuleintritt) Sprachbewusstheit nicht sachgerecht ist. Ob und inwiefern auch noch andere Faktoren als der Schriftspracherwerb eine Rolle bei der Auslösung metasprachlicher Reflexionen spielen, wird weiterhin kontrovers diskutiert.

2.3.2 Schöler / Hakes: Kognitivistische Theorie und die Trennung von implizitem und explizitem metasprachlichem Wissen

Das Modell von Schöler (1987) basiert ursprünglich auf dem Vergleich der metasprachlichen Leistungen bei sprachunauffälligen Kindern und Kindern mit Spezifischer Sprachentwicklungsstörung (SSES). Es lässt sich insofern als kognitivistisch bezeichnen, als es ähnlich wie schon Hakes (1980) die Entwicklung kognitiver Kompetenzen als Voraussetzung für metasprachliche Fähigkeiten sieht. Dezentrierung (die Fähigkeit des Kindes, seine Aufmerksamkeit auf mehrere Aspekte eines Objektes zu richten und diese in Beziehung zueinander zu setzen) und Reversibilität (die Fähigkeit des Kindes, geistige Operationen vollständig durchzuführen und auch wieder umzukehren) bilden seiner Auffassung nach die Grundlage für metasprachliches Verhalten. Da diese kognitiven Voraussetzungen sich in der „mittleren Kindheit" (Schöler 1987: 341) entwickeln und nach Piaget (vgl. 1992³) erst ab dem konkretoperationalen Stadium (7-11 Jahre) vollständig vorliegen, bietet sich für Schöler hier eine vom Schriftspracherwerb bzw. dem Schuleintritt unabhängige Erklärung für das starke Ansteigen metasprachlicher Aktivitäten im Grundschulalter. Das Kind muss lediglich den Übergang vom präoperationalen zum konkret-operationalen Denken bewältigen, um zur formalen Betrachtung von Sprache fähig zu sein: „Sprache wird losgelöst von Handlungen, Objekten, Ereignissen. Sprache als Mittel (Werkzeug) und Sprache als Funktion (Zweck) werden getrennt." (Schöler 1987: 342) Während im Vorschulalter Informationen vor allem ganzheitlich verarbeitet werden, bilden Kinder nun zunehmend analytische Verarbeitungsprozesse aus und entwickeln die Fähigkeit zu struktureller Sprachbetrachtung.

Schöler unterscheidet des Weiteren explizites Wissen über Sprache von implizitem Wissen über Sprachfunktionen und Merkmale: „Zu dem impliziten Wissen über Sprachfunktionen und -merkmale tritt ein explizites bewusstes Wissen über Sprache hinzu." (Schöler 1987: 345) Das implizite Wissen ist nicht verbalisierbar und dient lediglich der Unterstützung der Sprachverwendung in Produktion und Rezeption, das explizite dagegen ist einem bewussten Zugriff zugänglich und kann für metasprachliche Handlungen genutzt werden.

Für dieses explizite Wissen wird – ebenfalls kognitivistisch begründet – ein noch späterer Entwicklungsbeginn angenommen: Das begriffliche Fassen und Analysieren sprachlicher Phänomene, sei erst auf der nächsten Stufe nach Piaget, d.h. im formaloperationalen Stadium, möglich. Auf diesen Gedankengang lässt sich – auch wenn dieser Zusammenhang sicherlich den wenigsten Grundschullehrer/inne/n bewusst ist – die weitverbreitete Praxis zurückführen, Kindern im Grundschulalter bedeutungsbezogene Kriterien und Begriffe (z.B. Tunwort, Wiewort) für die Bezeichnung grammatischer Phänomene zur Verfügung zu stellen (vgl. Bredel 2007: 191).

In eigenen Studien zur Entwicklung sprachlicher und metasprachlicher Fähigkeiten bei dysgrammatischen Kindern stellte Schöler eine Diskrepanz fest: Die von einer Sprachentwicklungsstörung betroffenen Kinder konnten teilweise Phänomene metasprachlich benennen, die sie primärsprachlich nicht beherrschten (vgl. z.B. Dalbert/Schöler 1991: 11). Hieraus schließt er, dass metasprachliche Fähigkeiten nicht von der sprachlichen, sondern von der allgemein kognitiven Entwicklung abhängen. Aus seinen Untersuchungen leitet er auch theoretische Implikationen für die sprachheilpädagogische Arbeit mit dysgrammatisch sprechenden Kindern ab, mit dem Ziel, das abweichende bzw. fehlende sprachanalytische Wissen durch eine gezielte Förderung metasprachlichen Wissens nachträglich aufzubauen (vgl. Kocianova 2005: 77).

2.3.3 Gombert / Karmiloff-Smith: Entwicklungsstufen und das RR-Modell

Gombert beschreibt in „Metalinguistic development" (1992: 187ff.) vier Entwicklungsstufen metasprachlicher Fähigkeiten, von denen allerdings die erste noch nicht als metasprachlich im oben definierten Sinne (vgl. 2.1.2) bezeichnet werden kann. Es treten nur die ersten beiden Stufen bei allen Sprachverwender/inne/n auf; drei und vier werden also nur unter entsprechenden Bedingungen erreicht, die nicht selbstverständlich zur Verfügung stehen.

(1) *Acquisition of first linguistic skills:* Sprachliche Handlungsmuster werden nach dem Vorbild der Umgebungssprache, unterstützt von verstärkenden und korrigierenden Rückmeldungen, herausgebildet. Es entsteht ein Repertoire von sprachlichen Mustern, das allerdings noch nicht formal reflektiert wird, sondern den pragmatischen Kontexten und Illokutionen zugeordnet bleibt (vgl. List 1992: 17). Die verschiedenen Einheiten werden ausschließlich nach inhaltsbezogenen, also semantischen und pragmatischen Kriterien abgespeichert.

(2) *Acquisition of epilinguistic control:* Anschließend erfolgt, ausgelöst durch erhöhte Anforderungen der Umgebungssprache und durch die zunehmende Komplexität eigener Äußerungen, eine implizite Systematisierung nach strukturellen Gesichtspunkten. Zunehmend gelingt es dem Kind beispielsweise, Wörter als selbständig zu betrachten und vom pragmatischen Zusammenhang zu isolieren (vgl. Kocianova 2005: 82). Für die alltägliche sprachliche Handlungsfähigkeit ist diese Stufe nach Gombert völlig ausreichend.

(3) *Acquisition of metalinguistic awareness:* Das Erreichen der dritten Stufe, auf der erst von metasprachlichen Fähigkeiten im Sinne der obigen Definition gesprochen werden kann, wird Gomberts Auffassung zufolge vor allem durch den Schriftspracherwerb angeregt. Es gibt jedoch auch andere Anlässe (z.B. Mehrsprachigkeit, eventuell auch der schulische Grammatikunterricht), die hier förderlich wirken können. Gut ausgebildete epilinguistische Fähigkeiten (Stufe 2) sind für diese Stufe die Voraussetzung, reichen jedoch nicht aus. Auch List (1992: 18) ist der Auffassung, dass „die Anforderung, sie [Sprachreflexion, A.K.] auch zu produzieren, erst kulturell und systematisch an die Person herangetragen werden muss", dass also die allgemeine kognitive Entwicklung sowie die alltägliche Sprachverwendung hierfür nicht hinreichend sind.

(4) *Automation of the metaprocesses:* Die abschließende vierte Stufe kann frühestens im Grundschulalter, prinzipiell aber lebenslang erreicht werden. Von kommunikativen Kontexten losgelöst kann die Aufmerksamkeit nun jederzeit willkürlich auf sprachliche Strukturen gerichtet werden, ausgelöst durch eigenes Interesse oder auch durch kommunikative Missverständnisse.

Die hier dargestellte Erwerbsreihenfolge erscheint zwar nachvollziehbar, erweist sich bei der Anwendung jedoch als sehr unflexibel und passt nicht zu zahlreichen Beobachtungen, die belegen, dass Kinder im metasprachlichen Bereich schon früh wesentlich mehr leisten, als sie nach Gomberts Darstellung leisten dürften. Funke (2001: 14f.) kritisiert zudem die Annahme einer zunehmenden Bewusstheit als Kriterium für metasprachliches Wissen.

Eine verbesserte Darstellung, welche die starre Einteilung in Stufen lockert, findet sich bei Gombert 1997. Hier werden drei verschiedene Entwicklungsphasen beschrieben, die hinsichtlich verschiedener sprachlicher Phänomene immer wieder neu durchlaufen werden können:

(1) Acquisition of first language skills
(2) Acquisition of epilinguistic control
(3) Acquisition of metalinguistic awareness

Die Basis dieser Überlegungen bildet das Representational-Rediscription-Modell: „Representational redescription is a process by which implicit information in the mind becomes explicit knowledge to the mind." (Karmiloff-Smith 1992: 18) Demnach erwirbt das Kind auf der ersten Stufe grundlegende linguistische Fähigkeiten, unterstützt durch den Input, der ihm von außen präsentiert wird, sowie durch positives und korrigierendes Feedback. So entwickelt sich das Kind allmählich zum kompetenten Sprachverwender – linguistische Repräsentationen sind jedoch allein Werkzeuge für Sprachproduktion und Sprachverstehen und der metasprachlichen Reflexion bzw. Verbalisierung nicht zugänglich.

Auf der zweiten Stufe wird die so erlangte Stabilität durch den qualitativ und quantitativ zunehmenden Input und die immer umfangreichere eigene Sprachproduktion in Frage gestellt, was eine Reorganisation auslöst. Zentral ist dabei der Prozess der „inneren Artikulation impliziten Wissens" (Hug 2007:18), der dazu führt, dass das Sprachsystem funktional wahrgenommen wird und die ursprünglich ungeheuer zahlreichen Form-Funktions-Paare durch weniger, aber multifunktionale Einheiten ersetzt werden.

Für das Erreichen der dritten Stufe ist nach Gombert ein externer Anstoß erforderlich, wie er im schulischen Unterricht, aber auch bei anderen Anlässen erfolgen kann. Dieser Umstand ist dafür verantwortlich, dass die dritte Stufe nicht von allen Sprachverwender/inne/n erreicht wird. Zur Untermauerung dieser Argumentation verweist er auf Studien, nach denen metasprachliche Leistungen nur dann erbracht werden, wenn sie von außen gefordert werden (vgl. Gombert 1997: 49). Allerdings wird hier möglicherweise der Unterschied zwischen metasprachlichem Verhalten und metasprachlichen Fähigkeiten vernachlässigt, da aus dem Nichtvorhandensein des ersteren nicht automatisch auf das Fehlen letzterer geschlossen werden kann.

2.3.4 Bialystok: Zwei-Komponenten-Modell

Mit ihrem Zwei-Komponenten-Modell gelingt es Bialystok, sowohl linguistische als auch kognitive Grundlagen der metasprachlichen Entwicklung zu berücksichtigen und miteinander zu verbinden. Metasprachliche Fähigkeiten beruhen demnach grundsätzlich und unabhängig von der betroffenen linguistischen Subdisziplin (vgl. 2.2) zum einen auf *analysis of linguistic knowledge* („the ability to represent increasingly explicit and abstract structures", Bialystok 2001: 131), zum anderen auf *control of linguistic processing* („the ability to selectively attend to specific aspects of representation, particularly in misleading situations", Bialystok 2001: 131). Jeuk (2007: 69) bezeichnet die beiden Komponenten als „Analysefähigkeit linguistischer Repräsentationen" und „Kontrolle der Aufmerksamkeit / die Fähigkeit, die selektive Aufmerksamkeit auf bestimmte Wissensaspekte zu richten." Auf die Problematik der Übersetzung der Begriffe geht Wehr (2001: 55ff.) ausführlicher ein, ich möchte im Folgenden, wo möglich, die englischen Originalbegriffe verwenden.

Die beiden Komponenten sind in unterschiedlichem Maße für die mündliche Kommunikation, den Gebrauch von Schriftsprache und Sprachreflexion erforderlich. Die folgende Grafik (Abb. 2.1) soll dies verdeutlichen:

high control

Metasprachliches Verhalten

Schriftliche Sprachverwendung

low analysis ← → *high analysis*

Mündliche Sprachverwendung

low control

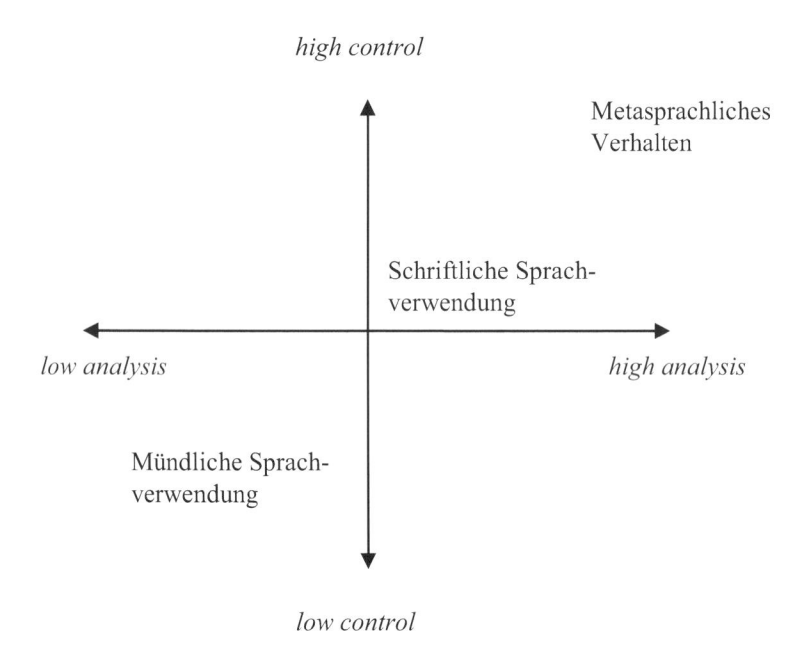

Abbildung 2.1: *Beanspruchung von analysis und control auf verschiedenen Ebenen von Sprachverwendung und Sprachreflexion (vgl. Bialystok 1991b: 122)*

Auch innerhalb des Bereichs der mündlichen Sprachverwendung (low analysis / low control) gibt es große Unterschiede hinsichtlich der Beanspruchung von analysis und control. Eine Simultanübersetzung oder das Halten eines Vortrags werden innerhalb dieser Domäne als ‚high analysis / high control' eingestuft, Konversation in der Zweit- oder Erstsprache beanspruchen beide Komponenten jeweils in geringerem Maße. Ähnliche Unterscheidungen trifft Bialystok im Bereich der schriftlichen Sprachverwendung: Das Verfassen lyrischer Texte wird als ‚high analysis / high control' eingestuft. Einfaches Lesen in der Erstsprache bildet den Gegenpol („low analysis / low control"), während ihrer Auffassung nach beim überfliegenden Lesen (‚skimming') die Kontrollfähigkeit, jedoch nicht das analysierte sprachliche Wissen in besonderer Weise beansprucht wird (vgl. Bialystok 1991b: 120ff.). Auch innerhalb der Gruppe der metasprachlichen Aufgaben, die insgesamt die höchsten Ansprüche an analysis und control stellen, können Abstufungen vorgenommen werden; so lassen sich beispielsweise Aufgaben mit einem hohen Anspruch an das analysierte sprachliche Wissen (high analysis / low control) von solchen, die eine starke Kontrolle der Verarbeitung verlangen (low analysis / high control) unterscheiden (vgl. Abb. 2.2).

high control

judging anomaly
symbol subsititution
sun/moon problem

counting words
in sentences

segmenting text

low analysis ←——————→ *high analysis*

detecting errors
judging correct
sentences

correcting
sentences

low control

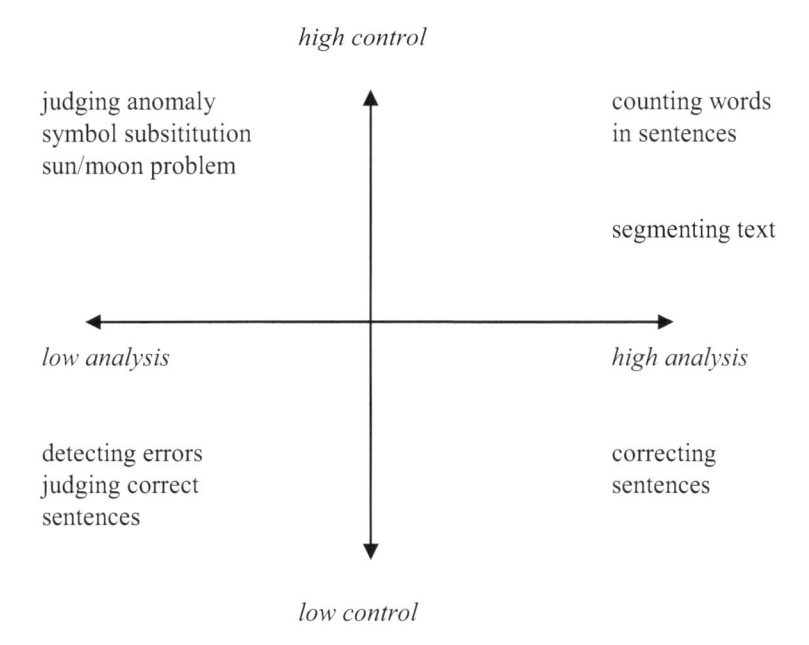

Abbildung 2.2: *Beanspruchung von analysis und control bei verschiedenen metasprachlichen Aktivitäten (vgl. Bialystok 1991b: 131)*

Die grafische Darstellung des Modells ermöglicht es, verschiedene Formen metasprachlichen Verhaltens in den Quadranten anzusiedeln. Das Erkennen grammatikalischer Verstöße erfordert beispielsweise keine allzu hohe Analyseleistung und befindet sich deshalb im linken unteren Quadranten des Koordinatensystems (low analysis / low control). Das Korrigieren fehlerhafter Sätze verlangt umfangreicheres sprachliches Wissen und ist deshalb dem rechten unteren Quadranten (high analysis / low control) zugeordnet. Beide Tätigkeiten erfordern, sofern es sich um semantisch unauffällige Syntagmen handelt, keine ausgeprägte Kontrolle der sprachlichen Verarbeitung und tragen deshalb das Merkmal ‚low control' (vgl. Hug 2007: 21).

Das analysierte sprachliche Wissen durchläuft bei Bialystok drei Repräsentationsstufen, ähnlich dem überarbeiteten Modell von Gombert (vgl. 2.3.3, s.a. Wehr 2001: 57f.):

(1) *Conceptual representations:* Formal noch nicht analysierte sprachliche Einheiten werden unter inhaltlichen, d.h. pragmatischen und semantischen Gesichtspunkten abgespeichert und verwendet. Hierbei wird die Umgebungssprache möglichst exakt übernommen.

(2) *Formal representations:* Anschließend beginnen Kinder, strukturelle Aspekte mit zu beachten. Bereits mit 4-5 Jahren entwickeln sie Konzepte für Laut, Wort, Satz und vergleichbare sprachliche Einheiten.

(3) *Symbolic representations:* Die auf formaler Stufe vorhandenen Konzepte werden nun abstrahiert. Das Kind kann Laute wahrnehmen, unterscheiden und manipulieren, erfasst die Zeichenhaftigkeit von Buchstaben und Wörtern und ist so auch in der Lage, die Symbolfunktion der Schrift nachzuvollziehen.

Die Verarbeitungskontrolle als zweite Komponente (meta-)sprachlicher Fähigkeiten ermöglicht es, aus diesen Repräsentationsformaten das für die jeweilige Anforderungssituation angemessene auszuwählen (vgl. Wehr 2001: 59). Außerdem stellt sie einen Feedback- und Korrekturmechanismus bereit, auf den das Kind bei Bedarf zurückgreifen kann.

Am Beispiel der lexikalischen Segmentierung (‚counting words in sentences') kann noch einmal gezeigt werden, wie sich Anforderungen an *analysis* und *control* zueinander verhalten und warum es sich in diesem Fall um eine außerordentlich anspruchsvolle metasprachliche Leistung handelt:

Regarding analysis, the problem is difficult because the subject needs a fairly well-constructed notion of word boundary and an understanding of how this unit relates to other units of speech, such as phrases, article-noun combinations, and the like. Regarding control, the problem is difficult because the subject's attention is inevitably drawn to the meaning of the sentence, but correctly counting the words, especially the functors, requires paying no attention to that meaning and looking only at the formal units. (Bialystok 1991b: 133)

Bialystok zufolge kann sich die sprachliche Umgebung eines Kindes neben anderen Faktoren auf die Entwicklung metasprachlicher Fähigkeiten auswirken (vgl. Wehr 2001: 61). Ihrer Auffassung nach unterstützt der Schriftspracherwerb die Entfaltung von *analysis*, wohingegen Bilingualismus positive Effekte auf die Ausbildung von *control* haben kann (vgl. Bialystok 2001: 149).

2.3.5 Zusammenfassung und Evaluation der Theorien

Die dargestellten Theorien unterscheiden sich hinsichtlich der Faktoren, auf welche der Erwerb metasprachlicher Fähigkeiten zurückgeführt wird, und auch hinsichtlich der daraus abgeleiteten Entwicklungsstufen. Das Modell von Gombert (1992) lässt die Frage der Einflussfaktoren weitgehend offen, abgesehen von der Annahme, dass für das Erreichen der dritten und vierten Stufe grundsätzlich externe Impulse wie etwa schulische Sprachreflexion notwendig seien. Die unter 2.3.3 dargestellten Entwicklungsstufen lassen sich in dieser Form allerdings nicht bestätigen, da zu viele Beobachtungen spontanen metasprachlichen Verhaltens einer derart starren Einteilung widersprechen.

Die Theorie der ‚eigentlichen Sprachbewusstheit' (Andresen 1985) lässt eine empirische Überprüfung aufgrund einer unpräzisen Bestimmung von spontaner und eigentlicher Sprachbewusstheit kaum zu. Zudem widerspricht die klare Trennung der Entwicklung vor dem Schriftspracherwerb von jener danach zahlreichen Beobachtungen; die Annahme Andresens, spontane und spielerische Manipulationen an Sprache seien noch kein Beleg für metasprachliche Fähigkeiten im engeren Sinne, ist angesichts der Vielzahl der Belege reduktionistisch (vgl. Wehr 2001: 70). Angesichts dessen soll diese Theorie im weiteren Verlauf der Arbeit keine wesentliche Rolle mehr spielen.

Die kognitivistischen Modelle von Schöler und Hakes erlauben ebenfalls kaum konkret überprüfbare Vorhersagen, zudem erscheint das Ausschließen von Umgebungsfaktoren wie dem Schriftspracherwerb ähnlich einseitig wie auf der anderen Seite die Theorie der ‚eigentlichen Sprachbewusstheit'. Für wichtig und hilfreich halte ich allerdings die Unterscheidung von implizitem und explizitem metasprachlichem Wissen, eine Differenzierung, die in ähnlicher Weise auch von Funke (2001: 129ff.) vorgenommen wird.

Bialystoks zweidimensionale Matrix zeichnet sich zum einen dadurch aus, dass sie sowohl kognitive als auch sprachliche Einflüsse berücksichtigt. Die Unterscheidung von *analysis* und *control* ermöglicht zum anderen eine differenziertere Beschreibung metasprachlichen Verhaltens; dies soll im empirischen Teil der Arbeit genutzt werden. Es lassen sich metasprachliche Aufgabenstellungen formulieren, die schwerpunktmäßig entweder *analysis* oder *control* beanspruchen und durch die so die vorhandenen Kompetenzen bei verschiedenen Proband/inn/en bestimmt werden können.

Eine Modifikation dieses Ansatzes, wie verschiedentlich gefordert (vgl. Hug 2007: 21), kann in diesem Rahmen nicht geleistet werden. Interessant ist für die folgenden Überlegungen insbesondere der Zusammenhang zwischen analysis und control sowie diesbezügliche Unterschiede bei ein- bzw. mehrsprachigen Lerner/inne/n.

3 Metasprachliche Fähigkeiten bei Kindern mit mehrsprachigem Hintergrund

Im Folgenden wird ein Überblick über Forschungsergebnisse zur Entwicklung metasprachlicher Fähigkeiten bei mehrsprachigen Lerner/inne/n gegeben, um daraus die Fragestellungen für die vorliegende Untersuchungen abzuleiten. Wesentlich ist dabei insbesondere die Frage, ob und inwiefern die bei Kindern mit simultanem Bilingualismus erzielten Erkenntnisse auch auf Kinder mit sequenziellem Bilingualismus, d.h. mit einfachem Erst- und frühem Zweitspracherwerb, übertragen werden können. Entsprechend den Ausführungen im vorangegangenen Kapitel wird das Hauptaugenmerk dabei auf Untersuchungen zu meta-morphosyntaktischen, meta-lexikalischen und metasemantischen Fähigkeiten gelegt; auf dieser Basis werden im Abschnitt 3.2 die Hypothesen formuliert und erläutert.

3.1 Untersuchungen zur Entwicklung metasprachlicher Fähigkeiten bei mehrsprachig aufwachsenden Kindern

In der einschlägigen Fachliteratur finden sich zahlreiche Einzelbeobachtungen, die belegen sollen, dass bilinguale Kinder in besonderer Weise über metasprachliche Fähigkeiten verfügen. So zitiert beispielsweise Belke einen mehrsprachigen Schüler:

> Murat kritisiert bei einer Substitutionsübung den Satz ‚Mit der Fliege tanz ich nicht' mit der folgenden Bemerkung: ‚*Der* Fliege is falsch, Fliege is Frau, weil *der* is männlich, *die* is fraulich, *das* is kinderlich!' (Belke 1998: 151, Hervorh.: A.K.)

Die Autorin interpretiert diese Äußerung wohl zu Recht so, dass der Lerner die sprachliche Form thematisiert, um das seiner Ansicht nach korrekte Genus einzufordern.

Es liegen jedoch nicht ausschließlich solche okkasionellen Belege vor: In mehreren empirischen Untersuchungen, von denen einige im Folgenden zitiert werden, konnte gezeigt werden, dass bilinguale Kinder (in den meisten Fällen handelte es sich um Kinder mit zwei Erstsprachen) in bestimmten Bereichen metasprachlicher Fähigkeiten über einen Vorsprung gegenüber monolingualen Gleichaltrigen verfügen.

Eine frühe Studie aus dem deutschsprachigen Raum stammt von Bense (1981), die eine an Januschek, Paprotté und Rohde (1979) angelehnte Untersuchung zu metalexikalischen Fähigkeiten durchführte. Sie ging dabei von der bereits von Ben-Zeev (1977) vertretenen These aus, dass Vorteile (z.B. hinsichtlich der kognitiven Stimulation) und Nachteile (z.B. in Gestalt von Interferenzfehlern) von Bilingualismus direkt miteinander zusammenhängen. Sie formulierte die Hypothese, dass mehrsprachige Kinder sensitiver für sprachliche Details seien und beispielsweise früher in der Lage sein müssten, zwischen Lautform und Bedeutung zu differenzieren. Die Untersuchung bestand aus drei Teilen:

(1) Über einen Fragebogen und im Gespräch mit den Eltern wurden Angaben zur Sprachbiographie des Kindes sowie auch Einschätzungen zur Gewichtung der Sprachen und die Einstellung der Eltern zum bilingualen Spracherwerb erhoben.

(2) In einem ‚Wiederholungstest' sollten die Kinder das erste Wort von teils syntaktisch und semantisch unverbundenen, teils verbundenen Wortfolgen wiederholen. Ergänzend wurden sie aufgefordert, dieses Wort auch in die weitere von ihnen beherrschte Sprache zu übersetzen.

(3) Abschließend folgte ein gelenktes Interview zur Anzahl und Länge vorgegebener Wörter, außerdem wurden auch den Kindern Fragen zur Gewichtung der beiden Sprachen und zu ihrer persönlichen Einstellung bezüglich der Mehrsprachigkeit gestellt.

Die Ergebnisse können hier nicht im Einzelnen erläutert werden. Einige besonders interessante Punkte, die von Bense bei der Auswertung und Interpretation ihrer Studie hervorgehoben werden (vgl. Bense 1981: 131f.), seien jedoch erwähnt:

Die zweisprachigen Kinder konnten ihren Wortbegriff beim ‚Wiederholungstest' schon sehr viel sicherer aktiv einsetzen als die einsprachigen. Dies galt unabhängig von der syntaktisch-semantischen Verbundenheit der Wortfolgen, die hingegen bei den monolingualen Proband/inn/en eine wesentliche Rolle spielte – in der Weise, dass Elemente aus verbundenen Wortfolgen seltener korrekt identifiziert wurden. Im Gegensatz zu den einsprachigen Kindern konnten die bilingualen auch Funktionswörter fast ebenso sicher wie Inhaltswörter (Nomen, Verben und Adjektive) erkennen.

Der ‚Vorsprung' der mehrsprachigen Kinder fiel im Interview hingegen geringer aus; die praktische (implizite) Handhabung des Wortbegriffs und die Fähigkeit, sich explizit darüber zu äußern, stimmen also nicht prinzipiell überein.

Interessant ist, dass bei allen schwächeren (und damit aus dem Rahmen fallenden) Testergebnissen bilingualer Kinder eine negative Einstellung von Eltern oder Kind zur Mehrsprachigkeit und/oder problematische soziale Bedingungen konstatiert werden konnten. Es handelte sich bei den Proband/inn/en ausschließlich um Mittelschichtkinder, und Bense (vgl. 1981: 136f.) kommt selbst zu der Vermutung, dass die Ergebnisse der mehrsprachigen Gruppe bei einer Besetzung durch Kinder aus der Arbeiterschicht oder sozialen Randgruppen wohl weniger positiv ausgefallen wären. Daraus ergibt sich, dass die Untersuchung der sprachlichen und metasprachlichen Entwicklung die Rahmenbedingungen des Spracherwerbs berücksichtigen muss.

Bialystok (zusammenfassend 2001: 151) führt die in ihren Studien ebenfalls belegten Vorteile bilingualer Kinder darauf zurück, dass der Kontakt mit mehreren Sprachen die bewusste Kontrolle sprachlicher Verarbeitung anrege. Einige Ergebnisse ihrer Untersuchungen und weiterer Studien werden nun ausführlicher dargestellt. Metaphonologische, metagraphematische und metapragmatische Aspekte bleiben dabei unberücksichtigt, weil sie erstens nicht zum Kern der vorliegenden Arbeit gehören und weil zweitens gerade im Zusammenhang mit Ein- und Mehrsprachigkeit für diese Bereiche noch kaum Untersuchungen vorliegen.

3.1.1 Untersuchungen zu meta-morphosyntaktischen Fähigkeiten

In einer 1986 veröffentlichten Untersuchung ließ Bialystok Kinder mit unterschiedlichen Sprachbiographien die grammatikalische Qualität verschiedener Äußerungen beurteilen. Den Kindern wurden hierbei 24 Sätze zur Beurteilung vorgesprochen, die sich in vier Gruppen einteilen ließen:

(1) **GM**[6] (grammatikalisch korrekte und semantisch akzeptable Sätze):
„Why is the dog barking so loudly?"
(2) **gM** (grammatikalisch abweichende, semantisch aber akzeptable Sätze):
„Why the dog is barking so loudly?"
(3) **Gm** (grammatikalisch korrekte, semantisch aber abweichende Sätze):
„Why is the cat barking so loudly?"
(4) **gm** (grammatikalisch und semantisch abweichende Sätze):
„Why the cat is barking so loudly?")

Die Sätze wurden von einer Handpuppe ‚gesprochen', die sich den Angaben der Versuchsleiterin zufolge den Kopf angestoßen habe und nun die Hilfe der Kinder

---

[6] G steht hier für „grammar", M für „meaning". Der Großbuchstabe signalisiert Unauffälligkeit, der Kleinbuchstabe eine abweichende Form oder Bedeutung.

benötige, um keine ‚falschen' Sätze mehr zu produzieren. Die Kinder sollten deshalb über ihre Äußerungen urteilen (vgl. Bialystok 1986b: 501f.).

Es lässt sich aus solchen Grammatikalitätsurteilen, wie unter 2.2.2 diskutiert, noch nicht zweifelsfrei auf das Vorhandensein metasprachlicher Fähigkeiten schließen. Bialystok (2001: 140f.) zufolge lässt die Beurteilung unterschiedlicher Satztypen aber Rückschlüsse auf die Ausprägung der Sprachverarbeitungskomponenten *analysis* und *control* zu: Für die Zurückweisung grammatikalisch fehlerhafter, semantisch aber akzeptabler Sätze vom Typ gM sei analysiertes sprachliches Wissen erforderlich. Das Akzeptieren semantisch abweichender, grammatikalisch aber korrekter Sätze (Gm) basiere dagegen auf der Kontrollfähigkeit, weil der irritierende Bedeutungsaspekt ausgeblendet werden müsse, um die Aufmerksamkeit ganz auf die (korrekte und daher unauffällige) morphosyntaktische Struktur zu lenken.

Die Ergebnisse ihrer Untersuchung zeigten, dass das Alter und die Sprachbiographie diejenigen Faktoren waren, die die metasprachlichen Leistungen der Proband/inn/en signifikant beeinflussten: Ältere Kinder waren jüngeren Kindern in allen Untersuchungsteilen erwartungsgemäß überlegen. Zudem waren die einsprachigen den mehrsprachigen Kindern in den Aufgaben, die ein erhöhtes Maß an *control* verlangten (Gm), unterlegen. Demgegenüber schnitten einsprachige Kinder besser ab, wenn für die Lösung der Aufgabe *analysis* erforderlich war (gM).

Hieraus schließt Bialystok, dass sich Mehrsprachigkeit insbesondere auf die Kontrolle der sprachlichen Verarbeitung positiv auswirkt und dass Bilingualismus grundsätzlich als Auslöser für früh auftretende Sprachaufmerksamkeit angesehen werden kann. Vergleichbare Effekte zeigten sich auch bei nichtsprachlichen Aufgabenstellungen (vgl. 3.1.4).

3.1.2 Untersuchungen zu metalexikalischen Fähigkeiten

In weiteren Studien untersuchte Bialystok (1987) die Entwicklung des Wortbegriffs bei Kindern im Grundschulalter anhand von verschiedenen Aufgabenstellungen. Geprüft wurden unter anderem die Fähigkeit zur lexikalischen Segmentierung sowie die Unterscheidung von Lautform und Bedeutung. Die Autorin selbst weist dem Wortbegriff eine besondere Rolle bei der Entwicklung metasprachlicher Fähigkeiten zu: „Understanding the concept of *word* as a formal constituent of language is one of the first (and perhaps most significant) aspects of linguistic awareness that children master" (Bialystok 1987: 133; Hervorh. im Original).

Bialystok stellt zunächst die Position in Frage, die den Schriftspracherwerb als allein verantwortlichen Auslöser für die Entwicklung des Wortkonzepts annimmt (vgl. 2.3.1). Sie geht von einem zusätzlichen positiven Einfluss durch Bilingualismus aus, da es einem Kind helfen müsse, Wörter als abstrakte Kategorie wahrzunehmen, wenn es durch den bilingualen Spracherwerb mit zwei Bezeichnungen für ein und dasselbe Objekt konfrontiert sei. Diese Hypothese überprüft sie anschließend anhand verschiedener Aufgabenformate.

a) Segmenting sentences into words

Um Äußerungen in ihre lexikalischen Bestandteile zu zerlegen, müssen Kinder Wörter als formale Einheiten wahrnehmen, die aus Syntagmen mit einer semantischen und pragmatischen Gesamtbedeutung isoliert werden können. Sie müssen Wörter einerseits von lautlichen Einheiten (Silben), andererseits von Zeichen mit außersprachlicher Bedeutung (lexikalischen Morphemen) unterscheiden und ihre Stellung innerhalb eines Syntagmas berücksichtigen. Ansonsten sind sie nicht in der Lage, beispielsweise Funktionswörter (z.B. Artikel, Präpositionen etc.) als Wörter zu bestimmen oder Komposita (z.B. Schneemann, fingerlang), die zwei fixe Bedeutungskerne enthalten, als zusammengehörig zu identifizieren.

Diese Kompetenzen erfasste Bialystok (1987: 134f.) bei Schulanfänger/inne/n mit einer differenzierten Versuchsanordnung, die Wortfolgen verschiedenen Schwierigkeitsgrades enthielt:

(a) unverbundene Wortfolgen
(b) verbundene Wortfolgen mit einsilbigen Wörtern
(c) verbundene Wortfolgen mit zweisilbigen Wörtern
(d) verbundene Wortfolgen mit mehrsilbigen Wörtern
(e) verbundene Wortfolgen mit mehrsilbigen und morphologisch komplexen Wörtern (Komposita)

Es nahmen keine simultan bilingualen Kinder an der Untersuchung teil, allerdings wurden neben monolingualen Kindern solche getestet, die an einem französischsprachigen Immersionsprogramm teilnahmen und somit zusätzlichen sprachlichen Input in einer zweiten Sprache erhielten. Obwohl dieser zusätzliche Input im Vergleich zur Situation von Kindern mit einer Erst- und einer Zweitsprache durchaus begrenzt erscheint, konnte ein Unterschied zwischen den beiden Gruppen festgestellt werden: Bei den ‚mehrsprachigen' Kindern wirkte sich der steigende Schwierigkeitsgrad der Wortfolgen kaum nachteilig aus. Insbesondere die Aufgaben (b) bis (e), die den einsprachigen Kindern schwer fielen – das Ausgliedern von Wörtern aus zusammenhängenden Sätzen – wurden von den bilingualen Kindern fast ebenso sicher bewältigt wie die Segmentierung unverbundener Wortfolgen. Den monolingualen Kindern dagegen fielen die unverbundenen Wortfolgen (a) deutlich leichter: Diese segmentierten sie ebenso sicher wie die mehrsprachigen Proband/inn/en.

Bialystok schließt daraus, dass (auch eingeschränkt) mehrsprachige Kinder mehr Klarheit darüber haben, welche Kriterien eine sprachliche Einheit zu einem Wort machen, und dass sie eher fähig sind, die Aufmerksamkeit gezielt auf in einer Aufgabenstellung erfragte Phänomene zu richten und den semantischen Kontext bei

Bedarf auszublenden. Insbesondere Letzteres führt sie auf die in höherem Maße vorhandene Kontrollfähigkeit zurück.

b) Judgments of form and meaning

In einer zweiten Untersuchung (vgl. Bialystok 1987: 135ff.) sollte erfasst werden, inwiefern Kinder im Grundschulalter in der Lage sind, zwischen signifiant (Lautform eines Wortes) und signifié (Bedeutung) zu unterscheiden. Sie wurden zu diesem Zweck mit einem Wort (z.B. *dog*) und zwei zur Auswahl stehenden Alternativen (z.B. *puppy / log*) konfrontiert. Dann wurde den Kindern eine der beiden folgenden Fragen gestellt:

(1) Welches Wort klingt ähnlich wie *dog*? (korrekte Antwort: *log*)
(2) Welches Wort bedeutet etwas Ähnliches wie *dog*? (korrekte Antwort *puppy*)

Dies geschah in drei Variationen mit unterschiedlichem Schwierigkeitsgrad:

i. ohne Kontext, d.h. wie oben geschildert
ii. mit unterstützendem Kontext: vor (1) wurde eine Folge mit weiteren Reimwörtern, vor (2) ein Satz über eine Hundefamilie präsentiert
iii. mit verwirrendem Kontext: vor (1) und (2) wurde die jeweils entgegengesetzte Variante präsentiert, d.h. vor der Frage nach der Bedeutungsähnlichkeit die Reimwörter und umgekehrt

Die in diese Studie einbezogenen mehrsprachigen Kinder entstammten Familien, in denen nicht Englisch gesprochen wurde – die Aufgabe musste also in ihrer Zweitsprache bewältigt werden. Dies führte bei einigen von ihnen zu Schwierigkeiten, da sie die Aufgabe an sich oder einzelne Items nicht auf Anhieb verstanden. Abgesehen von diesen Problemen lösten sie (i) – (iii) mit jeweils ähnlichen Ergebnissen.

Die monolingualen Kinder dagegen erzielten bei (i) und (ii) bessere Ergebnisse, da sie offenbar leichter auf die jeweils relevanten Aspekte zurückgreifen konnten. Bei Aufgaben mit irritierendem Kontext (iii) dagegen schnitten sie nicht besser als die bilingualen Kinder und damit schwächer als in (i) und (ii) ab. Nach dem Modell Bialystoks wäre dieses schlechtere Ergebnis nicht auf mangelndes analysiertes sprachliches Wissen zurückzuführen, welches angesichts der Leistungen in (i) und (ii) ja vorhanden sein muss, sondern auf eine nicht ausreichende Kontrolle der sprachlichen Verarbeitung. Daraus schließt Bialystok, dass die einsprachigen Kinder ungeachtet ihrer größeren sprachlichen Kompetenz Schwierigkeiten haben, den Fokus gezielt auf einen bestimmten Aspekt zu legen, wenn der Kontext einen anderen Fokus nahelegt – der irritierende Impuls scheint sich bei den bilingualen Kindern in geringerem Maße auszuwirken.

The monolingual children knew more about the relations being tested in the two kinds of questions, but could not direct their attention with the same facility as could the bilingual children. Forms and meanings compete for the attention of the monolingual children, presumably because their separate identity is less well established. (Bialystok 1987: 137)

3.1.3 Untersuchungen zu metasemantischen Fähigkeiten

Das metasemantische Wissen ist ein Bereich, in dem besonders häufig positive Effekte der Mehrsprachigkeit vermutet werden (vgl. z.B. Jeuk 2007: 66). Hier lässt sich auch eine weitere von Bialystok (1987: 137f.) vorgestellte Untersuchung einordnen. Es geht dabei um die Arbitrarität sprachlicher Einheiten, nach de Saussure eine wesentliche Eigenschaft von Zeichen. Auf Grundlage des ‚sun-moon-Problems' von Piaget (2005[8]: 68ff., vgl. auch 2.2.4) schlug Bialystok ihren Proband/inn/en vor, die Namen von Sonne und Mond auszutauschen: „Suppose everyone got together and decided to call the sun the moon and the moon the sun. Could we change the names if we all agreed?" (Bialystok 1987: 137) Anschließend fragte sie nach den Konsequenzen dieser Umbenennung: „What would be in the sky when you go to bed at night? What would the sky look like?"

Es handelte sich um drei Gruppen von Proband/inn/en: monolinguale Kinder (englisch), bilinguale Kinder (englisch und französisch) und englischsprachige Kinder, die an einem französischsprachigen Immersionsprogramm teilnahmen. Die beiden mehrsprachigen Gruppen schnitten insgesamt besser ab als die einsprachige, wobei zwischen der zweiten und dritten Gruppe kein Unterschied festzustellen war. Es handelt sich somit um eine der wenigen bereits vorliegenden Studien, in denen auch bei Kindern mit sequenziellem Bilingualismus Vorteile hinsichtlich der Aufmerksamkeitskontrolle festgestellt wurden.

Eine auf Bialystoks Arbeiten aufbauende Untersuchung präsentiert Cromdal (1999). Einsprachigen und bilingualen (mit Englisch und Schwedisch aufwachsenden) Kindern wurden hier zwei verschiedene Aufgaben präsentiert: Im *symbol substitution task* hatten die Kinder in vorgegebenen Syntagmen ein Wort durch ein vorgegebenes anderes Wort zu ersetzen. Beispielsweise musste für ‚tiger' das Wort ‚hamburger' eingesetzt werden, was zu semantisch anomalen Sätzen (‚This hamburger is hungry') führte. Die Aufgabe erfordert in der Terminologie Bialystoks eine ausgeprägte Kontrolle der sprachlichen Verarbeitung, da die semantische Dimension ausgeblendet werden muss, um entsprechend der Aufgabenstellung einen Satz mit abweichender Bedeutung zu bilden. Bei der zweiten Aufgabe *(judgment)* handelte sich um Grammatikalitätsurteile, das Design ähnelte der unter 3.1.1 bei Bialystok beschriebenen Vorgehensweise. In Übereinstimmung mit den Vorgängerstudien konnte Cromdal zeigen, dass die mehrsprachigen Kinder bei den Aufgaben, die *control* verlangten, den einsprachigen überlegen waren.

Snow et al. (1991) leiten aus der ausgeprägten Kontrollfähigkeit bilingualer Kinder die Hypothese ab, dass sie auch früher in der Lage sein müssten, formale Definitionen zu formulieren (zur metasprachlichen Natur formaler Definitionen vgl. 2.2.4). Andererseits ist ihrer Ansicht nach auch umgekehrt denkbar, dass ausgesprochen ‚definitionskompetente' Kinder sich im Zweitspracherwerb leichter tun (vgl. Snow et al. 1991: 92).

Die Autoren führten zur Überprüfung dieser theoretisch begründeten Annahmen eine Untersuchung mit Kindern der Klassen 2 bis 5 durch. Die Untersuchung fand an einer internationalen Schule in New York statt, an der viele Kinder mit simultanem Bilingualismus und hohem Bildungsniveau der Eltern unterrichtet wurden (vgl. Snow et al. 1991: 92f.). Ihre Mehrsprachigkeit konnte sich demzufolge unter deutlich besseren Bedingungen entfalten, als es beispielsweise bei der Mehrheit der in der vorliegenden Untersuchung berücksichtigten Kinder der Fall ist.

Um den Formalitätsgrad der produzierten Definitionen zu ermitteln, wurden den Kindern die ersten 10 Nomen aus dem Wortschatz-Untertest des ‚Wechsler Intelligence Scale for Children' präsentiert, jeweils in Verbindung mit dem simplen Impuls: „Tell me what […] is." Bei der Auswertung wurde jede Definition zunächst als formal oder nicht-formal klassifiziert; als formal wurden alle Versuche beurteilt, die eine Kopula und ein Hyperonym oder eine vergleichbare Einheit (hier wurden auch Pronomen, z.B. ‚something', erfasst) enthielten. Die gefundenen formalen Definitionsversuche wurden sodann in vier Kategorien einer genaueren Beurteilung unterzogen:

(1) Syntax: Nach dem Grad der Annäherung an das klassische aristotelische Format („Ein x ist ein y, das z").

(2) Qualität des Hyperonyms: Beurteilung in Abstufungen vom angemessenen Ausdruck bis hin zu Indefinitpronomen („something").

(3) Qualität des Komplements: Beurteilung des semantischen Werts der Einschränkung in Abstufungen vom angemessenen Ausdruck bis hin zu einer semantisch leeren bzw. fehlenden Einschränkung.

(4) Korrektheit: Beruhend auf Wörterbucheinträgen wurde die Übereinstimmung mit den in der Sprachgemeinschaft akzeptierten Bedeutungen überprüft.

Die Untersuchung erbrachte zunächst das erwartete Ergebnis, dass die Fähigkeit, formale Definitionen zu formulieren, sich zwischen der 2. und der 5. Klasse weiterentwickelte. Den jüngsten Untersuchungsteilnehmer/inne/n gelang dies in 49% der Fälle, den ältesten in 79%. Dabei heben Snow et al. (1991: 96) hervor, dass der Inhalt der gegebenen Definitionen sich in vielen Fällen weniger stark unterschied als die Form. Auffällig war, dass gerade die in den vier oben genannten Kategorien hoch eingestuften Versuche überdurchschnittlich viele Abbrüche und Unterbrechungen enthielten, was darauf schließen lässt, dass die Formulierung einer solchen Definition sorgfältige Planung und ‚self-monitoring' erfordert.

Auffällig war beim Vergleich der Definitionsqualität in verschiedenen Sprachen, dass die meisten mehrsprachigen Proband/inn/en in der Sprache häufiger formale Definitionen bilden konnten, in der sie schulisch gefördert wurden. Die Unterrichtssprache hat, so Snow et al. (1991: 98), offenbar einen großen Einfluss auf die Entwicklung kontextunabhängiger Sprachkompetenz.

Ein Vorsprung bilingualer Kinder hinsichtlich der Definitionskompetenz zeigte sich bei der in drei Gruppen stattfindenden Auswertung (minimal bilingual durch Fremdsprachenunterricht – bilingual mit einer dominierenden Sprache – bilingual mit zwei Erstsprachen) – entgegen den Erwartungen der Autorinnen – nicht: Es zeigten sich keine Hinweise auf positive oder negative Auswirkungen der Mehrsprachigkeit an sich (vgl. Snow et al. 1991: 100) – obwohl die Untersuchungskonstellation dies hätte erwarten lassen.

Dieses Ergebnis ist überraschend, wenn man – wie erläutert – die Definitionskompetenz als Bestandteil metasprachlicher Fähigkeiten deutet, die insbesondere die Komponente control beansprucht. Es könnte mit den oben angedeuteten methodischen Schwierigkeiten bei der Klassifikation der Definitionsversuche zusammenhängen. Andererseits ließe sich daraus auch schließen, dass die Fähigkeit, die Notwendigkeit formaler Definitionen zu erkennen und diese zu produzieren, von anderen Faktoren abhängt als die Entwicklung der unter 3.1.1 und 3.1.2 beschriebenen einschlägig untersuchten meta-morphosyntaktischen und metasemantischen Fähigkeiten.

3.1.4 Zusammenfassung

Verschiedene Autor/inn/en werten die vorgestellten Daten als klare Belege für spezifische metasprachliche Fähigkeiten von Kindern mit zwei Erstsprachen. Bialystok selbst fasst die drei zitierten Studien folgendermaßen zusammen:

> [C]hildren's ability to solve these various versions of the problem depended on both their level of literacy and whether or not they were bilingual. In general, children who were older and more literate scored higher on the versions demanding higher levels of analysis than younger children. Children who were bilingual, irrespective of age or literacy, scored higher than monolingual children on the items demanding higher levels of control of processing. Children who were bilingual and biliterate also demonstrated some advantage on items demanding high levels of analysis. (Bialystok 1991b: 132)

Ähnliche Effekte konnte Bialystok auch bei nichtsprachlichen Aufgabenstellungen nachweisen (vgl. Bialystok/Martin 2004: 326ff.). Die positiven Auswirkungen eines doppelten Erstspracherwerbs sind nicht auf den metasprachlichen Bereich beschränkt, sondern führen ganz allgemein zu einer ausgeprägten Aufmerksamkeitskontrolle:

> [...] the constant use of two languages by bilinguals leads to changes in the configuration of the executive control network and results in more efficient performance on executive control tasks, even those that are completely nonverbal. (Bialystok 2011: 232)

Dieser Vorsprung lässt sich plausibel mit den Eigenheiten des bilingualen Erwerbs begründen, der zumindest bei optimalen äußeren Bedingungen, also beispielsweise bei Eltern mit verschiedenen Erstsprachen und funktionaler Sprachentrennung, sehr früh ein Bewusstsein für verschiedene Sprachen entstehen lässt. Auch weitere Untersuchungen aus der Psychologie (vgl. z.B. Colzato et al. 2008, Kempert/Hardy 2012) zeigen positive Effekte mehrsprachiger Entwicklung auf die Aufmerksamkeitskontrolle, die nicht auf den (meta-) sprachlichen Bereich beschränkt sein müssen. Die Ergebnisse von Kempert und Hardy, die die Fähigkeit der Kinder zur Ausblendung irritierender Aspekte von Aufgabenstellungen bei sogenannten kontraintuitiven Syllogismen untersuchten,

> [...] bestätigen die Überlegenheit der zweisprachigen Kinder bei der Bearbeitung von kontraintuitiven Syllogismen und zeigen einen entsprechenden Trend bei der Bearbeitung abstrakter Syllogismen, während sich bei den Syllogismen mit konkreten Inhalten wie erwartet keine Gruppenunterschiede zeigten. Unsere Ergebnisse sind somit schlüssig mit gesteigerten Fähigkeiten der Aufmerksamkeitskontrolle und Inhibition bei zweisprachigen Kindern zu erklären. (Kempert/Hardy 2012: 35)

Noch nicht geklärt ist allerdings die Frage, ob dieser auf der verstärkten Aufmerksamkeitskontrolle basierende Vorsprung im metasprachlichen Bereich ein Epiphänomen darstellt, einen für die Sprachverwendung nicht benötigten ‚Luxus', oder ob er als Grundlage für Sprachverständnis und Sprachproduktion im mehrsprachigen Kontext hilfreich bzw. notwendig ist (vgl. Jeuk 2007: 70). Sandra (1997: 69) sieht zumindest einige Hinweise darauf, dass language awareness im L2-Erwerb einen höheren Stellenwert als im L1-Erwerb habe. Bialystok (1987: 138) weist darauf hin, dass die Fähigkeit, sprachliche Einheiten zu fokussieren und gezielt zu manipulieren, ein integraler Bestandteil der Fähigkeit zu elaborierter Sprachverwendung sei.

3.2 Formulierung der Hypothesen

Die übergeordnete Fragestellung dieser Arbeit ist, ob Kinder mit einer Erst- und einer frühen Zweitsprache in derselben Weise wie Kinder mit zwei Erstsprachen über besonders ausgeprägte metasprachliche Fähigkeiten verfügen. Die unter 3.1.4 zusammengefassten Ergebnisse, die mit unterschiedlichen Untersuchungsgruppen, größtenteils aber mit Proband/inn/en mit zwei Erstsprachen, erzielt wurden, können nicht einfach auf die Gruppe der mehrsprachigen Lerner/innen als Ganze übertragen werden. Die Frage, ob die positiven Effekte der Mehrsprachigkeit auch bei einem frühen L2-Erwerb, beispielsweise bei Kindern mit Migrationshintergrund, vorliegen, kann nicht aufgrund von vereinzelten „Stilblüten und Versprechern" (Oomen-Welke 2010^{2}a: 374) beantwortet werden und ist bisher kaum systematisch bearbeitet.

Für eine solche Übertragung sprechen zum einen die Erkenntnisse zur partiellen Übereinstimmung von L1- und frühem L2-Erwerb (z.B. hinsichtlich syntaktischer Muster und lexikalischer Erwerbsstrategien, vgl. 1.2 und 1.4). Zum anderen sind einzelne Untersuchungen zu metasemantischen Fähigkeiten (Bialystok 1987, vgl. 3.1.3) zu erwähnen, an denen neben simultan bilingualen Kindern auch solche mit einer Erst- und einer frühen Zweitsprache teilnahmen und deren Ergebnisse auch für diese Gruppe auf eine besonders ausgeprägte Kontrollfähigkeit hindeuten. In diesem Zusammenhang ist auch eine Feldstudie mit Interview-Leitfaden von Oomen-Welke (vgl. 2010^{2}a: 376ff.) zu nennen, wobei hier die an die Proband/inn/en gerichteten Fragen bewusst offen gehalten waren und zur Diskussion in Kleingruppen anregen sollten.

Für die Formulierung der Hypothesen ergibt sich aus den im Abschnitt 3.1 dargestellten Untersuchungen, dass nicht generell von ausgeprägteren metasprachlichen Fähigkeiten bei mehrsprachigen Kindern auszugehen ist. Nur bei Aufgaben, die insbesondere die Komponente *control* beanspruchen, können Vorteile mehrsprachiger Lerner/innen erwartet werden.

Allerdings ist aufgrund der unter 1.6 dargestellten Befunde zur Situation mehrsprachiger Lerner/innen im deutschen Bildungssystem zu erwarten, dass der beschriebene Effekt sich insbesondere bei Kindern zu Beginn der Schulzeit nachweisen lässt. Es wird also davon ausgegangen, dass Vorteile hinsichtlich der Komponente *control* bei mehrsprachigen Kindern am Ende der Grundschulzeit nur in abgeschwächter Form auftreten – hierfür sprechen auch Ergebnisse einer an Bialystok (1987, vgl. 3.1.1) angelehnten Studie von Vonhoff (2006).

Bei Aufgabenstellungen, die insbesondere *analysis* beanspruchen, werden hingegen Vorteile einsprachiger Lerner/innen erwartet: Da sich die Fähigkeit zur Analyse sprachlicher Repräsentationen in Auseinandersetzung mit dem Input entwickelt, ist anzunehmen, dass Lerner/innen mit Deutsch als L1 aufgrund der höheren Kontaktdauer hier besser abschneiden.

Sowohl in Bezug auf Erst- als auch auf Zweitsprachlerner/innen ist darüber hinaus davon auszugehen, dass die vielfältige Konfrontation mit gesprochener Sprache, geschriebener Sprache und Sprachbetrachtung in den ersten Schuljahren hohe Anforderungen an das analysierte sprachliche Wissen sowie an die Kontrolle der sprachlichen Verarbeitung stellt (vgl. 2.3.4). Anzunehmen ist daher, dass beide Komponenten den ein- und mehrsprachigen Kindern in zunehmendem Maße zur Verfügung stehen, weshalb unabhängig von der fokussierten Komponente (analysis bzw. control) bei älteren Kindern bessere Leistungen bei allen metasprachlichen Aufgabentypen zu erwarten sind. Außerdem ist bei Kindern aller Altersstufen ein Zusammenhang zwischen sprachlichen und metasprachlichen Fähigkeiten zu erwarten: Wenn metasprachliches Verhalten insgesamt auf den Komponenten analysis und control beruht (vgl. 2.3.4), dann sollten aufgrund des angenommenen Zusammenhangs zwischen den sprachlichen Fähigkeiten und analysis die sprachlich stärkeren Kinder auch mit den metasprachlichen Aufgabenstellungen besser umgehen können.

Übergeordnetes Ziel der Untersuchung ist es demzufolge, Unterschiede und Gemeinsamkeiten im metasprachlichen Verhalten zwischen einsprachigen Kindern und frühen Zweitsprachlerner/inne/n präzise festzustellen, um daraus auf eventuelle Unterschiede oder Gemeinsamkeiten hinsichtlich ihrer metasprachlichen Fähigkeiten schließen zu können. Durch einen Vergleich von Kindern der ersten mit Kindern der vierten Klasse soll weiterhin ermittelt werden, wie sich die Fähigkeiten beider Gruppen im Lauf der Grundschulzeit verändern und ob sich die metasprachlichen Fähigkeiten der Kinder mit Deutsch als Zweitsprache in derselben Weise entwickeln wie die ihrer einsprachigen Mitschüler/innen. Konkret lassen sich die Untersuchungsziele in den folgenden Hypothesen zusammenfassen:

I. Erwartet wird, dass die Viertklässler/innen über mehr Kompetenzen in den Bereichen *analysis* und *control* verfügen als die Erstklässler/innen.

II. Erwartet wird, dass die Kinder mit Deutsch als L1 über mehr Kompetenzen im Bereich *analysis* verfügen als die Kinder mit Deutsch als fL2.

III. Erwartet wird, dass die Kinder mit Deutsch als fL2 über mehr Kompetenzen im Bereich *control* verfügen als die Kinder mit Deutsch als L1.

IV. Erwartet wird, dass die Differenz hinsichtlich des Bereichs *control* bei älteren Kindern weniger stark ausgeprägt ist als bei Kindern zu Beginn der Schulzeit.

V. Erwartet wird, dass die sprachlich stärkeren Kinder mit Deutsch als fL2 über mehr Kompetenzen in den Bereichen *analysis* und *control* verfügen als die sprachlich schwächeren Kinder mit Deutsch als fL2.

4 Empirische Studie

Vorgestellt wird im Folgenden eine als Querschnittstudie angelegte empirische Untersuchung, mit der Übereinstimmungen und Unterschiede zwischen den metasprachlichen Fähigkeiten von Kindern, die unter verschiedenen Bedingungen aufwachsen, ermittelt werden. Nach einer Beschreibung der Stichprobe (4.1) werden die einzelnen Aufgabenformate erläutert und die Ergebnisse dargestellt (4.2). Es folgt eine an den Hypothesen orientierte Diskussion der Ergebnisse (4.3).

4.1 Zusammenstellung und Beschreibung der Stichprobe

Die Untersuchung wurde an der Grund- und Hauptschule mit Werkrealschule Calw sowie an der Hardtschule Karlsruhe durchgeführt; bei beiden handelt es sich um sogenannte Brennpunktschulen mit einem hohen Anteil von Schüler/inne/n mit Migrationshintergrund (vgl. 1.1), d.h. Kindern, die selbst Migrationserfahrungen gemacht haben oder in der zweiten bzw. dritten Generation in Deutschland leben (in Calw ca. 50%, in Karlsruhe ca. 60%).

Die Erhebung fand bei den jüngeren Kindern gegen Ende der ersten Klasse, bei den älteren Kindern im ersten Drittel des vierten Schuljahres statt. Die 80 untersuchten Proband/inn/en lassen sich vier Gruppen zuordnen, die jeweils 20 Kinder umfassen (Tab. 4.1):

	Kl. 1	Kl. 4
DaM[7]	20	20
DaZ	20	20

Tabelle 4.1: *Zusammenstellung der Stichprobe*

Es handelt sich hierbei um eine ad-hoc-Stichprobe (sample of convenience), die allein für die vorliegende Arbeit zusammengestellt wurde. Den Kindern wurden sofort nach der Aufnahme Kenncodes zugewiesen (z.B. D1-CW1-01-W). Dabei bezeichnet die erste Stelle den sprachlichen Hintergrund (D1 oder D2 für Deutsch als Erst- oder Zweitsprache), die zweite Stelle den Schulort und die Klassenstufe (CW oder KA für Calw oder Karlsruhe, 1 oder 4 für die Klassenstufe 1 bzw. 4), die dritte Stelle die zufallsabhängige Nummer der Aufnahme (01-20, da jede Gruppe

---

[7] In den folgenden Übersichten wird trotz der unter 1.1 formulierten Problematik die allgemein gebräuchliche Abkürzung ‚DaM' (Deutsch als Muttersprache) neben ‚DaZ' (Deutsch als Zweitsprache) verwendet. Dies dient der leichteren Lesbarkeit und ist insofern korrekt, als bei diesen monolingualen Kindern Erst- und Muttersprache identisch sind.

insgesamt 20 Kinder umfasste) und die vierte Stelle das Geschlecht (M oder W für männlich bzw. weiblich).

4.1.1 Einteilung nach dem Alter (Kl. 1 / Kl. 4)

Die Kinder werden nicht nur nach dem Status der deutschen Sprache (L1 oder L2), sondern zusätzlich auch nach Altersgruppen getrennt betrachtet (vgl. Tab. 4.1). Hierfür wurden die Klassenstufen 1 und 4 ausgewählt, da sich nach übereinstimmenden Erkenntnissen aus der Forschung metasprachliche Fähigkeiten gerade in den ersten Schuljahren stark entwickeln (vgl. 2.3.1 und 2.3.2).

Wie unter 1.5 ausgeführt, gibt es eine Vielzahl von Faktoren, die einen gelingenden Spracherwerb in der L2 beeinflussen und die sich in unterschiedlichster Weise auswirken können – ähnliches gilt für den L1-Erwerb. Vor diesem Hintergrund war es realistischerweise nicht möglich, exakt gleichaltrige Gruppen mit identischer Sprachbiographie zusammenzustellen. Um die Einflüsse durch schulische Faktoren konstant zu halten, wurden die Altersgruppen nicht nach dem Lebensalter, sondern nach Klassenstufen bestimmt. Insbesondere bei Kindern der ersten Klasse ist durch zahlreiche Beobachtungen belegt, dass durch den Kontakt mit Schriftsprache und die damit verbundene Vergegenständlichung von Sprache metasprachliche Fähigkeiten angeregt werden, weshalb davon ausgegangen wird, dass die Verweildauer in der Schule eine gewichtigere Rolle als das absolute Alter der Proband/inn/en spielt.[8]

Das Alter zum Zeitpunkt der Untersuchung lag bei den Kindern der ersten Klassen zwischen 6;9 und 8;0 Jahren (M = 7,35; SD = 0.36), bei den Kindern der vierten Klassen zwischen 9;1 und 11;8 Jahren (M = 9,75; SD = 0.50).

Die Verteilung männlicher und weiblicher Proband/inn/en in den vier Gruppen war nicht einheitlich. Während in den ersten Klassen die Jungen stark in der Überzahl waren und sich daraus ein Verhältnis von jeweils 14:6 (Kl. 1, DaM und DaZ) ergab, lag bei den Viertklässler/inne/n ein unterschiedliches Verhältnis von 7 Jungen und 13 Mädchen (Kl. 4, DaM) bzw. 11 Jungen und 9 Mädchen (Kl. 4, DaZ) vor. Bei der Auswertung wird deshalb überprüft, ob die Ergebnisse Auswirkungen der differierenden Geschlechterverteilung erkennen lassen (vgl. 4.2.6). Zu Unterschieden zwischen den metasprachlichen Fähigkeiten bei weiblichen und männlichen Lerner/innen liefert die bisherige Forschung keine empirisch abgesicherten Erkenntnisse.

Von Einflüssen des in den jeweiligen Klassen praktizierten Unterrichtsstils auf das Ergebnis der Erhebung wird grundsätzlich nicht ausgegangen, da die elizitierten Leistungen nicht direkt auf übliche schulische Lerninhalte zurückzuführen sind und die jeweiligen Klassenlehrer/innen gebeten wurden, auf ein ‚metasprachliches Training' zur Vorbereitung der Erhebung zu verzichten. Dennoch wurde versucht, die

---
[8] Diese Annahme wird unter 4.2.6 überprüft.

Anzahl der beteiligten Klassen möglichst gering zu halten, um eventuell doch auftretende Unterschiede aufdecken zu können.

4.1.2 Einteilung nach der Sprachbiographie (D=L1 / D=L2)

Die Unterscheidung der Proband/inn/en nach dem Status der deutschen Sprache (L1 bzw. L2) ergibt sich aus den unter 3.2 dargestellten Untersuchungszielen. Im Folgenden soll kurz dargelegt werden, welche Kriterien bei der Zusammenstellung der beiden Gruppen angelegt wurden.

a) Beschreibung der Gruppe der mehrsprachigen Kinder

Ausgewählt wurden Kinder mit einfachem L1-Erwerb in der Familiensprache und frühem L2-Erwerb, wobei der Beginn des Erwerbs der Zweitsprache (Deutsch) von den Eltern zwischen 3;0 und 4;6 Jahren (zumeist verbunden mit dem Eintritt in einen Kindergarten) angegeben wurde (zur Begründung vgl. 1.4).

Kinder, die aufgrund einer abweichenden Sprachbiographie die Bedingungen nicht erfüllten, wurden nicht einbezogen. Eine Ausnahme bildete eine Schülerin (D2-CW4-11-W), die bereits im Kindergartenalter die deutsche Sprache als frühe L2 erlernt hatte, dann jedoch mit der Familie in das Herkunftsland (Portugal) gezogen war, um anschließend nach der Rückkehr nach Deutschland im Alter von 8;0 den L2-Erwerb erneut aufzunehmen. Ihre sprachlichen Fähigkeiten unterschieden sich nicht von denen anderer Kinder mit Deutsch als früher Zweitsprache, weshalb sie in die Untersuchung einbezogen wurde.

Vier Kinder waren aufgrund spezieller familiärer Konstellationen bereits dreisprachig (D2-CW1-06-W; D2-CW1-09-M; D2-KA1-18-W sowie D2-KA4-15-M), sie waren bilingual aufgewachsen (allerdings jeweils mit einer dominanten und einer deutlich schwächeren Sprache) und hatten zusätzlich im Alter von 3;0 bis 4;6 mit dem Erwerb des Deutschen begonnen.

Im Sinne einer möglichst kleinen Anzahl beteiligter Klassen konnten die Erstsprachen der Kinder nicht beeinflusst werden (vgl. Tab. 4.2). Die Frage, ob metasprachliche Leistungen bei mehrsprachigen Kindern durch die L1 an sich, z.B. durch Strukturähnlichkeiten oder -unterschiede im Vergleich zur L2, beeinflusst werden, lässt sich aufgrund des vorliegenden Datenmaterials nicht beantworten.

Vorliegende Forschungsergebnisse (vgl. 3.1) lassen vermuten, dass eine systematische Förderung der Erstsprache sich positiv auf die Entwicklung metasprachlicher Fähigkeiten mehrsprachiger Lerner/innen auswirkt. Bei den Proband/inn/en dieser Studie findet eine solche Förderung nur eingeschränkt statt: In den Räumen der beiden beteiligten Schulen wird muttersprachlicher Unterricht in den Erstsprachen einiger Schüler/innen angeboten. Ansonsten werden die Familiensprachen nicht systematisch in den Regelunterricht einbezogen: Hauptziel des Sprachunterrichts ist nach Auskunft der Lehrer/innen die Weiterentwicklung mündlicher und schriftlicher Kompetenzen in der Zweitsprache Deutsch.

	Klasse 1	Klasse 4
Albanisch	1	3
Bosnisch	1	1
Englisch	1	
Italienisch	2	3
Kurdisch		1
Persisch		1
Polnisch	2	
Portugiesisch		1
Romani		1
Rumänisch		1
Russisch	7	
Serbokroatisch	2	3
Türkisch	4	5

Tabelle 4.2: *Anzahl der an der Untersuchung beteiligten Kinder mit Deutsch als L2 je Erstsprache*

Eine standardisierte Erhebung der sprachlichen Fähigkeiten in den unterschiedlichen Erstsprachen war angesichts der Vielfalt der Sprachen und des Mangels an zuverlässigen Verfahren nicht möglich. Deshalb wurde durch einen Fragebogen, der von den Erziehungsberechtigten ausgefüllt wurde, und durch eine mündliche Befragung der Kinder ermittelt, wie die Fähigkeiten in der L1 eingeschätzt werden, in welchen Situationen die L1 eingesetzt wird, ob eine Alphabetisierung in der Erstsprache stattgefunden hat und ob an außerschulischen Fördermaßnahmen („muttersprachlicher Unterricht") teilgenommen wird. Ebenfalls wurden Einstellungen von Eltern und Kindern zur Mehrsprachigkeit sowie zur Wertigkeit der beiden Sprachen erfasst. Der Elternfragebogen findet sich im Anhang (vgl. 7.3), zusätzlich wurden den Kindern die folgenden Fragen mündlich gestellt:

- Welche Sprachen kennst Du denn schon?
- In welcher Sprache sprecht Ihr zuhause miteinander?
- Welche Sprache kannst Du besser?

- Welche Sprache sprichst Du lieber?

In allen Fällen wurde von Erziehungsberechtigten und Kindern angegeben, dass die Erstsprache in der familieninternen Kommunikation eine Rolle spiele (vgl. Tab. 4.3). Die Mehrheit (75%) gab an, sowohl Deutsch als auch die L1 zu nutzen; 25% teilten mit, dass in der Familie nur die L1 verwendet werde.

	nur L1	L1 und D als L2
Kl. 1, DaZ	3 (15%)	17 (85%)
Kl. 4, DaZ	7 (35%)	13 (65%)

Tabelle 4.3: *In der Familie verwendete Sprache(n) bei Kindern mit Deutsch als L2, Anzahl der Kinder je Konstellation*

Bei einem Teil der Kinder findet familieninterne Kommunikation in der Zweitsprache Deutsch offenbar deshalb nicht statt, weil – den Aussagen der Kinder zufolge – mindestens ein Elternteil die Zweitsprache nicht beherrscht (vgl. Tab. 4.4).

	mindestens ein EB[9] nur L1	beide EB L1 und D als L2
Kl. 1, DaZ	2 (10%)	18 (90%)
Kl. 4, DaZ	5 (25%)	15 (75%)

Tabelle 4.4: *Von den Erziehungsberechtigten beherrschte Sprache(n) bei Kindern mit Deutsch als L2, Anzahl der Kinder je Konstellation*

Sowohl die Proband/inn/en selbst als auch deren Eltern wurden nach der bevorzugten Sprache der Kinder gefragt (vgl. Abb. 4.1). Hier machte die Mehrzahl der Eltern (insgesamt 60%) keine Angabe. Hingegen wurde in keinem einzigen Fragebogen seitens der Eltern die Erstsprache als bevorzugte Sprache dargestellt. Auch bei der mündlichen Befragung der Kinder gaben insgesamt 65% die Zweitsprache (Deutsch) als bevorzugtes Kommunikationsmittel an.

Dementsprechend wurden auch sowohl von den Eltern als auch von den Proband/inn/en die sprachlichen Fähigkeiten in der Zweitsprache meist stärker als die in der Erstsprache eingeschätzt (vgl. Abb. 4.2). Das Gefälle war in der vierten Klasse noch ausgeprägter als in der ersten Klasse: In 50% der Fälle (lt. Angabe der Eltern) bzw. 75% der Fälle (lt. Angabe der Kinder) wurde Deutsch als die stärkere Sprache der mehrsprachig aufwachsenden Kinder angesehen.

---

[9] Erziehungsberechtigte/r

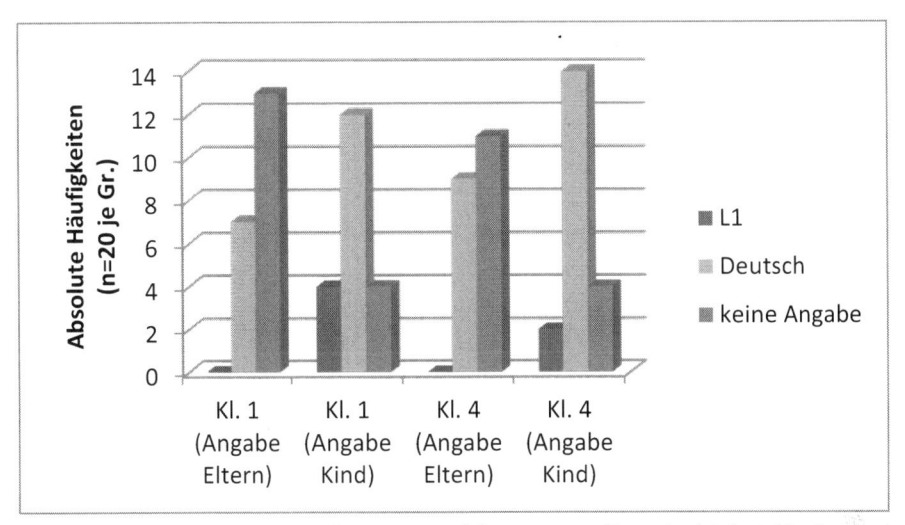

Abbildung 4.1: *Als Kommunikationsmittel bevorzugte Sprache(n) bei Kindern mit Deutsch als L2, Anzahl der Kinder*

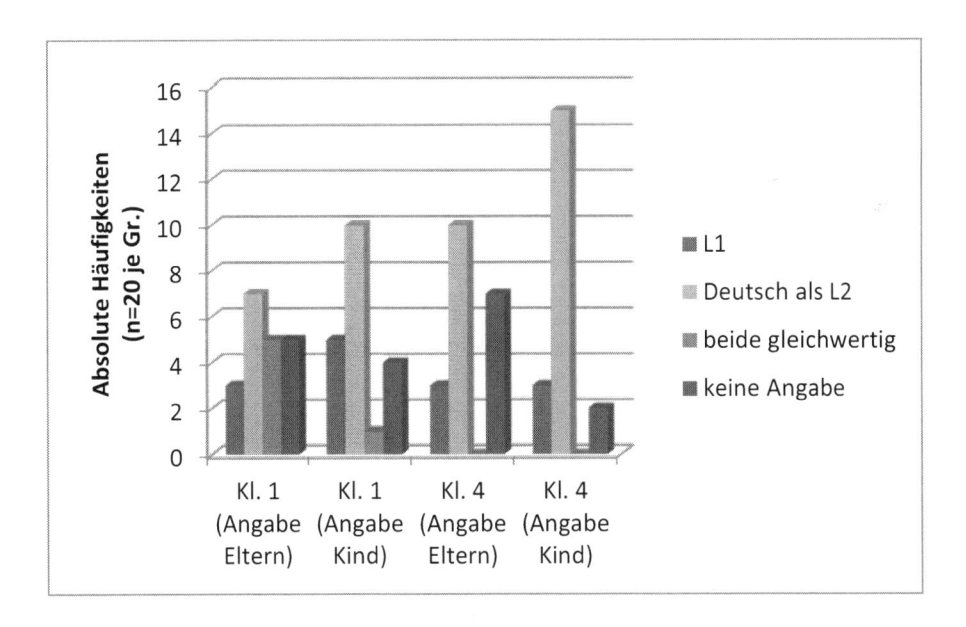

Abbildung 4.2: *Besser beherrschte Sprache bei Kindern mit Deutsch als L2, Anzahl der Kinder*[10]

---

[10] Die Option ‚beide Sprachen gleichwertig' war hier nicht als Antwortmöglichkeit vorgegeben, wurde von den entsprechenden Eltern bzw. Kindern also spontan gewählt.

Ein von der ersten bis zur vierten Klasse steigender Anteil der mehrsprachigen Kinder hatte durch institutionellen muttersprachlichen Unterricht oder auf anderem Wege den Schriftspracherwerb auch in der Erstsprache bewältigt (vgl. Abb. 4.3). Dies galt in der vierten Klasse für 70% der Kinder, 55% hatten auch Unterricht in der L1.

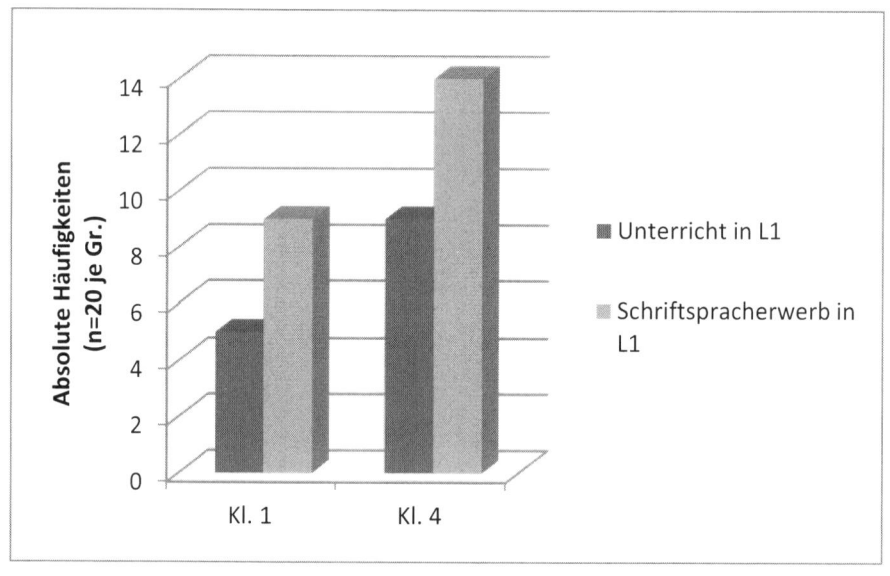

Abbildung 4.3: *Teilnahme an muttersprachlichem Unterricht und Schriftspracherwerb in der L1 bei Kindern mit Deutsch als L2, Anzahl der Kinder*

Kinder, bei denen aufgrund dieser Befragung auf geringere Fähigkeiten in der Erstsprache geschlossen werden musste, wurden in die Untersuchung einbezogen, da diese Schwierigkeiten sie nicht direkt daran hindern sollten, dem Testverlauf zu folgen. Gegen einen Ausschluss dieser Kinder sprach, dass nicht nur besonders leistungsstarke und intensiv geförderte Kinder berücksichtigt werden sollten, um einen realistischen Querschnitt der Fähigkeiten mehrsprachiger Kinder zu gewinnen. Die erstsprachlichen Fähigkeiten werden später bei der Analyse der metasprachlichen Kompetenzen berücksichtigt (vgl. 4.2.8).

b) Beschreibung der Gruppe der einsprachigen Kinder

Die in die Untersuchung einbezogenen Kinder sind insofern nicht monolingual im engsten Sinne, als sie, wie in Baden-Württemberg seit 2003 vorgeschrieben, alle mit einer frühen schulischen Fremdsprache (Englisch in Calw bzw. Französisch in Karlsruhe) konfrontiert sind. Da es sich dabei um eine nur mündlich erlernte Fremdsprache ohne Relevanz für alltägliche kommunikative Bedürfnisse handelt, sollte sich ein etwaiger Einfluss auf die metasprachlichen Fähigkeiten geringer auswirken als bei Kindern, bei denen die zusätzliche Sprache den Status einer Zweitsprache (vgl. 1.1) hat.

Nicht auszuschließen ist ferner, dass sich bei einsprachigen Proband/inn/en der teilweise stark ausgeprägte Dialekt im Kontrast mit der in der Schule üblichen Hochsprache auf die metasprachlichen Fähigkeiten auswirkt, da auch die Differenzen zwischen Hochsprache und Dialekt vielfältige Anlässe für Sprachreflexion bieten. Forschungsarbeiten hierzu liegen noch nicht vor, weshalb auch dieser Faktor im Folgenden nicht weiter berücksichtigt wurde.

Weil bei den monolingualen ebenso wie bei den bilingualen Kindern nicht sprachliche, sondern metasprachliche Kompetenzen ermittelt werden sollten, mussten die Proband/inn/en einer Voruntersuchung unterzogen werden. Hierfür wurden verschiedene bewährte Verfahren erwogen, ich entschied mich jedoch aus Gründen der Vergleichbarkeit, hier ebenso wie bei den Kindern mit Deutsch als L2 den Sprachproduktionsteil des LiSe-DaZ-Verfahrens einzusetzen (vgl. 4.2.1). Auffälligkeiten und Signale für eine Spezifische Sprachentwicklungsstörung (vgl. z.B. Grimm 2003[2]: 121ff.) hätten sich hier deutlich gezeigt und hätten es ermöglicht, die entsprechenden Kinder von der Stichprobe auszuschließen.

4.2 Durchführung und Auswertung der Untersuchungsverfahren

Im Folgenden werden die verschiedenen Experimente (Vortest zur Ermittlung sprachlicher Fähigkeiten, Grammatikalitätsurteile, Fragen zum Wortbegriff, lexikalische Segmentierung und Bildung formaler Definitionen) eingeführt. Es folgt eine Beschreibung der Durchführung und eine Darstellung der Ergebnisse.

4.2.1 Vortest zur Ermittlung sprachlicher Fähigkeiten

Da die Erfassung metasprachlicher Leistungen nicht durch mangelnde sprachliche Fähigkeiten verfälscht werden sollte, wurden morphosyntaktische Kompetenzen in der Zweitsprache Deutsch im Rahmen eines Vortests erhoben.

Angesichts der Probleme bei der Auswahl eines linguistisch präzisen und zuverlässigen Sprachstandserhebungsverfahrens für Kinder mit Deutsch als L2 (für einen Überblick vgl. Roth 2008: 23ff.; zu den Anforderungen an ein Sprachstandserhebungsverfahren vgl. Schulz et al. 2009: 135ff.) wurde ein Modul des damals noch in der Pilotierungsphase befindlichen ‚LiSe-DaZ'-Tests (Linguistische Sprachstandserhebung – Deutsch als Zweitsprache; Schulz/Tracy 2011) eingesetzt.

Es handelt sich dabei um ein Sprachstandsdiagnoseinstrument zur Bestimmung des sprachlichen Entwicklungsstandes bei Kindern im Alter von drei bis sieben Jahren, die Deutsch als Zweitsprache erwerben. Das Instrument berücksichtigt in verschiedenen Modulen Aspekte der Sprachproduktion und des Sprachverstehens (vgl. Schulz/Tracy 2012) und zeichnet sich im Gegensatz zu vergleichbaren Verfahren dadurch aus, dass sprachliche Fähigkeiten konsequent von außersprachlichem Wissen getrennt betrachtet werden, dass keine situativ unangemessenen schriftsprachlichen Normen an die Äußerungen der Kinder angelegt werden und dass neueste Erkenntnisse zum Verlauf des frühen L2-Erwerbs in den Aufgabenstellungen Berücksichtigung finden.

Zur Methode

Das ausgewählte Modul der LiSeDaZ-Pilotversion (‚Sprachproduktion') besteht aus einer Geschichte, die dem Kind vorgelesen wird. Gleichzeitig werden Bilder gezeigt, die das Verständnis erleichtern und teilweise zusätzliche Impulse liefern. Die Bilder und verbalen Impulse können den Abbildungen im Anhang (vgl. 7.1) entnommen werden.

Das ausgewählte Verfahren elizitiert gezielt bestimmte sprachliche Konstruktionen, indem die durch Bilder unterstützten Items jeweils genau definierte Anforderungen an den/die Probanden/Probandin richten. So werden die Kinder zur Produktion bestimmter syntaktischer Konstruktionen animiert, die nach dem derzeitigen Stand der Spracherwerbsforschung als aussagekräftig für den Leistungsstand von L2-Lerner/inne/n betrachtet werden können. Es handelt sich dabei unter anderem um Satzklammer-Konstruktionen bei V1-, V2- und VL-Sätzen sowie um die Verwendung von Präpositionen und die korrekte Flexion der dazugehörigen Nomen und Determinierer.

Zum Zeitpunkt der Untersuchung lag noch keine abschließend normierte Fassung des Instruments vor. Es war für den Zweck der vorliegenden Studie jedoch nicht notwendig, beispielsweise Prozentränge der Kinder zu berechnen: Es sollten lediglich Proband/inn/en ermittelt werden, die aufgrund einer SSES oder anderer gravierender Erwerbsprobleme die basalen Strukturen der deutschen Sprache, deren Wahrnehmung für die Bewältigung der vorgesehenen metasprachlichen Aufgaben unabdingbar ist, noch nicht beherrschen. Um dies zu überprüfen, wurden die elizitierten Äußerungen der Kinder – wie im Anhang (vgl. 7.2) ersichtlich – auf einem Auswertungsbogen in topologische Felder (Vor-Vorfeld, Vorfeld, Linke Klammer, Mittelfeld, Rechte Klammer, Nachfeld) eingetragen. Anschließend wurden, um morphosyntaktische Kompetenzen der Kinder zu ermitteln, die folgenden Punkte überprüft:

(a) **Verbstellung:** Wurden korrekt konstruierte Sätze mit Verbzweitstellung, Verbletztstellung und Verberststellung produziert?
(b) **Verbklammer:** Wurde die rechte Klammer in Verbzweit- und Verberstsätzen korrekt mit Infinitiven, Partizipien und Verbpartikeln besetzt?
(c) **Verbflexion:** Wurden die Verben, die in finiter Position (in V1/V2-Sätzen in der linken bzw. in VL-Sätzen in der rechten Klammer) stehen, flektiert? Wenn ja, stimmen sie in Person und Numerus mit dem Subjekt des Satzes überein?
(d) **Wortstellung und Flexion in der Nominalgruppe:** Enthalten die Nominalgruppen an der korrekten Position die erforderlichen Determinierer? Wenn ja, stimmen sie in Kasus, Numerus und Genus mit dem Nomen überein?
(e) **Wortstellung und Flexion in der Präpositionalgruppe:** Wurden semantisch angemessene Präpositionen an der korrekten Stelle eingesetzt? Wenn ja, wurden die folgenden Determinierer und Nomen der Kasusforderung der Präposition entsprechend flektiert?

Speziell notwendig zur Bewältigung der vorliegenden metasprachlichen Untersuchung sind die korrekte Verbflexion und die Bildung von Nominal- und Präpositionalgruppen. Das aktive Beherrschen dieser Phänomene lässt sich anhand der Ergebnisse des Sprachproduktionsmoduls sicher bestimmen. Kinder, die in diesem Bereich deutlich von der Norm abweichen würden, d.h. beispielsweise keine zuverlässige Kongruenz zwischen Subjekt und finitem Verb herstellen, würden nicht in die Untersuchung einbezogen.

Ergebnisse

Eine beispielhafte ausführliche Auswertung eines Fragebogens findet sich im Anhang (vgl. 7.2). Die Gesamtergebnisse des Sprachstandstests werden nun in knapper Form zusammengefasst.
Verbstellung: Alle Kinder mit Deutsch als L1 und Deutsch als L2 konnten korrekt konstruierte Sätze mit Verbzweitstellung, Verbletztstellung und Verberststellung produzieren.[11]
Verbklammer: Auch gelang es allen Kindern, die rechte Klammer in Verbzweit- und Verberstsätzen korrekt mit Infinitiven, Partizipien und Verbpartikeln zu besetzen. Diese Ergebnisse zeigen, dass die Grundstrukturen der deutschen Syntax von allen Teilnehmer/inne/n erworben waren.[12]

---

[11] Beispiele für die Einstufung der Kinderäußerungen können ebenfalls der ausführlichen Auswertung im Anhang (vgl. 7.2) entnommen werden.
[12] Verbletztsätze wurden hier nicht berücksichtigt, da bei diesen die rechte Klammer obligatorisch besetzt ist.

Verbflexion: Wie Tabelle 4.5 zeigt, wurden in Einzelfällen Verben nicht korrekt flektiert, und zwar sowohl bei einsprachigen als auch bei mehrsprachigen Lerner/inne/n.

Klasse	Leistung	DaM	DaZ
1	alle finiten Verben korrekt flektiert	15 (75%)	11 (55%)
	bis zu 2 nicht korrekt flektiert[13]	5 (25%)	8 (40%)
	bis zu 1/3 nicht korrekt flektiert		1 (5%)
4	alle finiten Verben korrekt flektiert	18 (90%)	16 (80%)
	bis zu 2 nicht korrekt flektiert	2 (10%)	4 (20%)

Tabelle 4.5: *LiSeDaZ-Ergebnisse – Anteile der korrekt flektierten Verben in finiter Position*

Der Unterschied zwischen ein- und mehrsprachigen Kindern ist hier auf beiden Altersstufen statistisch nicht signifikant[14]. Das einzige Kind, dem in diesem Bereich mehr als zwei Fehler unterliefen (D2-CW1-09-M), hatte neben diesen drei Fällen 16 Äußerungen mit korrekt flektierten Verben gebildet. Bei zwei der drei registrierten Verstöße handelte es sich zudem um systemgetreue Übergeneralisierungen regelmäßiger Flexionsmuster, die nach den aktuellen LiSeDaZ-Auswertungshinweisen nicht als Fehler zu werten sind (vgl. Schulz/Tracy 2011):

 (1) *Wenn der nicht alleine weglauft.*
 (2) *Weil die Hunde magen Wurst.*

Aus diesen Gründen wurde davon abgesehen, dieses oder andere Kinder aufgrund von einzelnen Fehlern im Bereich der Verbflexion von der Untersuchung auszuschließen.
Wortstellung und Flexion in der Nominalgruppe: Die folgende Übersicht (Tab. 4.6) zeigt, dass alle Proband/inn/en grundsätzlich sicher entscheiden konnten, ob ein Nomen in einem gegebenen Kontext einen Artikel benötigt oder nicht. Fehler wurden wiederum nur in Einzelfällen gemacht, wobei den Kindern mit Deutsch als Zweitsprache Fehler etwas häufiger unterliefen, der Unterschied jedoch statistisch ebenfalls nicht signifikant war.

---

[13] Die Grenze von maximal zwei Fehlern wurde hier und in den folgenden Übersichten angesetzt, weil es sich dabei jeweils um die maximale Fehlerzahl der Kinder mit Deutsch als L1 handelte.
[14] Hier und im Folgenden wurde die Signifikanz mithilfe des χ^2-Tests nach Pearson berechnet.

Klasse	Leistung	DaM	DaZ
1	alle korrekt	13 (65%)	11 (55%)
	bis zu 2 nicht korrekt	7 (35%)	9 (45%)
4	alle korrekt	17 (85%)	13 (65%)
	bis zu 2 nicht korrekt	3 (15%)	7 (35%)

Tabelle 4.6: *LiSeDaZ-Ergebnisse – Anteile der korrekt gebildeten Nominalgruppen ohne Determinierer*

Bei der Analyse der Flexion von Determinierern, Nomen und ggf. Adjektiven in den von den Kindern produzierten Nominalgruppen (vgl. Tab. 4.7) zeigten sich dagegen vor allem bei den älteren Kindern deutliche Unterschiede zwischen den Erst- und Zweitsprachlerner/inne/n (Klassenstufe 4: χ^2=15.172; df=1; p=.000).

Klasse	Leistung	DaM	DaZ
1	alle Elemente korrekt flektiert	15 (75%)	6 (30%)
	bis zu 2 NG nicht korrekt flektiert	3 (15%)	8 (40%)
	bis zu 1/3 nicht korrekt flektiert	2 (10%)	5 (25%)
	mehr als 1/3 nicht korrekt flektiert		1 (5%)
4	alle Elemente korrekt flektiert	12 (60%)	3 (15%)
	bis zu 2 NG nicht korrekt flektiert	8 (40%)	6 (30%)
	bis zu 1/3 nicht korrekt flektiert		9 (45%)
	mehr als 1/3 nicht korrekt flektiert		2 (10%)

Tabelle 4.7: *LiSeDaZ-Ergebnisse – Anteile der korrekt gebildeten Nominalgruppen (NG) mit Determinierer*

Die Differenzen zwischen L1- und L2-Lerner/inne/n sind erwartbar und haben für die Zusammenstellung der Untersuchungsstichprobe keine Auswirkungen. Nicht erwartbar ist allerdings, dass sich zwischen den Kindern der ersten und vierten Klasse mit Deutsch als L2 kein signifikanter Unterschied zeigt und dass die Viertklässler/innen sogar noch leicht schlechter abschneiden als die um drei Jahre jüngeren Kinder.

Die Produktionen der drei Kinder, denen in mehr als 1/3 der verwendeten Nominalgruppen Flexionsfehler unterliefen, wurden genauer überprüft. Auch diese verfügten über Grundkenntnisse, was sich vor allem, aber nicht ausschließlich bei Nominalgruppen im Nominativ zeigte:

(3) Ein Hund. (D2-CW4-06-M)
(4) (Die Karotte gibt sie) *dem Eichhörnchen. (D2-CW4-06-M)*

Gleichzeitig offenbarte sich eine große Unsicherheit bei der Kennzeichnung der Genera und Kasus (vgl. 5), was aber für die Bewältigung der ausgewählten metasprachlichen Aufgaben keinen Nachteil darstellen sollte:

(5) (Und die Enten schwimmen) *in den/ die Wasser. (D2-CW4-06-M)*[15]

Zusammenfassend ist festzustellen, dass die mehrsprachigen Kinder hinsichtlich der Flexion in der Nominalgruppe erheblich mehr Fehler als die einsprachigen produzierten, dass jedoch keines der überprüften Kinder Probleme zeigte, die einen Ausschluss aus der Untersuchungsgruppe gerechtfertigt hätten.

Wortstellung und Flexion in der Präpositionalgruppe: Unterschiede zwischen L1- und L2-Lerner/inne/n bei der Auswahl semantisch angemessener Präpositionen waren auf beiden Altersstufen erkennbar (vgl. Tab. 4.8). Allerdings zeigten sich auch die mehrsprachigen Kinder grundsätzlich als fähig, Präpositionen an den Stellen einzufügen, an denen sie gefordert sind. Auch die Auswahl der semantisch angemessenen Präposition gelang ihnen nur in Ausnahmefällen nicht.

Klasse	Leistung	DaM	DaZ
1	alle Präpositionen semantisch korrekt	17 (85%)	9 (45%)
	bis zu 2 Präp. nicht korrekt / fehlend	3 (15%)	9 (45%)
	bis zu 1/3 nicht korrekt / fehlend		1 (5%)
	mehr als 1/3 nicht korrekt / fehlend		1 (5%)
4	alle Präpositionen semantisch korrekt	20 (100%)	17 (85%)
	bis zu 2 Präp. nicht korrekt / fehlend		3 (15%)

Tabelle 4.8: *LiSeDaZ-Ergebnisse – Anteile semantisch passend ausgewählter Präpositionen*

Wie Tab. 4.9 zeigt, hatten insbesondere die L2-Lerner/innen bei der Kasusmarkierung an Nomen und Determinierern innerhalb der Präpositionalgruppe erheblich größere Probleme als die monolingualen Kinder (Klassenstufe 1: $\chi^2=6.114$; df=1; p=.013; Klassenstufe 4: $\chi^2=8.485$; df=1; p=.004). Dabei fällt auch hier das etwas schlechtere Abschneiden der älteren L2-Lerner/innen im Vergleich zu den Erstklässler/inne/n auf.

---

[15] Die ursprünglich intendierte Fassung ‚in den Wasser' wurde hier abgebrochen und durch die ebenso falsche Version ‚in die Wasser' ersetzt.

Klasse	Leistung	DaM	DaZ
1	alle Elemente korrekt flektiert	14 (70%)	8 (40%)
	bis zu 2 nicht korrekt flektiert	4 (20%)	7 (35%)
	bis zu 1/3 nicht korrekt flektiert	1 (5 %)	2 (10%)
	mehr als 1/3 nicht korrekt flektiert	1 (5 %)	3 (15%)
4	alle Elemente korrekt flektiert	16 (80%)	5 (25%)
	bis zu 2 nicht korrekt flektiert	4 (20%)	8 (40%)
	bis zu 1/3 nicht korrekt flektiert		2 (10%)
	mehr als 1/3 nicht korrekt flektiert		5 (25%)

Tabelle 4.9: *LiSeDaZ-Ergebnisse – Anteile formal korrekt gebildeter Präpositionalgruppen*

Vortest zur Ermittlung sprachlicher Fähigkeiten: Zusammenfassung der Ergebnisse

Wie nach den im Abschnitt 1.2 zusammengestellten Erkenntnissen zum frühen L2-Erwerb zu erwarten, waren grundlegende Strukturen der deutschen Sprache bei allen Proband/inn/en erworben: Die Kinder hatten mindestens zwei Jahre Kontakt mit der deutschen Sprache, auch in institutionellem Rahmen, gehabt und bewältigten die verschiedenen Satzstrukturen ebenso wie die Verbflexion problemlos. Abweichende Äußerungsformen, die für den späten L2-Erwerb typisch sind und teilweise auch bei Spezifischen Sprachentwicklungsstörungen beobachtet werden können, kamen nicht vor. Gleichwohl kann von identischen sprachlichen Fähigkeiten bei Erst- und Zweitsprachlerner/inne/n nicht die Rede sein, weshalb bei der Auswertung berücksichtigt wird, dass sprachliche Defizite durchaus ein Handicap bei der Bearbeitung metasprachlicher Aufgaben darstellen können (vgl. 4.2.7).

Unterschiede zwischen gleichaltrigen L1- und L2-Lerner/inne/n zeigten sich im Sprachstandstest erwartungsgemäß (vgl. 1.2) besonders bei der korrekten morphosyntaktischen Bildung von Nominal- und Präpositionalgruppen. Da die Auswahl und Positionierung der Elemente dieser Gruppen (Nomen, Determinierer, ggf. Präpositionen) aber fast immer korrekt getroffen wurde, die Fehler hingegen vor allem bei der Flexion gemacht wurden, wird davon ausgegangen, dass sich diese mangelnden Sprachkenntnisse nicht bei den Aufgaben zur Ermittlung metasprachlicher Fähigkeiten auswirken müssen. Das Erkennen von Determinierern, die an einer nicht korrekten Position (nach dem Nomen) stehen (vgl. 4.2.2), oder das Identifizieren und Zählen von Determinierern und Präpositionen in einem Syntagma (vgl. 4.2.4) sollte nicht durch geringere Fähigkeiten im Bereich der Flexionsmorphologie behindert werden.

Es wäre bei einer großen Anzahl von verfügbaren Proband/inn/en sicherlich möglich gewesen, ausschließlich solche auszuwählen, deren sprachliche Fähigkeiten vergleichbar mit denen einsprachiger Kinder gewesen wären. Allerdings hätte ein Ausschluss jener Kinder, die im Bereich der Morphosyntax nicht das Niveau von L1-Lerner/inne/n erreichten, die Aussagekraft der Untersuchung stark eingeschränkt. Bei der gewählten Vorgehensweise konnten alle Kinder, von denen Einverständniserklärungen vorlagen und die aufgrund ihrer Sprachbiographie in eine der beiden Gruppen passten, einbezogen werden.

4.2.2 Grammatikalitätsurteile

Zwei Gründe waren für die Entscheidung, bei der Untersuchung metasprachlicher Fähigkeiten judgment tasks einzusetzen, maßgeblich: Zum einen soll mit dieser Methode zwischen den unter 2.3.4 näher erläuterten Komponenten *analysis* und *control* differenziert werden. Interessant sind hierbei insbesondere die Items, die entweder semantische oder grammatikalische Verstöße aufweisen: Während für das Erkennen grammatikalischer Verstöße analysiertes sprachliches Wissen notwendig ist, bildet die Aufmerksamkeitskontrolle die Grundlage für die Bearbeitung von Sätzen mit semantischen Abweichungen. Die Methode bietet also eine Möglichkeit, den in den Hypothesen II, III und IV thematisierten Unterschied zwischen analysis und control zu operationalisieren.

Zum anderen gehören die Ergebnisse, die Bialystok mit dieser Technik erzielt hat (vgl. 3.1.1), zu den überzeugendsten und meistrezipierten Hinweisen auf die überdurchschnittlichen metasprachlichen Fähigkeiten von Kindern mit zwei Erstsprachen. Um diese Ergebnisse mit den von mir ausgewählten mehrsprachigen Kindern mit frühem L2-Erwerb vergleichen zu können, ist es erforderlich, dieselbe Methode einzusetzen.

Zur Methode

Um aussagekräftige Ergebnisse zur Klärung der Anteile von *analysis* und *control* zu erzielen, umfasste die Aufgabenstellung vier verschiedene Satztypen (vgl. Bialystok 1991b: 132):

(A) Grammatikalisch korrekte und semantisch akzeptable Sätze (grammar / meaning unauffällig; in Anlehnung an Bialystok 1991b im Folgenden als **+G+M**[16] abgekürzt) – z.B.: Im Zoo schaue ich gern den Affen beim Klettern zu.

(B) Grammatikalisch abweichende, semantisch akzeptable Sätze **(–g+M)** – z.B.: Mein Bruder ist krank und können heute nicht in die Schule gehen.

(C) Grammatikalisch korrekte, semantisch abweichende Sätze **(+G–m)** – z.B.: Heute scheint die Sonne, und meine Tasse schleckt ein Erdbeereis.

---

[16] Analog zu 3.1.1 steht hier G für „grammar", M für „meaning". Der Großbuchstabe in Verbindung mit + signalisiert Unauffälligkeit, der Kleinbuchstabe sowie das – eine abweichende Form oder Bedeutung.

(D) Grammatikalisch und semantisch abweichende Sätze (**–g–m**) – z.B.:
Wenn der Kühlschrank Hausaufgaben die gemacht hat, geht er auf den Spielplatz.

Insgesamt wurden 16 zu beurteilende Sätze formuliert (vier von jedem der oben erwähnten Typen A-D). Bei einer größeren Anzahl von Items hätte die Konzentration der Proband/inn/en zunehmend eine Rolle gespielt, da in der Pilotierungsphase die Aufmerksamkeit der Kinder nach etwa 20 Items spürbar nachließ.

Die Sätze bestanden jeweils aus 10-12 Wörtern und waren syntaktisch unterschiedlich komplex: Bei 8 Items handelte es sich um einfache Sätze bzw. mit der Konjunktion ‚und' verbundene Parataxen, in 8 Fällen lagen Hypotaxen vor. Die lexikalische und syntaktische Verständlichkeit der Items wurde in einem informellen Vortest mit Erwachsenen und sechsjährigen monolingualen Kindern abgesichert.

Es wurden in den grammatikalisch abweichenden Sätzen (–g+M und –g–m) zwei verschiedene Typen von Fehlern eingesetzt: In vier Fällen stand das finite Verb nicht in Kongruenz mit dem Subjekt, da es anstelle der 3. Person Singular den Infinitiv aufwies (vgl. Bialystok 1986, Schöler et al. 1986) („Mein Bruder ist krank und können heute nicht in die Schule kommen."). Bei weiteren vier Sätzen lag eine abweichende Wortstellung in der Nominalgruppe vor (vgl. Blackmore et al. 1995, Hakes 1980): Ein Determinierer war zwar enthalten, stand jedoch erst nach dem Nomen. („Wenn Anna Hausaufgaben die gemacht hat, geht sie auf den Spielplatz.")

In den semantisch abweichenden Sätzen (+G–m und –g–m) wurden unbelebte, konkrete Nomen als Subjekte eingesetzt und mit Verben kombiniert, die ein belebtes Agens verlangen (vgl. Helbig/Schenkel 1991[8]) („Heute scheint die Sonne, und meine Tasse schleckt ein Erdbeereis.").

Bei den Satztypen +G+M und –g–m handelte es sich um verhältnismäßig leicht zu beurteilende Items, die insbesondere den Zweck hatten, nachzuweisen, dass die Proband/inn/en die Aufgabenstellung überhaupt erfasst hatten. Die Beurteilung dieser Beispiele kann nicht weiter interpretiert werden, da auch bei einer (korrekten) Zurückweisung von –g–m nicht erkennbar ist, ob das Kind die Entscheidung der nicht korrekten Form oder der unsinnigen Bedeutung wegen getroffen hat. Deshalb wurden, wie der folgenden Auflistung zu entnehmen ist, immer zwei ähnliche Items mit einer eindeutigen (+G+M oder –g–m) und einer inkonsistenten (–g+M oder +G–m) Variante gebildet. Da den Kindern der eigentliche Untersuchungszweck nicht offenbart wurde, wurden die ähnlichen Sätze nicht direkt nacheinander präsentiert (vgl. McDaniel/Cairns 1996: 248). Auch die Abfolge der korrekten beziehungsweise nicht korrekten Items wurde unregelmäßig gestaltet. Sie blieb aber bei allen Proband/inn/en gleich, da nicht auszuschließen war, dass die Struktur eines Beispiels sich auf die Bewertung des folgenden auswirken würde. Die genaue Reihenfolge der zu beurteilenden Sätze ist dem Fragebogen im Anhang (vgl. 7.3) zu entnehmen.

(1) Heute scheint die Sonne, und meine Tasse schleckt ein Erdbeereis. –
Heute scheinen die Sonne, und meine Tasse schleckt ein Erdbeereis.

(Grammatikalisch korrekt, semantisch abweichend: **+G–m** / grammatikalisch und semantisch abweichend: **–g–m**)

(2) Mein Skateboard ist krank und können heute nicht in die Schule kommen. – Mein Bruder ist krank und können heute nicht in die Schule kommen. (**–g–m** / **–g+M**)

(3) Nachdem Anna Hausaufgaben die gemacht hat, geht sie auf den Spielplatz. – Nachdem der Kühlschrank Hausaufgaben die gemacht hat, geht er auf den Spielplatz. (**–g+M** / **–g–m**)

(4) Wenn mein Fahrrad Durst hat, trinkt es am liebsten ein Glas Wasser. – Wenn meine Mutter Durst hat, trinkt sie am liebsten ein Glas Wasser. (**+G–m** / **+G+M**)

(5) Im Zoo schaue ich gern Affen den beim Klettern zu. – Im Zoo schaue ich gern den Affen beim Klettern zu. (**–g+M** / **+G+M**)

(6) Die Frau sitzt im Schaukelstuhl und liest ein spannendes Buch. – Die Kerze sitzt im Schaukelstuhl und liest ein spannendes Buch. (**+G+M** / **+G–m**)

(7) Wenn mein Bruder Zeit hat, dann spielt er gerne mit mir. – Wenn Bruder mein Zeit hat, dann spielt er gerne mit mir. (**+G+M** / **–g+M**)

(8) Der Baum fressen meine Sandburg, die ich gestern gebaut habe, einfach auf. – Der Baum frisst meine Sandburg, die ich gestern gebaut habe, einfach auf. (**–g–m** / **+G–m**)

Es handelt sich um Sätze, die völlig unterschiedlichen Kontexten entnommen sind und in ihrer Abfolge keinerlei Kohärenz aufweisen. Die verschiedentlich vorgeschlagene Einbettung der Items in einen sinnvollen Kontext (vgl. z.B. Kocianova 2005: 91) würde viele Kinder von den geforderten grammatikalischen Korrekturen, die im kommunikativen Kontext eher störend wirken, abhalten.

McDaniel/Cairns (1996: 235) empfehlen „some kind of introduction and training before beginning the actual experiment." Diese Übungsphase spielt eine entscheidende Rolle, weil hier die Sprache als Gegenstand der Aufmerksamkeit eingeführt werden muss. Es kann dabei nicht völlig standardisiert vorgegangen werden, d.h. es können nicht alle Proband/inn/en exakt gleich behandelt werden: Schließlich soll nicht ermittelt werden, wie gut bzw. schnell die Kinder die Aufgabenstellung erfassen können, sondern, wie gut sie die Grammatikalität von Sätzen beurteilen können, nachdem sie die Aufgabenstellung erfasst haben (vgl. McDaniel/Cairns 1996: 249f.).

Zunächst wird den Kindern das Problem erklärt, wobei nicht der Eindruck erweckt werden soll, dass ihre (in ihren eigenen Augen möglicherweise nicht perfekten) syntaktischen Fähigkeiten getestet werden. Da es demzufolge von großer Bedeutung ist, dass die Kinder sich selbst als kompetent empfinden, wurde eine als inkompetent eingeführte Handpuppe eingesetzt (vgl. Bialystok 1999: 636). Es handelte sich um einen Vogel, der aufgrund eines Sturzes sein Sprachvermögen verloren habe und nun wieder lernen müsse, richtig Deutsch zu sprechen.

Im Anschluss an diese Erklärung wurden mit den Kindern zwei bis drei einfache (weil syntaktisch wenig komplexe) Beispiele besprochen, in denen ihnen – falls nötig – die korrekte Lösung genannt und erklärt wurde. Zum einen wurde hier gegen den ‚yes response bias' vorgegangen, zum anderen sollte – wie oben bereits erwähnt – sichergestellt werden, dass die Aufgabenstellung vollständig verstanden war, bevor der eigentliche Test begann. Der Eingangsdialog lief somit nicht in allen Fällen gleich ab. Ein möglicher und typischer Ablauf findet sich im Anhang (vgl. 7.4).

Es war in diesem Zusammenhang vor allem bei den jüngeren Kindern notwendig, die Aufmerksamkeit aktiv auf die formalen (morphosyntaktischen) Aspekte zu lenken. Um die Ziele des Eingangsdialogs zu erreichen, wurden im Gegensatz zu den eigentlichen Testitems richtige Antworten positiv bewertet und verstärkt. Die Kinder der vierten Klassen benötigten hingegen deutlich weniger Hilfestellungen, weil ihnen der Gedanke, dass Sätze formal falsch gebildet sein können, näher lag. Demzufolge fiel auch der Eingangsdialog bei diesen älteren Kindern zumeist kürzer aus.

Die dem Eingangsdialog folgenden 16 Items sollten anschließend unter Berücksichtigung der morphosyntaktischen Qualität beurteilt werden; die Kinder wurden deshalb gebeten, Sätze, bei denen es sich ihrer Ansicht nach um ‚richtiges Deutsch' handelte, mittels einer grünen Karte als korrekt zu bewerten. Sätze, auf die dies nicht zutraf, sollten als ‚falsches Deutsch' mit einer roten Karte zurückgewiesen werden. Bei der Präsentation der Testitems wurde auf eine bei allen Proband/inn/en ähnliche Artikulation geachtet – insbesondere darauf, dass die Aussagesätze nicht wie Interrogativsätze mit steigender Intonationskurve versehen wurden, was durch die Aufgabenstellung evtl. nahe gelegt wird.

Die Entscheidungen der Kinder (‚richtiges Deutsch' / ‚falsches Deutsch') wurden vom Testleiter notiert, gleichzeitig wurde eine akustische Aufnahme durchgeführt. Zusätzliche Erklärungen der Kinder wurden bei der Auswertung nicht berücksichtigt, da sie nicht systematisch elizitiert und damit kaum vergleichbar waren. Um dennoch Strategien der befragten Schüler/innen eventuell aufdecken zu können, wurde bei zwei Items nach einer Begründung für das Grammatikalitätsurteil gefragt („Warum denkst Du, dass das falsches / richtiges Deutsch ist?"). Es handelte sich um zwei inkonsistente Satztypen (–g+M und +G–m) sowie um die letzten beiden Beispiele, da die in diesem Kontext artikulierten Überlegungen die Beurteilung der übrigen Items nicht beeinflussen sollten.

Ergebnisse

Insgesamt wurden von den Schüler/inne/n die konsistenten Items +G+M (95,94%) und –g–m (88,75%) häufiger korrekt beurteilt als die inkonsistenten Items –g+M (61,88%) und +G–m (64,69%) (vgl. Abb. 4.4). Den in Hypothese I formulierten Erwartungen entsprechend zeigte sich eine bessere Leistung der Schüler/innen der vierten Klasse (86,26% aller Sätze korrekt beurteilt) im Vergleich zu den Kindern der ersten Klasse (69,38% aller Sätze korrekt beurteilt) (vgl. Abb. 4.4). Die Unterschiede zwischen älteren und jüngeren Kindern waren bei den inkonsistenten Items −g+M (grammatikalisch abweichend, semantisch akzeptabel) und +G−m (grammatikalisch korrekt, semantisch abweichend), mit denen die Erstklässler/innen besondere Schwierigkeiten hatten, hoch signifikant (Grammatikalitätsurteile −g+M: χ^2=21.803; df=4; p=.000; Grammatikalitätsurteile +G−m: χ^2=25.857; df=4; p=.000).

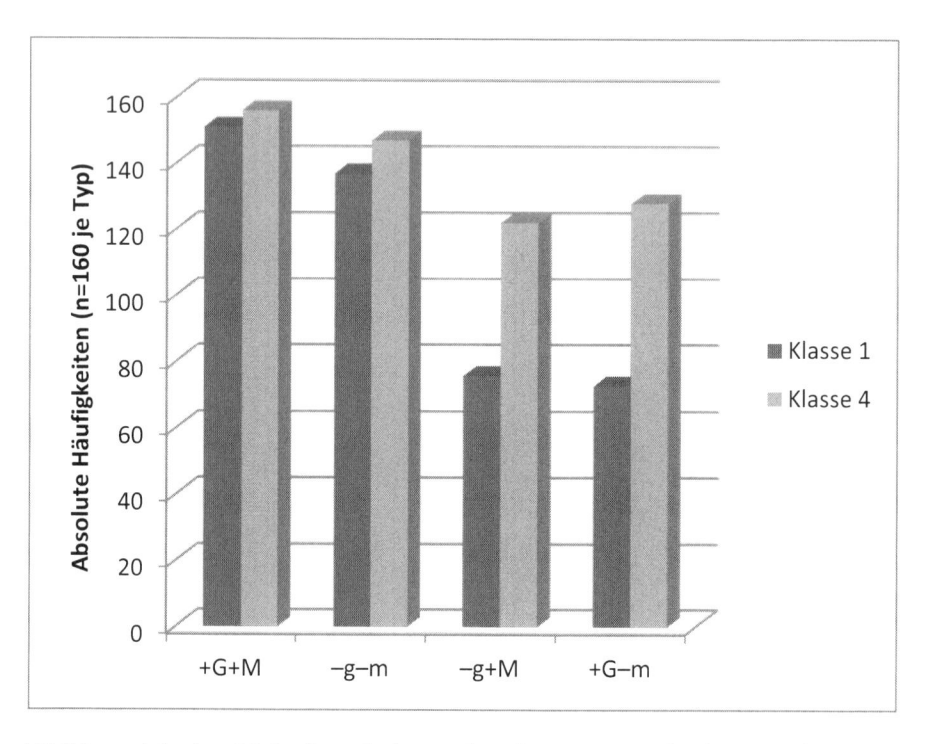

Abbildung 4.4: *Anzahl der korrekt beurteilten Satztypen, nach Klassenstufen (DaM und DaZ zusammengefasst)*

Überprüft wurde auch, welche grammatischen Fehlertypen von den Kindern besonders zuverlässig erkannt wurden und wie sich die Struktur der von der Handpuppe gesprochenen Sätze auswirkte.

Die grammatikalisch fehlerhaften Sätze (−g+M und −g−m) enthielten, wie oben ausgeführt, teilweise falsch flektierte finite Verben und teilweise falsch platzierte Determinierer. Bei den semantisch akzeptablen Sätzen mit grammatischen Fehlern erkannten die Kinder mit Deutsch als L2 die fehlerhafte Verbflexion insgesamt häufiger (in 67,5% der Fälle) als die falsche Wortstellung in der Nominalgruppe (in 40,83% der Fälle). Dieses Verhältnis erscheint plausibel und erwartbar: Nach allen bekannten Daten zum frühen L2-Erwerb wird die Flexion des Verbs in Kongruenz mit dem Subjekt besonders früh beherrscht (vgl. 1.2), auch im Sprachstandstest zur vorliegenden Untersuchung bereitete dieses Phänomen den Kindern keine Probleme (vgl. 4.2.1). Die Beurteilung der grammatikalisch und semantisch abweichenden Sätze vom Typ –g–m ist in diesem Fall nicht aussagekräftig, da bei jeder (berechtigten) Zurückweisung unklar ist, ob diese auf der formalen oder auf der semantischen Qualität des Beispiels beruht.

Die Beispielsätze waren syntaktisch unterschiedlich komplex: Teils lagen einfache Hauptsätze, teils Parataxen und teils Hypotaxen vor. Dies scheint sich jedoch nicht auf den Schwierigkeitsgrad der Grammatikalitätsurteile ausgewirkt zu haben: Bei drei der vier Satztypen waren die Unterschiede zwischen der Beurteilung von einfachen Sätzen bzw. Parataxen und Hypotaxen minimal und nicht signifikant (vgl. Tab. 4.10). Lediglich beim Typ +G–m lag eine etwas deutlichere Differenz vor, die jedoch vor allem auf die Beurteilung einer einzelnen Parataxe („Heute scheint die Sonne, und meine Tasse schleckt ein Erdbeereis.") zurückzuführen war, die von den Kindern offenbar sehr leicht bewältigt wurde.

	einfache Sätze / Parataxe	Hypotaxe	gesamt
+G+M	151 (94,375%)	156 (97,5%)	307 (95,93%)
–g–m	139 (86,875%)	145 (90,625%)	287 (88,75%)
–g+M	102 (63,75%)	98 (61,25%)	200 (62,5%)
+G–m	110 (68,75%)	91 (56,875%)	201 (62,81%)

Tabelle 4.10: *Anzahl und prozentuale Anteile korrekt beurteilter Sätze, alle Proband/inn/en (160 Items je Satztyp)*

Die Ergebnisse für die einzelnen Satztypen werden nun näher betrachtet und besonders hinsichtlich der Unterschiede zwischen Kindern unterschiedlichen Alters und mit verschiedenen Sprachbiographien analysiert.

(A)   Beurteilung grammatikalisch korrekter und semantisch akzeptabler Sätze (+G+M):
Die Frau sitzt im Schaukelstuhl und liest ein spannendes Buch.
Wenn mein Bruder Zeit hat, dann spielt er gerne mit mir.
Wenn meine Mutter Durst hat, trinkt sie am liebsten ein Glas Wasser.
Im Zoo schaue ich gern den Affen beim Klettern zu.

Die Fehlentscheidungen bei den grammatikalisch und semantisch unauffälligen Sätzen des Typs +G+M (insgesamt 13 von 320) sind nicht vollständig erklärbar: Möglicherweise waren hier einzelne Wörter unbekannt und die Äußerungen wurden deshalb als fehlerhaft klassifiziert. Die Fehler tauchen aber in allen vier untersuchten Gruppen in nicht signifikant unterschiedlicher Menge auf und können deshalb im Folgenden vernachlässigt werden.

(B)   Beurteilung grammatikalisch und semantisch abweichender Sätze (–g–m):
Mein Skateboard ist krank und können heute nicht in die Schule kommen.
Der Baum fressen meine Sandburg, die ich gestern gebaut habe, einfach auf.
Heute scheinen die Sonne, und meine Tasse schleckt ein Erdbeereis.
Nachdem der Kühlschrank Hausaufgaben die gemacht hat, geht er auf den Spielplatz.

Grammatikalisch und semantisch abweichende Sätze (–g–m) wurden zu 88,75% als falsch zurückgewiesen. In diesem Bereich schnitten die Kinder mit Deutsch als L1 (90% in Kl. 1, 95% in Kl. 4) etwas besser als ihre mehrsprachigen Klassenkamerad/inn/en (81,25% in Kl. 1, 88,75% in Kl. 4) ab, die Unterschiede sind jedoch auch in diesem Fall statistisch nicht signifikant. Es liegt – auch angesichts der folgenden Ergebnisse unter (C) – nahe, die leichten Differenzen auf das Nichterkennen der grammatikalischen Abweichungen durch die DaZ-Lerner/innen zurückzuführen.

Zusammenfassend lässt sich sagen, dass es bei den konsistenten Satztypen +G+M und –g–m keinerlei signifikante Unterschiede hinsichtlich der Beurteilung verschiedener Satztypen oder Items zwischen Kindern mit Deutsch als Erst- bzw. Zweitsprache gab. Die insgesamt hohen Werte bei diesen beiden Satztypen verdeutlichen auch, dass die Aufgabenstellung an sich von den Kindern bewältigt werden konnte.

(C)   Beurteilung grammatikalisch abweichender und semantisch akzeptabler Sätze (–g+M):
Nachdem Anna Hausaufgaben die gemacht hat, geht sie auf den Spielplatz.
Im Zoo schaue ich gern Affen den beim Klettern zu.
Mein Bruder ist krank und können heute nicht in die Schule kommen.
Wenn Bruder mein Zeit hat, dann spielt er gerne mit mir.

Die inkonsistenten Sätze vom Typ –g+M (grammatikalisch abweichend, semantisch akzeptabel) bereiteten insbesondere den Lerner/inne/n mit Deutsch als L2 Schwierigkeiten. Während die monolingualen Kinder der vierten Klasse hier 92,5% der Sätze korrekt bewerteten (Kl. 1: 60%), beurteilten die mehrsprachigen Kinder in der 4. Klasse 60% dieser grammatikalisch falschen Sätze richtig, in der ersten Klasse waren es nur 35% (vgl. Abb. 4.5).

Der Unterschied zwischen den ein- und mehrsprachigen Kindern ist auf beiden Klassenstufen signifikant (Klassenstufe 1: $\chi^2=5.227$; df=1; p=.022; Klassenstufe 4: $\chi^2=7.619$; df=1; p=.006). Dies bestätigt die Annahme, dass das Zurückweisen grammatikalisch nicht akzeptabler, semantisch jedoch unauffälliger Sätze das analysierte sprachliche Wissen beansprucht, welches bei Kindern mit Deutsch als L1 stärker ausgeprägt ist.

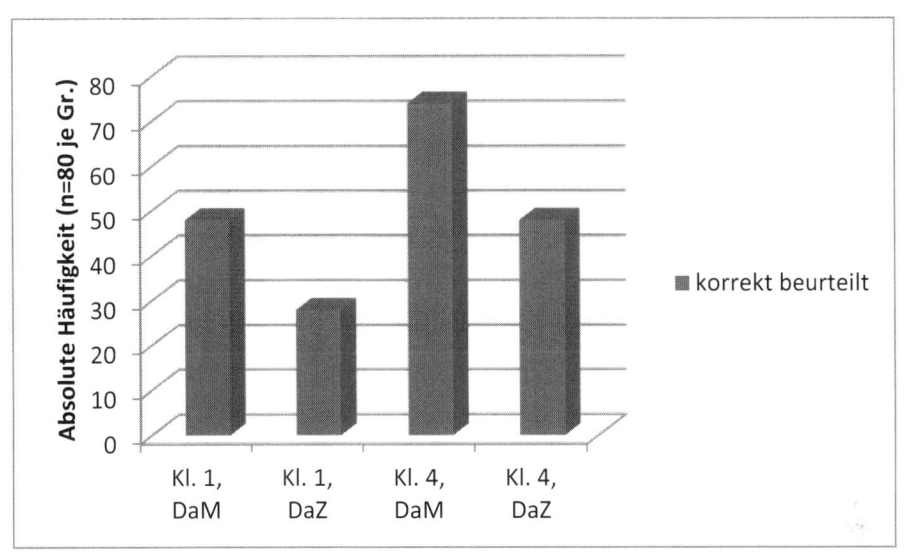

Abbildung 4.5: *Anzahl der korrekt beurteilten −g+M-Sätze, nach Proband/inn/engruppen*

	Kl. 1 DaM	DaZ	Kl. 4 DaM	DaZ
−g+M1: *Nachdem Anna Hausaufgaben die gemacht hat, geht sie auf den Spielplatz.*	9 (45%)	7 (35%)	19 (95%)	12 (60%)
−g+M2: *Im Zoo schaue ich gern Affen den beim Klettern zu.*	9 (45%)	2 (10%)	18 (90%)	9 (45%)
−g+M3: *Mein Bruder ist krank und können heute nicht in die Schule kommen.*	18 (90%)	13 (65%)	19 (95%)	14 (70%)
−g+M4: *Wenn Bruder mein Zeit hat, dann spielt er gerne mit mir.*	12 (60%)	6 (30%)	18 (90%)	13 (65%)
−g+M gesamt	48 (60%)	28 (35%)	74 (92,5%)	48 (60%)

Tabelle 4.11: *Anzahl und prozentuale Anteile korrekt beurteilter −g+M-Sätze, nach Proband/inn/engruppen*

Ebenso erwartungsgemäß fielen die Unterschiede zwischen Kindern der verschiedenen Altersstufen aus (vgl. Tab. 4.11): Die älteren Kinder erzielten insgesamt deutlich bessere Ergebnisse (χ^2=21.803; df=4; p=.000)

Beim letzten Satz dieses Typs („Wenn Bruder mein Zeit hat, spielt er gerne mit mir.") sollten die Kinder ihre Entscheidungen begründen, wobei dieser Kommentar bei denjenigen Kindern nicht aussagekräftig war, die die formale Abweichung überhaupt nicht erkannt hatten. Wie oben ausgeführt, traf dies insbesondere auf die Kinder mit Deutsch als Zweitsprache zu. In den übrigen Fällen wurde zumeist die fehlerhafte Stelle des Satzes wiederholt oder korrigiert:

(6) „Mein Zeit hat, das geht nicht." (D1-CW4-03-M)

Nur wenige ältere Kinder ergänzten dies durch metasprachliche Äußerungen, die explizit die Form thematisierten. Die genauen Anteile der unterschiedlichen Antwortkategorien können Tab. 4.12 entnommen werden.

(7) „Weil . das ‚mein' hätte vor ‚Bruder' kommen sollen." (D1-CW4-07-M)

	als korrekt beurteilt	Fehlerstelle wiederholt / korrigiert[17]	metaspr. Äußerung zur Form[18]	sonst. Äußerung / kein Kommentar
Kl. 1, DaM	8 (40%)	10 (50%)		2 (10%)
Kl. 1, DaZ	13 (65%)	5 (25%)		2 (10%)
Kl. 4, DaM	2 (10%)	13 (65%)	4 (20%)	1 (5%)
Kl. 4, DaZ	7 (35%)	11 (55%)		2 (10%)

Tabelle 4.12: *Anzahl und prozentuale Anteile der Begründungen zur Beurteilung von Item –g+M4, nach Proband/inn/engruppen*

(D)   Beurteilung grammatikalisch korrekter und semantisch abweichender Sätze (+G–m):
Heute scheint die Sonne, und meine Tasse schleckt ein Erdbeereis.
Wenn mein Fahrrad Durst hat, trinkt es am liebsten ein Glas Wasser.
Der Baum frisst meine Sandburg, die ich gestern gebaut habe, einfach auf.
Die Kerze sitzt im Schaukelstuhl und liest ein spannendes Buch.

Bei den grammatikalisch korrekten, semantisch aber abweichenden Sätzen vom Typ +G–m ergibt sich, auf Altersgruppen bezogen, ein ähnliches Bild wie bei –g+M: Insgesamt wurden 64,69% korrekt bewertet, in der ersten Klasse gelang dies in 50%, in der vierten Klasse in 79,38% der Fälle. Die Aufschlüsselung unter

---

[17] vgl. z.B. (6)
[18] vgl. z.B. (7)

Berücksichtigung des sprachlichen Hintergrunds (vgl. Abb. 4.6) führte jedoch zu einem anderen Ergebnis.

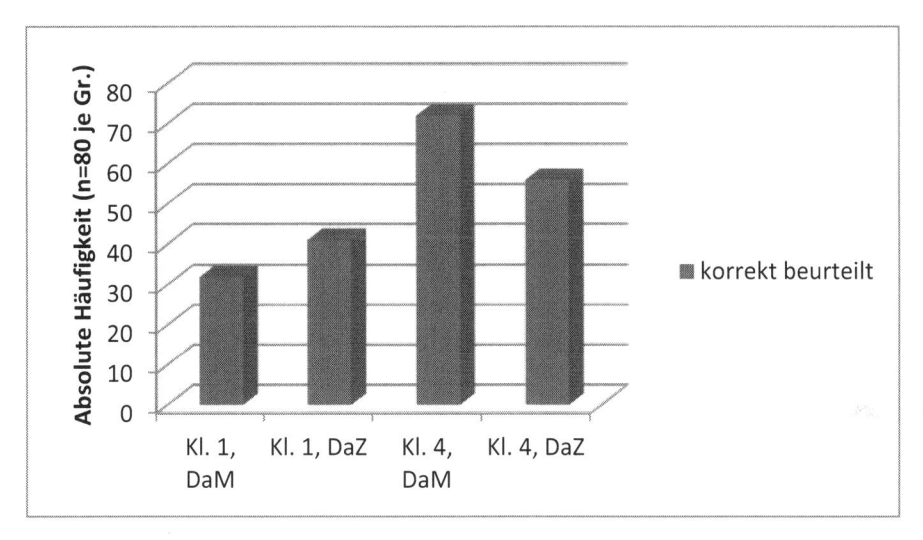

Abbildung 4.6: *Anzahl der korrekt beurteilten +G–m-Sätze, nach Proband/inn/en-Gruppen*

In der ersten Klasse schnitten die Kinder mit Deutsch als L2 (55%) leicht besser ab als die monolingualen Kinder (45%). Auch wenn der Unterschied statistisch nicht signifikant ist (χ^2=4.176; df=4; p=.383), entspricht diese Tendenz doch den aus den Untersuchungsergebnissen von Bialystok abgeleiteten Annahmen.

Dagegen beurteilten die Viertklässler/innen mit Deutsch als L1 diese Sätze zu 88,75% richtig, ihren mehrsprachigen Klassenkamerad/inn/en gelang dies nur zu 70%. In diesem Fall ist der Unterschied wesentlich deutlicher (χ^2=7.467; df=3; p=.058), was bedeutet, dass die mehrsprachigen Kinder im Gegensatz zu den unter 3.1.4 begründeten Annahmen keinen Vorsprung hinsichtlich der Kontrolle der sprachlichen Verarbeitung aufweisen, der sie befähigen würde, die Aufmerksamkeit in diesem Fall gezielt auf die geforderte sprachliche Ebene zu richten.

Diese Eindrücke bestätigen sich bei der Analyse der Beurteilung der einzelnen Items (vgl. Tab. 4.13). Insgesamt erzielten die älteren Schüler/innen die deutlich besseren Ergebnisse (χ^2=25.857; df=4; p=.000) Auffällig ist aber, dass dies insbesondere auf die Differenz bei den einsprachigen Schüler/innen zurückzuführen ist: In dieser Gruppe schnitten die älteren Kinder bei allen vier Items deutlich besser ab.

	Kl. 1		Kl. 4	
	DaM	DaZ	DaM	DaZ
+G–m1: *Heute scheint die Sonne, und meine Tasse schleckt ein Erdbeereis.*	12 (60%)	15 (75%)	18 (90%)	16 (80%)
+G–m2: *Wenn mein Fahrrad Durst hat, trinkt es am liebsten ein Glas Wasser.*	7 (35%)	12 (60%)	16 (80%)	13 (65%)
+G–m3: *Der Baum frisst meine Sandburg, die ich gestern gebaut habe, einfach auf.*	5 (25%)	6 (30%)	19 (95%)	13 (65%)
+G–m4: *Die Kerze sitzt im Schaukelstuhl und liest ein spannendes Buch.*	8 (40%)	8 (40%)	19 (95%)	14 (70%)
+G–m gesamt	32 (40%)	41 (51,25%)	72 (90%)	56 (70%)

Tabelle 4.13: *Anzahl und prozentuale Anteile der korrekt beurteilten +G–m-Sätze, nach Proband/inn/engruppen*

Die Kommentare der Schüler/innen, die gebeten wurden, ihre Entscheidung beim letzten Beispiel („Die Kerze sitzt im Schaukelstuhl und liest ein spannendes Buch.") zu begründen, fielen bei den Kindern der ersten Klassen sehr gleichförmig aus. Kinder, die den Satz fälschlicherweise als ‚falsches Deutsch' zurückgewiesen hatten, erklärten dies mit der semantischen Anomalie:

(8) „*Weil ne Kerze sitzt nicht auf'm Schaukelstuhl und lest kein Buch." (D2-CW1-05-M)*

Kindern, die die korrekte Form erkannt hatten, gelang es dagegen häufiger, metasprachliche Äußerungen zur Form zu bilden...

(9) „*Weil das richtig war halt, der hat keine Fehler gemacht, zum Beispiel: Die Kerze sa/ setzen. (D2-CW4-01-M)*

...oder explizit zwischen Form und Bedeutung zu unterscheiden:

(10) „*Bloß, das war bloß Unsinn, aber sonst hat er es richtig gesagt." (D1-CW4-04-W)*

Die einsprachigen Kinder der vierten Klassen schafften dies etwas häufiger als die mehrsprachigen Kinder derselben Altersstufe, wie sich Tabelle 4.14 entnehmen lässt.

	semant. Fehler erklärt[19]	metaspr. Äußerung zur Form[20]	Trennung v. Form und Bedeutung[21]	sonst. Äußerung / kein Kommentar
Kl. 1, DaM	14 (70%)			6 (30%)
Kl. 1, DaZ	13 (65%)		1 (5%)	6 (30%)
Kl. 4, DaM	1 (5%)		14 (70%)	5 (25%)
Kl. 4, DaZ	5 (25%)	3 (15%)	8 (40%)	4 (20%)

Tabelle 4.14: *Anzahl und prozentuale Anteilde der Begründungen zur Beurteilung von Item +G–m4, nach Proband/inn/engruppen*

Grammatikalitätsurteile: Zusammenfassung der Ergebnisse

Die monolingualen Kinder der ersten Klasse lösten die Aufgabe zuverlässig korrekt, wenn irritierende Einflüsse fehlten (bei den konsistenten Satztypen +G+M: 95%, –g–m: 90%). Dagegen erzielten sie das schlechteste Ergebnis aller Gruppen bei Items vom Typ +G–m (45%); es fiel ihnen demzufolge besonders schwer, semantische Anomalien auszublenden und die grammatikalische Richtigkeit unabhängig von der Bedeutung zu beurteilen. Grammatikalische Fehler in Sätzen vom Typ –g+M wurden zu 60% erkannt.

Die einsprachigen Viertklässler/innen erzielten insgesamt und in fast allen Einzelkategorien (mit Ausnahme von +G+M) das beste Ergebnis aller vier Gruppen. Besonders deutlich wird die Weiterentwicklung ihrer Fähigkeiten im Vergleich zur ersten Klasse bei den interessanten, weil inkonsistenten Satztypen –g+M (grammatikalisch abweichend, semantisch akzeptabel) (92,5%) und +G–m (grammatikalisch korrekt, semantisch abweichend) (88,75%).

Bei den mehrsprachigen Kindern der ersten Klasse fallen die gemäß Hypothese II erwarteten Schwierigkeiten beim Erkennen formaler Abweichungen auf, sowohl bei –g–m-Sätzen (grammatikalisch und semantisch abweichend), wo sie mit 81,25% den schwächsten Wert aller Gruppen erreichten, als auch bei –g+M-Sätzen (grammatikalisch abweichend, semantisch akzeptabel), wo nur 35% als falsch zurückgewiesen wurden. Im Gegensatz zu den einsprachigen Altersgenoss/inn/en beurteilten sie aber 55% der +G–m-Sätze (grammatikalisch korrekt, semantisch abweichend) als richtig, womit es ihnen offensichtlich leichter fiel, grammatikalisch korrekte Sätze auch bei unsinniger Bedeutung zu akzeptieren.

Die Schüler der vierten Klasse mit Deutsch als L2 erzielten in allen vier Bereichen höhere Werte als die jüngeren mehrsprachigen Kinder. Der Unterschied fiel jedoch bei den inkonsistenten Satztypen deutlich geringer aus als bei Kindern mit Deutsch als L1: Grammatische Fehler wurden in –g+M-Sätzen nur zu 60% erkannt,

---

[19] vgl. z.B. (8)
[20] vgl. z.B. (9)
[21] vgl. z.B. (10)

und beim Typ +G–m erkannten die Kinder zwar 70% als richtig an, blieben damit aber weit hinter dem Ergebnis der monolingualen Altersgenoss/inn/en (88,75%) zurück. Damit wird die in Hypothese IV formulierte Erwartung bestätigt.

4.2.3 Fragen zum Wortbegriff

Die Entwicklung eines Wortbegriffs gehört zu den am frühesten feststellbaren Bereichen der metasprachlichen Entwicklung. Angesichts der zahlreichen Studien, die unter 2.2.3 und 3.1.2 in Auszügen dargestellt wurden, gibt es hierzu bereits umfangreiche Erkenntnisse, allerdings wurden in der hier vorliegenden Konstellation mit frühen Zweitsprachlerner/inne/n meines Wissens noch keine Untersuchungen durchgeführt.

Die Untersuchungsfragen zielen insbesondere auf die Ermittlung von explizitem metasprachlichem Wissen (vgl. 2.3.2) ab; irritierende Faktoren wie der semantisch-syntaktische Zusammenhang von Wortfolgen (vgl. 4.2.4) spielten hingegen keine Rolle. Deshalb kann davon ausgegangen werden, dass für die Bearbeitung dieses Untersuchungsteils insbesondere die Komponente *analysis* verantwortlich ist. Der Einfluss des schulischen Sprachunterrichts, in dem die Artikulation expliziten metasprachlichen Wissens eine wesentliche Rolle spielt, sollte darüber hinaus dazu führen, dass entsprechend Hypothese I die älteren Schüler/innen hier bessere Ergebnisse erzielen.

Zur Methode

Aufgrund der umfangreichen Forschung zum Wortbegriff gibt es eine große Anzahl von bereits erprobten diesbezüglichen Interviewfragen und ähnlichen Formaten (für den deutschen Sprachraum vgl. z.B. Bense 1981 und Dalbert/Schöler 1991). Für die vorliegende Untersuchung wurden einige teils offene, teils geschlossene Fragen ausgewählt, die im Folgenden begründet werden. Die Antworten der Kinder wurden aufgezeichnet, anschließend transkribiert und ausgewertet.

(1) *Kannst du mir sagen, was ein Wort ist?*
Mit dieser Frage soll eruiert werden, ob die Kinder überhaupt in der Lage sind, die Kategorie ‚Wort' metasprachlich zu definieren – und wenn ja, für welche metasprachliche Ebene sie sich entscheiden. Hierfür eignet sich die Frage nach dem Terminus ‚Wort', weil sich dieser sowohl phonologisch / orthographisch als auch morphosyntaktisch, semantisch und pragmatisch bestimmen lässt (vgl. z.B. Bußmann 2002: 750). Kinder, die zu solchen Abstraktionsleistungen nicht in der Lage sind, können mit Bei-

spielen antworten oder die Antwort verweigern, was vom Testleiter akzeptiert wird.

(2) *Kannst du mir ein Wort nennen?*
Die Aufgabe, ein Beispielwort zu nennen, sollten alle Proband/inn/en lösen können, da nach einem im geringsten Fall neunmonatigen Umgang mit Schriftsprache im Deutschunterricht das dafür notwendige implizite Wissen vorhanden sein sollte. Aufschlussreich könnte jedoch sein, welche Worttypen von den Kindern spontan genannt werden, ob also beispielsweise vorwiegend Eigennamen, dem situativen Kontext entnommene Nomen oder auch Wörter aus der geschlossenen Klasse (Präpositionen, Artikel etc.) gewählt werden.

(3) *Ist ‚weil' ein Wort? Warum (nicht)?*
Die daran anschließende Frage nach einem konkreten Beispiel soll gezielt ermitteln, ob ein Element mit klarer grammatischer Funktion (VL-einleitende Subjunktion bzw. verbindende Konjunktion), aber ohne sinnlich wahrnehmbares außersprachliches Referenzobjekt, als Wort akzeptiert wird. Die Begründungsversuche sollen ähnlich wie die Antworten auf (1) nach den verschiedenen metalinguistischen Ebenen klassifiziert werden (vgl. 2.2), wobei eine verneinende Antwort hier eher eine metasemantische Begründung, eine bejahende Antwort hingegen z.B. eine metaphonologische, metagraphematische oder meta-morphosyntaktische Begründung nahelegt.

(4) *Welches Wort ist länger: ‚Zug' oder ‚Regenwurm'?*
Diese – nach meinen Pilotierungserfahrungen von den Kindern als sehr leicht eingeschätzte – Frage wird bei den Erstklässler/inne/n bewusst direkt vor die Segmentierungsaufgabe gestellt, um zu vermeiden, dass diese mit dem subjektiven Gefühl eines Misserfolgserlebnisses begonnen werden muss.[22] Es geht hier im weitesten Sinne um ein Verständnis für die Arbitrarität sprachlicher Zeichen (vgl. 2.2.4): Sind die Kinder in der Lage, zwischen dem phonologischen bzw. orthographischen Signifiant und dem semantischen Signifié zu unterscheiden und den Terminus ‚Wort' auf ersteres zu beziehen? Für die älteren Kinder erwies sich die Frage bereits in der Pilotierungsphase als zu leicht, da für sie der routinierte Umgang mit dem schriftsprachlichen Signifiant offenbar eine Selbstverständlichkeit darstellt. Deshalb wurde bei der Befragung der Viertklässler/innen diese Aufgabe nicht gestellt.

(5) *Ist ‚Baumhaus' ein Wort, oder sind es zwei Wörter? Warum?*
Besonders bei den jüngeren Kindern war in der Pilotierungsphase zu beobachten, dass die Segmentierungsversuche zu klar erkennbaren (vermutlich kurzfristigen) Lerneffekten führten. Deshalb wird der Versuch unter-

---

[22] Die Pilotierung zeigte, dass einerseits fast alle Kinder die Frage korrekt – nämlich mit ‚Regenwurm' – beantworteten, dass andererseits aber auch die Kinder, die sich für ‚Zug' entschieden, dies in der festen Überzeugung taten, die richtige Wahl getroffen zu haben.

nommen, im Anschluss an die unten geschilderte Segmentierungsaufgabe (vgl. 4.2.5) – anhand eines Kompositums, was den Schwierigkeitsgrad erhöht – noch einmal nach einer kontextgebundenen Definition des Begriffs ‚Wort' zu fragen. Wie unter (1) werden die Antworten als metasprachlich bzw. nicht metasprachlich klassifiziert und gegebenenfalls einer der verschiedenen metasprachlichen Ebenen zugewiesen.

Ergebnisse

(1) „Kannst du mir sagen, was ein Wort ist?"
Diese offene und auch für erwachsene Proband/inn/en sehr anspruchsvolle Frage beantworteten die untersuchten Schüler/inne/n höchst unterschiedlich. Bei der Auswertung wurden zunächst metasprachliche von nicht metasprachlichen Definitionsversuchen getrennt, wobei als metasprachlich solche Äußerungen klassifiziert wurden, die sprachliche Phänomene selbst zum Inhalt hatten (vgl. 2.1.2). Bei den als nicht metasprachlich klassifizierten Äußerungen handelte es sich vor allem um unaufgefordert genannte Beispielwörter (vgl. 11), teilweise wurde auch explizit die Schwierigkeit der Aufgabe hervorgehoben (vgl. 12):

(11) Ein Wort ist zum Beispiel wie n Baum oder so. (D2-KA4-15-M)
(12) „Ich weiß nicht, wie ich's erklären soll." (D2-CW4-07-W)

Die als metasprachlich klassifizierten Äußerungen wurden, wie in Tab. 4.15 ersichtlich, nach dem jeweils fokussierten linguistischen Aspekt unterschieden (vgl. die Einteilung unter 2.2). Die Einstufung erwies sich insgesamt als unkompliziert, Objektivität und Reliabilität wurden durch einen Vergleich mit den Zuordnungen einer zweiten Person, die ebenfalls die Kinderäußerungen den folgenden Kategorien zuordnete, abgesichert.

Kategorie	Beschreibung	Beispiel
Metaphonologische / metagraphematische Definitionsversuche	Aspekte der Aussprache oder der Wortschreibung werden fokussiert / ‚Wort' wird definiert als artikulatorische oder orthographische Einheit.	„Ein Wort ist, wenn's viele Buchstaben sind, so ganz viele." (D1-CW1-09-M)
Metasemantische Definitionsversuche	Aspekte der Wortbedeutung werden fokussiert / ‚Wort' wird definiert als bedeutungstragende sprachliche Einheit.	„Also sowas wie eine Sache." (D2-CW1-02-W) „Also . [...] das bedeutet halt was." (D2-CW4-11-W)

Metapragmatische Definitionsversuche	Aspekte der Wortverwendung werden fokussiert / ‚Wort' wird definiert als sprachliche Einheit, mit der man handeln oder die man zielgerichtet einsetzen kann.	„Ein Wort, das . braucht man in nem Aufsatz ganz dringend. [...]" (D1-KA4-18-W)
Meta-morphosyntaktische Definitionsversuche	Die Stellung von Wörtern innerhalb von Syntagmen wird fokussiert / ‚Wort' wird definiert als Einheit mit einer grammatischen Funktion.	„Ein Nomen, ein Adjektiv und so." (D1-KA4-11-W) „Ein Wort ist der Teil eines Satzes." (D2-KA4-12-M)

Tabelle 4.15: *Übersicht über die Einteilung metasprachlicher Definitionsversuche nach dem fokussierten linguistischen Aspekt*

Es ist an dieser Stelle wichtig, darauf hinzuweisen, dass mit der vorgenommenen Einteilung nicht grundsätzlich eine qualitative Beurteilung der kindlichen Definitionsversuche einhergeht. Auch wenn einige der als nicht metasprachlich eingeordneten Versuche kreativ und inhaltlich ansprechend waren, waren sie dennoch nicht geeignet, über die metasprachlichen Fähigkeiten der Sprecher/innen, um die es in der Untersuchung geht, Auskunft zu geben.

Die Analyse der Ergebnisse (vgl. Tab. 4.16) zeigte erwartungsgemäß einen deutlichen Anstieg der metasprachlichen Äußerungen bei den älteren Schüler/innen.

	metasprachliche Definition	nicht metasprachliche Definition	keine Definition
Kl. 1 gesamt	6 (15%)	21 (52,5%)	13 (32,5%)
Kl. 4 gesamt	17 (42,5%)	8 (20%)	15 (37,5%)

Tabelle 4.16: *Anzahl und prozentuale Anteile verschiedener Definitionen für ‚Wort': Metasprachlich – nicht metasprachlich, nach Klassenstufen*

Der Unterschied zwischen den Erst- und Viertklässler/inne/n ist statistisch signifikant (χ^2=11.231; df=2; p=.004). Bei der differenzierteren Auswertung war unter anderem auffällig, dass nur Kinder der vierten Klassen den Versuch unternahmen, ‚Wort' grammatikalisch, d.h. zum Beispiel unter Rückgriff auf Wortarten zu definieren. Es handelt sich hier vermutlich um eine direkt auf schulische Einflüsse zurückzuführende Strategie.

Die Verteilung der Antworttypen auf die verschiedenen Proband/inn/engruppen kann Tab. 4.17 entnommen werden. Wenn bei der nach Sprachbiographien getrennten Auswertung die metasprachlichen Definitionsversuche der Summe der beiden anderen Kategorien gegenübergestellt werden, zeigt sich, dass in der Gruppe der jüngeren Kinder die mehrsprachigen Proband/inn/en häufiger (Klassenstufe 1:

χ^2=3.137; df=1; p=.077) metasprachliche Erklärungen formulierten. In der Gruppe der älteren Kinder hat sich das Verhältnis umgekehrt: Der Unterschied ist hier zwar nicht statistisch signifikant (Klassenstufe 4: χ^2=2.558; df=1; p=.110), die Tendenz passt jedoch ins Bild – ebenso wie der nicht vorhandene Unterschied zwischen mehrsprachigen Erst- und Viertklässler/inne/n, wohingegen die einsprachigen Kinder am Ende ihrer Grundschulzeit deutlich mehr metasprachliche Erklärungen als noch in der ersten Klasse produzierten.

Die hohe Zahl der als ‚keine Definition' klassifizierten Antworten ist bei dieser Aufgabenstellung (ebenso wie bei den folgenden Fragen) nicht überraschend. Es handelt sich dabei nicht um ‚Nicht-Antworten' im eigentlichen Sinne – vielmehr geben diese Äußerungen darüber Aufschluss, dass das explizite metasprachliche Wissen der befragten Kinder noch nicht für eine begriffliche Bestimmung der Kategorie ‚Wort' ausreiche.

	metasprachliche Definition	nicht metasprachliche Definition	keine Definition
Kl. 1, DaM	1 (5%)	13 (65%)	6 (30%)
Kl. 1, DaZ	5 (25%)	8 (40%)	7 (35%)
Kl. 4, DaM	11 (55%)	4 (20%)	5 (25%)
Kl. 4, DaZ	6 (30%)	4 (20%)	10 (50%)

Tabelle 4.17: *Anzahl und prozentuale Anteile verschiedener Definitionen für ‚Wort': Metasprachlich – nicht metasprachlich, nach Proband/inn/engruppen*

Bei der differenzierteren Auswertung unter Berücksichtigung der Zuordnung der Definitionsversuche zu verschiedenen linguistischen Ebenen (vgl. Tab. 4.18, s. auch Tab. 4.15) zeigten sich keine deutlichen Unterschiede zwischen den von den verschiedenen Proband/inn/engruppen fokussierten linguistischen Ebenen.

	phon. / graph.	semant.	pragmat.	morpho-syntakt.	Bsp.-Wort	sonstige / keine Def.
Kl. 1, DaM	1 (5%)				12 (60%)	7 (35%)
Kl. 1, DaZ	3 (15%)	1 (5%)	1 (5%)		8 (40%)	7 (35%)
Kl. 4, DaM	6 (30%)		3 (15%)	2 (10%)	4 (20%)	5 (25%)
Kl. 4, DaZ	2 (10%)	2 (10%)		2 (10%)	3 (15%)	11 (55%)

Tabelle 4.18: *Anzahl und prozentuale Anteile verschiedener Definitionen für ‚Wort': Einteilung nach dem fokussierten linguistischen Aspekt, nach Proband/inn/en-Gruppen*

(2) „Kannst du mir ein Wort nennen?"
Beispiele für Vertreter der Kategorie ‚Wort' waren offensichtlich erheblich leichter zu finden, wobei den Viertklässler/innen dies noch wesentlich häufiger gelang als den Kindern der ersten Klassen(vgl. Tab. 4.19; der Unterschied zwischen der ersten und vierten Klasse ist statistisch signifikant: χ^2=11.665; df=1; p=.001). Zwischen den Kindern mit Deutsch als Erst- bzw. Zweitsprache ließen sich hingegen keine signifikanten Unterschiede finden (vgl. Tab. 4.19). Als korrekte Beispielwörter wurden sowohl Eigennamen als auch Vertreter der ‚offenen' (Nomen, Verben, Adjektive und Adverbien) und ‚geschlossenen' (Pronomen, Determinierer, Präpositionen, Konjunktionen, Subjunktionen, Partikeln) Klasse gewertet. Als nicht korrekt eingestuft wurde eine Antwort dagegen, wenn mehrere Wörter (vgl. (13), insgesamt 3 Fälle) eine komplette Äußerung (vgl. (14), insgesamt 14 Fälle) oder gar kein Beispiel (2 Fälle) genannt wurden.

(13) „Ein Baum." (D2-KA1-10-M)
(14) „Ich gehe gerne in die Schule." (D1-CW1-09-M)

	korrektes Beispielwort
Kl. 1, DaM	12 (60%)
Kl. 1, DaZ	9 (45%)
Kl. 4, DaM	18 (90%)
Kl. 4, DaZ	19 (95%)

Tabelle 4.19: *Anzahl und prozentuale Anteile korrekter Beispielwörter, nach Proband/inn/engruppen*

Auffällig war des Weiteren, dass die jüngeren Kinder, denen es gelang, ein korrektes Beispiel zu finden, überwiegend auf Eigennamen und Nomen zurückgriffen (bei 19 von 24 korrekten Beispielen), während die Viertklässler/innen (26 von 37 korrekten Beispielen waren Nomen oder Eigennamen) etwas flexibler waren und auch andere Wortklassen berücksichtigten.

(3) Ist ‚weil' ein Wort? Warum (nicht)?
Die Einheit ‚weil' wurde zwar von den Viertklässler/innen insgesamt häufiger als Wort anerkannt als von den jüngeren Kindern (vgl. Tab. 4.20; der Unterschied zwischen den Klassenstufen ist statistisch signifikant: χ^2=6.214; df=1; p=.012); erstaunlich ist aber, dass immer noch 11 von 40 der älteren Proband/inn/en (davon 7 mit Deutsch als Erstsprache) dem Element den Wortstatus absprachen. Offenbar sind sie trotz mehrjährigem Umgang mit Schriftsprache und Grammatikunterricht immer noch nicht in der Lage, den metasprachlichen Terminus ‚Wort' mit ausreichender Sicherheit explizit zu verarbeiten – im Gegensatz zu den folgenden Aufgaben, die auf der impliziten Ebene zu bewältigen waren.

Bei der Analyse der Antworten der verschiedenen Proband/inn/engruppen (vgl. Tab. 4.20) ergab sich folgendes Bild:

	weil = Wort	weil = kein Wort	keine Aussage
Kl. 1, DaM	8 (40%)	11 (55%)	1 (5%)
Kl. 1, DaZ	10 (50%)	10 (50%)	
Kl. 4, DaM	13 (65%)	7 (35%)	
Kl. 4, DaZ	16 (80%)	4 (20%)	

Tabelle 4.20: *Anzahl und prozentuale Anteile verschiedener Einstufungen von ‚weil', nach Proband/inn/engruppen*

In keiner der beiden Klassenstufen war der Unterschied zwischen ein- und mehrsprachigen Lerner/inne/n signifikant.

Die Entscheidungen der Kinder passten zu ihren Begründungen – diesen Zusammenhang sollen die Tabellen 4.21 (für Kl. 1) und 4.22 (für Kl. 4) verdeutlichen, denen eine Einstufung der Begründungsversuche nach dem linguistischen Aspekt (vgl. Tab. 4.15) zugrunde liegt.

	phon. / graph.	semant.	pragmat.	morpho-syntakt.	sonstige / keine Begr.
weil = Wort (gesamt: 18)	5 (12,5%)		5 (12,5%)		8 (20%)
weil = kein Wort (gesamt: 21)		4 (10%)	1 (2,5%)		16 (40%)

Tabelle 4.21: *Relation zwischen der Einstufung von ‚weil' und der Begründung – Klasse 1*

	phon. / graph.	semant.	pragmat.	morpho-syntakt.	sonstige / keine Begr.
weil = Wort (gesamt: 29)	15 (37,5%)	1 (2,5%)	6 (15%)		7 (17,5%)
weil = kein Wort (gesamt: 11)	1 (2,5%)	1 (2,5%)	1 (2,5%)	1 (2,5%)	7 (17,55%)

Tabelle 4.22: *Relation zwischen der Einstufung von ‚weil' und der Begründung – Klasse 4*

Sinnvollerweise wurde die Ablehnung von ‚weil' als Wort besonders häufig metasemantisch begründet:

(13) *„Weil das keine Sache ist."* (D2-CW1-02-W)

Für die Anerkennung der Einheit als Wort dagegen wurde häufig metaphonologisch oder -graphematisch argumentiert:

(14) *„Weil das zusammengeschrieben wird."* (D1-KA1-12-W)

Ein Kind aus der vierten Klasse wies allerdings die Einstufung von ‚weil' als Wort zurück mit der Begründung:

(15) *„Weil . es hat zu wenig Buchstaben."* (D1-CW4-09-M)

Kinder, die metapragmatisch, d.h. mit der Funktion von ‚weil' in der Sprachverwendung, argumentierten, erkannten die Einheit in den meisten Fällen auch als Wort an. Insgesamt ist der Tabelle zu entnehmen, dass – mit Ausnahme der metasemantischen Erklärungen – die meisten Kinder, die eine metasprachliche Begründung formulieren konnten, das Wort auch korrekt klassifizierten. Von einer Probandin wurde allerdings ‚weil' nicht als Wort anerkannt,...

(16) *„weil es kein Nomen ist"* (D1-CW4-08-W),

...was als meta-morphosyntaktische Erklärung eingestuft wurde.

(4) Welches Wort ist länger: ‚Zug' oder ‚Regenwurm'?
Diese Frage, die – wie oben erläutert – nur den jüngeren Teilnehmer/inne/n der Studie gestellt wurde, empfanden die Schüler/innen als sehr leicht. Insgesamt 90% beantworteten sie korrekterweise mit ‚Regenwurm' (vgl. Tab. 4.23), wobei kein signifikanter Unterschied zwischen ein- und mehrsprachigen Kindern festzustellen war.

	Zug	Regenwurm
Kl. 1, DaM	1 (5%)	19 (95%)
Kl. 1, DaZ	3 (15%)	17 (85%)

Tabelle 4.23: *Anzahl und prozentuale Anteile der als ‚längeres Wort' eingestuften Einheiten, nach Proband/inn/engruppen (Kl. 1)*

(5) Ist ‚Baumhaus' ein Wort, oder sind es zwei Wörter? Warum?

Die Frage nach dem Kompositum ‚Baumhaus' wurde von den Viertklässler/inne/n eindeutig (χ^2=20.000; df=1; p=.000) häufiger korrekt beantwortet als von den Erstklässler/inne/n (vgl. Tab. 4.24). Der Blick auf die Begründungen (Tab. 4.25, zur Klassifizierung vgl. auch Tab. 4.15) zeigt, dass für die häufig korrekten Antworten der älteren Schüler/inne/n unter anderem ihre schriftsprachlichen Kenntnisse verantwortlich waren:

(17) „Weil es zusammengeschrieben wird." (D1-CW4-04-W)

	1 Wort	2 Wörter
Kl. 1 gesamt	10 (25%)	30 (75%)
Kl. 4 gesamt	31 (77,5%)	9 (22,5%)

Tabelle 4.24: *Anzahl und prozentuale Anteile verschiedener Einstufungen von ‚Baumhaus', nach Klassenstufen*

	phon. / graph.	semant.	morpho-syntakt.	sonstige / keine Begr.
Kl. 1 gesamt	5 (12,5%)	6 (15%)		29 (72,5%)
Kl. 4 gesamt	15 (37,5%)	5 (12,5%)	7 (17,5%)	13 (42,5%)

Tabelle 4.25: *Anzahl und prozentuale Anteile verschiedener Begründungen für die Einstufung von ‚Baumhaus', nach Klassenstufen*

Bei der genaueren Betrachtung der Antworten der Kinder mit unterschiedlichen sprachlichen Hintergründen (vgl. Tab. 4.26) zeigten sich ähnliche Leistungen in Klasse 1 (Klassenstufe 1: χ^2=.553; df=1; p=.465), in der 4. Klasse waren jedoch die einsprachigen den mehrsprachigen Kindern signifikant (Klassenstufe 4: χ^2=4.800; df=1; p=.028) überlegen.

	1 Wort	2 Wörter
Kl. 1, DaM	6 (30%)	14 (70%)
Kl. 1, DaZ	4 (20%)	16 (80%)
Kl. 4, DaM	18 (90%)	2 (10%)
Kl. 4, DaZ	12 (60%)	8 (40%)

Tabelle 4.26: *Anzahl und prozentuale Anteile verschiedener Einstufungen von ‚Baumhaus', nach Proband/inn/engruppen*

Die Kinder mit Deutsch als L1 konnten auf beiden Klassenstufen ihre Entscheidungen auch häufiger auf der metasprachlichen Ebene begründen (vgl. Tab. 4.27).

	phon. / graph.	semant.	morpho-syntakt.	metasprachl. Begr. gesamt	sonstige / keine Begr.
Kl. 1, DaM	4 (20%)	3 (15%)		7 (35%)	13 (65%)
Kl. 1, DaZ		1 (5%)		1 (5%)	19 (95%)
Kl. 4, DaM	7 (35%)	4 (20%)	5 (25%)	16 (80%)	4 (20%)
Kl. 4, DaZ	7 (35%)	2 (10%)	3 (15%)	12 (60%)	8 (40%)

Tabelle 4.27: *Anzahl und prozentuale Anteile verschiedener Begründungen für die Einstufung von ‚Baumhaus', nach Proband/inn/engruppen*

Fragen zum Wortbegriff: Zusammenfassung der Ergebnisse

Die Fähigkeit der Kinder, mit dem Wortbegriff zu operieren, hing offenbar in starkem Maße vom Alter bzw. ihrer Verweildauer in der Schule ab: Bei allen vier Fraugen, die Kindern beider Altersgruppen gestellt wurden (1-3 und 5), schnitten entsprechend Hypothese I die älteren Schüler/innen deutlich besser ab. Jedoch fielen auch die Ergebnisse der Kinder der vierten Klassen nicht so gut aus, wie zu erwarten gewesen wäre: Jeweils mehr als 20% sprachen der Einheit ‚weil' den Wortstatus ab oder erkannten ‚Baumhaus' nicht als zusammengehörige Einheit.

Beim Vergleich der gleichaltrigen Kinder mit unterschiedlichen Sprachbiographien fiel ein Vorsprung der einsprachigen Kinder in den Fällen auf, in denen die explizite Artikulation analysierten sprachlichen Wissens gefordert war. Sie schafften es häufiger, den Begriff ‚Wort' metasprachlich zu definieren oder die lexikalische Bestimmung von ‚Baumhaus' auf metasprachlicher Ebene zu begründen. Dieser ‚Vorsprung' der einsprachigen Kinder hinsichtlich der Komponente *analysis* bestätigt Hypothese II. Bei Aufgabenstellungen, deren Bewältigung eher implizite metasprachliche Fähigkeiten erforderten, war hingegen kein signifikanter Unterschied zwischen ein- und mehrsprachigen Kindern festzustellen.

4.2.4 Lexikalische Segmentierung

Zur Entwicklung der Fähigkeit, Wörter als lexikalische Einheiten zu bestimmen und zu segmentieren, liegen bereits zahlreiche Untersuchungen vor – nicht jedoch in der hier vorliegenden Konstellation, d.h. mit Kindern mit frühem L2-Erwerb.

Die Fähigkeit zur lexikalischen Segmentierung ist auch deshalb ein relevanter Betrachtungsgegenstand, weil hier der Übergang zwischen implizitem und explizitem (bzw. nicht verbalisierbarem und verbalisierbarem) metasprachlichem Wissen (vgl. 2.4) durch einfache Maßnahmen, z.B. durch einen Wechsel zwischen verschiedenen Aufgabenformaten, sichtbar gemacht werden kann. Eine Aneinanderreihung syntagmatisch verbundener Wörter beispielsweise erhöht die Anforderungen an die Aufmerksamkeitskontrolle, während für die Segmentierung unverbundener Wortfolgen das analysierte sprachliche Wissen ausreicht.

Zur Methode

Im Anschluss an die Fragen (1) bis (4) (vgl. 4.2.3) wird die lexikalische Segmentierungsfähigkeit der Kinder ermittelt. Die Kinder werden gebeten, Wortfolgen bzw. Sätze mit steigender Komplexität nachzusprechen und begleitend zu jedem (nach eigener Entscheidung bestimmten) ‚Wort' einen Gegenstand (Holzklötzchen) auf den Tisch zu legen. Dieses Verfahren wird – mit anderer Zielsetzung – z.B. beim Würzburger Trainingsprogramm (vgl. Küspert/Schneider 2006[6]: 41) eingesetzt. Im Gegensatz zum reinen Abzählen oder zum Durchführen nonverbaler Handlungen ohne begleitendes Sprechen erweist es sich nicht nur als weniger fehleranfällig, weil ein etwaiges ‚Verzählen' sofort bemerkt wird, sondern erlaubt auch eine differenziertere Auswertung, weil sich genau erkennen lässt, welche Einheiten die Proband/inn/en (nicht) als Wort akzeptiert haben (vgl. u. a. Karmiloff-Smith et al. 1996, Bialystok 1987). Die Segmentierung der Kinder wird vom Testleiter notiert, zusätzlich werden die Äußerungen auch akustisch aufgezeichnet. Bei der Formulierung der Aufgabe wird darauf geachtet, die paraverbale Seite der Items (Sprechgeschwindigkeit, Akzent und Tonhöhenunterschied) konstant zu halten.

Der Schwierigkeitsgrad der Items wird von syntaktisch unverbundenen Wortfolgen (Typ A) über Sätze mit Einsilbern (B), mehrsilbigen Wörtern (C) und Komposita (D) gesteigert (vgl. Bialystok 1987):

(A) haben mit Bäume der
     runde im spielt dem schön
(B) Vor dem Haus steht ein Baum.
(C) Die Kinder sitzen gerade im Zimmer.
(D) Der Apfelsaft im Becher schmeckt zuckersüß.
     Im Baumhaus liegen steinharte Schneebälle.

Zur Bewältigung dieser Anforderung ist es nicht notwendig, dass die Kinder ihren Wortbegriff verbalisieren oder den Terminus definieren können. Es zeigte sich sogar in der Pilotierungsphase, dass recht viele Kindergarten- oder jüngere Grundschulkinder große Probleme bei der Beantwortung der o. g. Fragen zum Wortbegriff hatten, die Segmentierungsaufgabe jedoch wesentlich leichter bewältigen konnten.

Bei der Auswertung wird zunächst die Leistung jedes einzelnen Kindes präzise erfasst, d.h. für jedes Wort wird eine der folgenden, in der Pilotierung ermittelten Alternativen festgehalten:

(1) *Korrekt gezählt:* Das Wort wurde genannt und korrekt (durch Ablegen eines Holzklötzchens) gezählt.
(2) *Nicht gezählt:* Das Wort wurde genannt, aber nicht gezählt.
(3) *Vergessen:* Das Wort wurde nicht genannt (z.B. vergessen) und demzufolge auch nicht gezählt.
(4) *Gezählt, zusammen mit weiterem Funktionswort (Wort aus der ‚geschlossenen Klasse'):* Das Wort wurde genannt und korrekt gezählt, allerdings mit einem vorangestellten Funktionswort (Artikel, Präposition) zusammen gezählt.
(5) *Gezählt, zusammen mit weiterem Inhaltswort (Wort aus der ‚offenen Klasse'):* Das Wort wurde genannt und korrekt gezählt, allerdings mit einem Inhaltswort (Nomen, Verb, Adjektiv oder Adverb) zusammen gezählt.
(6) *Silbiert:* Das Wort wurde genannt, aber es wurden einzelne Silben gezählt.
(7) *Buchstabiert:* Das Wort wurde genannt, aber es wurden einzelne Buchstaben gezählt.
(8) *In Morpheme zerlegt:* Das Wort wurde genannt, aber es wurden einzelne lexikalische Morpheme gezählt.
(9) *Ganzer Satz als ein Wort gezählt:* Das Wort wurde genannt, jedoch wurde der ganze Satz als ein Wort gezählt.

Die genaue Auswertung wird nun an einigen Beispielen illustriert, wobei das X jeweils den (durch die akustische Aufnahme ermittelten) Zeitpunkt markiert, zu dem das Holzklötzchen abgelegt wird. Die auf das Wort folgende Ziffer gibt an, welche der o. g. Alternativen (1) bis (9) für das jeweilige Wort gewertet wurde.

```
     X      X    X              X
   runde (1) im (1) spielt (1)  – (3) schön (1)
```

```
                              X
   Vor (9) dem (9) Haus (9) steht (9) ein (9) Baum (9)
```

```
     X      X              X      X
Die (2) Kinder (4) sitzen (5) gerade (2) im (1) Zimmer (1)

  X      X X     X X      X X X    X    X X X  X X
Die (1) Kinder (6) sitzen (6) gerade (6) im (1) Z i mm e  r (7)

  X       X        X       X         X        X      X
Der (1) Apfelsaft (8) im (2) Becher (4) schmeckt (1) zuckersüß (8)
```

Nicht in allen Fällen konnten die verschiedenen Alternativen trennscharf unterschieden werden können. So ist etwa bei der Aufteilung des Kompositums ‚Baum-Haus' nicht klar erkennbar, ob das Kind sich an den Silben (6) oder an den lexikalischen Morphemen (8) orientiert hat. Hier wird aus der Lösung anderer Fälle, in denen Morphem- und Silbengrenzen nicht übereinstimmen (z.B. Schneebälle), auf die Strategie des Kindes geschlossen.

Für die Interpretation in Bezug zu den Hypothesen ist die Verknüpfung der verschiedenen Teilleistungen mit den Komponenten *analysis* und *control* von Bedeutung. Zunächst ist die Einteilung gesprochener Äußerungen in lexikalische Einheiten eine Leistung, der analysiertes sprachliches (z.B. schriftsprachliches) Wissen zugrunde liegt. Im Falle der syntaktisch und semantisch verbundenen Wortfolgen spielt allerdings auch die Kontrolle der sprachlichen Verarbeitung eine Rolle, da der semantische Gehalt ausgeblendet werden muss, um formal selbständige Einheiten identifizieren zu können. Insbesondere die Fähigkeit zur Segmentierung der weitgehend inhaltsleeren Funktionswörter wird daher der Komponente *control* zugeschrieben.

Für die korrekte Bestimmung der in den Beispielen vom Typ (D) enthaltenen Komposita reicht hingegen die Fähigkeit, sich auf die geforderte sprachliche Ebene zu konzentrieren, nicht aus: Hier ist die Komponente *analysis* stärker gefordert, auf deren Basis die Zusammenstellung als lexikalische (z.B. schriftsprachliche) Einheit identifiziert werden kann. Es liegen für diesen Aufgabentyp noch keine vergleichbaren Daten von Kindern mit frühem Zweitspracherwerb vor.

Ergebnisse

Segmentierung unverbundener Wortfolgen
Die Segmentierung von Wortfolgen ohne syntaktischen und semantischen Zusammenhang wird aufgrund theoretischer Überlegungen und vorliegender Forschungsergebnisse als verhältnismäßig einfach eingestuft. Auch die 6- bis 8-jährigen Kinder der ersten Klassen lösten diese Aufgabe erwartungsgemäß größtenteils souverän, wobei dennoch ein deutlicher Unterschied zu den Ergebnissen der Viertklässler/innen vorlag. Dieser war vor allem auf das häufigere Bestimmen der grammatikalischen Items (mit, der, im, dem) zurückzuführen ($\chi^2=5.495$; df=1; p=.019), bei den lexikalischen Items (haben, Bäume, runde, spielt, schön) waren die Ergebnisse

fast identisch. Die Ergebnisse legen es allerdings nicht nahe, die Leistungsunterschiede insbesondere zwischen den jüngeren und älteren Kindern in diesem Fall als Ausdruck ausgeprägter metasprachlicher Fähigkeiten zu interpretieren. Ein erheblicher Teil (48,65%) der hier nicht korrekt gezählten Items wurde auch nicht genannt, also von den Proband/inn/en vergessen – dies betraf erwartungsgemäß besonders häufig die weniger auffälligen Elemente aus der ‚geschlossenen Klasse'. Es leuchtet ein, dass den älteren Schüler/innen solche Flüchtigkeitsfehler seltener unterliefen – allerdings nicht aufgrund ihrer Fähigkeit zur Sprachbetrachtung, sondern eventuell aufgrund eines ausgeprägteren phonologischen Arbeitsgedächtnisses oder größerer Konzentrationsfähigkeit.

Bei vergleichbaren Aufgaben hatte Bialystok (vgl. 1987: 135) keine Vorteile mehrsprachiger Lerner/innen ermittelt. Auch in der hier vorliegenden Untersuchung war in keiner der oben durchgeführten Gegenüberstellungen ein signifikanter Unterschied zwischen Kindern mit Deutsch als Erst- und Zweitsprache erkennbar. Die Abbildung 4.8 verdeutlicht die ähnliche Anzahl der pro Proband/inn/en-Gruppe korrekt gezählten Items.

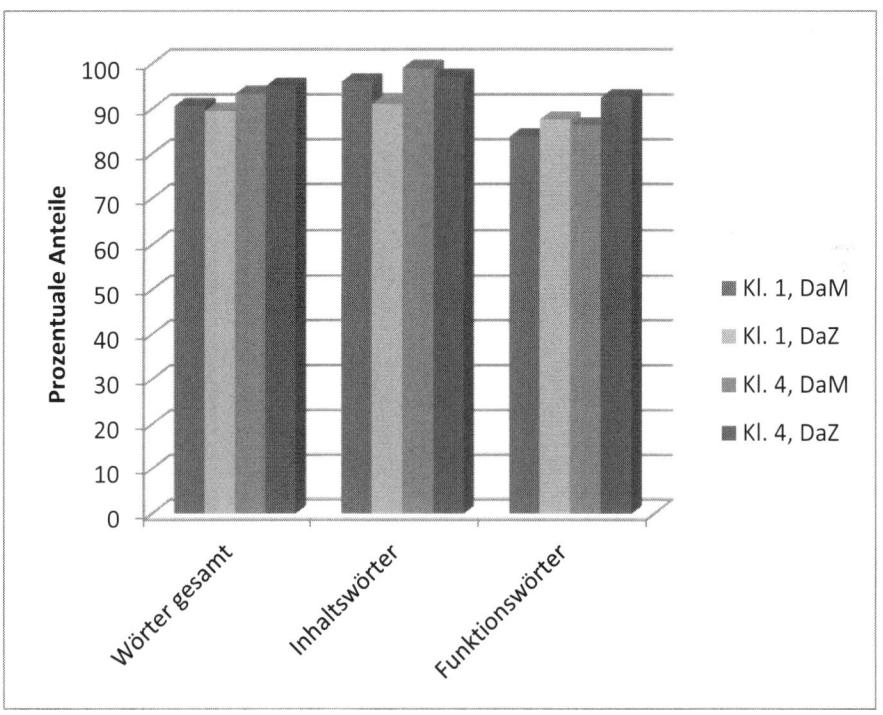

Abbildung 4.7: *Prozentuale Anteile der korrekt gezählten Wörter in unverbundenen Wortfolgen, nach Proband/inn/engruppen*

Segmentierung verbundener Wortfolgen

Bei der Segmentierung syntaktisch und semantisch verbundener Wortfolgen wird im Folgenden zwischen Verben, Nomen, Adjektiven und Adverbien einerseits (Inhaltswörter / Wörter der ‚offenen Klasse') und Pronomen, Determinierern, Präpositionen, Konjunktionen, Subjunktionen und Partikeln andererseits (Funktionswörter / Wörter der ‚geschlossenen Klasse') unterschieden, weil die aktuelle Forschung wesentliche Unterschiede hinsichtlich einer leichteren Identifizierung von Wörtern der offenen Klasse festgestellt hat (vgl. z.B. Karmiloff-Smith et al. 1996: 203f.). Die Komposita (Apfelsaft, Baumhaus, Schneebälle, zuckersüß, steinhart) gehören grundsätzlich zwar zur den Inhaltswörtern, werden aufgrund ihres höheren Schwierigkeitsgrads jedoch nicht hier, sondern in einem eigenen Abschnitt (s. u.) berücksichtigt.

Die Auswertung der Segmentierungsversuche (vgl. Abb. 4.8) erbrachte zunächst Vorteile der älteren Kinder, sowohl beim Überblick unter Berücksichtigung aller Wörter (Kl. 1: 674 von 920; Kl. 4: 801 von 920; χ^2=18.664; df=2; p=.000) als auch bei der Bestimmung der verschiedenen Wörterklassen.

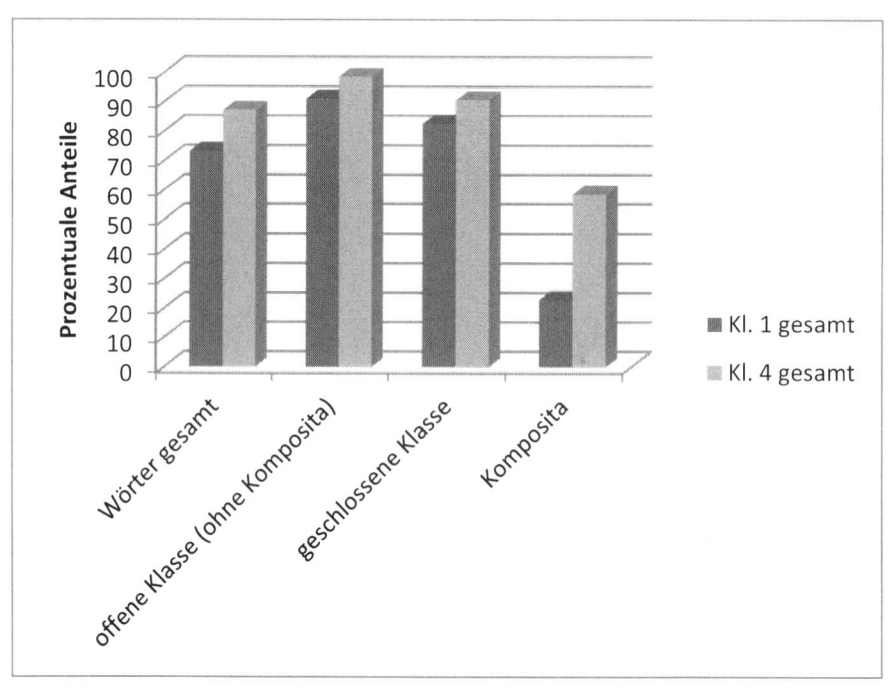

Abbildung 4.8: *Prozentuale Anteile der korrekt gezählten Wörter in zusammenhängenden Wortfolgen, nach Klassenstufen*

Bei der Untersuchung der Leistungen der Kinder mit verschiedenen Sprachbiographien ergaben sich bei der Bestimmung der Inhaltswörter (Nomen, Verben und Adverbien) erwartungsgemäß keine statistisch relevanten Unterschiede.

Genauer müssen die Leistungen der Kinder bei der Identifizierung der in den vorgegebenen Sätzen enthaltenen Artikel (dem, ein, die, der) und Präpositionen (teilweise mit Artikeln verschmolzen) (vor, 3x im) betrachtet werden. Abb. 4.8 zeigt hier bereits einen insgesamt überraschend geringen Unterschied zwischen den Erst- und Viertklässler/inne/n. Es folgt eine präzisere Analyse unter Berücksichtigung des sprachlichen Hintergrunds (DaM bzw. DaZ), zunächst auf die beiden Wortarten (Artikel und Präpositionen) bezogen (vgl. Abb. 4.9).

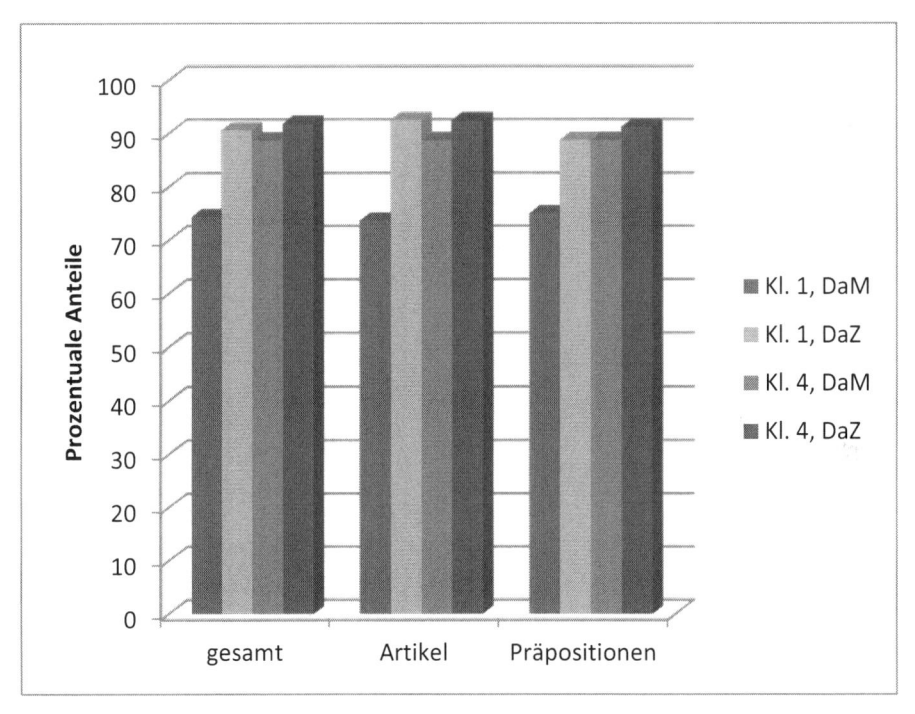

Abbildung 4.9: *Prozentuale Anteile der korrekt gezählten Wörter aus der geschlossenen Klasse in zusammenhängenden Wortfolgen, nach Proband/inn/engruppen*

Die mehrsprachigen Kinder der ersten Klassen schnitten in allen Bereichen geringfügig besser ab als ihre einsprachigen Klassenkamerad/inn/en. Bei den Kindern der vierten Klassen war der Unterschied zwischen ein- und mehrsprachigen Kindern, wie auch Tab. 4.28 zeigt, weniger ausgeprägt.

Nun werden die Ergebnisse für die acht in den folgenden Sätzen unterstrichenen Wörter der geschlossenen Klasse genauer beschrieben:

- <u>Vor</u> <u>dem</u> Haus steht <u>ein</u> Baum.
- <u>Die</u> Kinder sitzen gerade <u>im</u> Zimmer.
- <u>Der</u> Apfelsaft <u>im</u> Becher schmeckt zuckersüß.
- <u>Im</u> Baumhaus liegen steinharte Schneebälle.

	KG[23]	NG	V	G+FW	B	GS
Kl. 1, DaM	118 (73,75%)	34 (21,25%)		1 (0,63%)		7 (4,38%)
Kl. 1, DaZ	145 (90,63%)	9 (5,63%)	1 (0,63%)		5 (3,13%)	
Kl. 4, DaM	141 (88,13%)	17 (10,63%)		1 (0,63%)		
Kl. 4, DaZ	147 (91,88%)	12 (7,5%)	1 (0,63%)			

Tabelle 4.28: *Anzahl und prozentuale Anteile verschiedener Lösungen bei Wörtern der geschlossenen Klasse in zusammenhängenden Wortfolgen, nach Proband/inn/engruppen (n=160 je Gr.)*

Hier ist bei den Kindern der vierten Klassen kein Unterschied zwischen ein- und mehrsprachigen Proband/inn/en zu erkennen. Die mehrsprachigen Erstklässler/innen schneiden dagegen erkennbar besser ab als die monolingualen Gleichaltrigen. Diese Tendenz wiederholt sich bei allen acht Wörtern aus der ‚geschlossenen Klasse'. Teilweise sind die Unterschiede dabei geringfügig, teilweise auch statistisch signifikant (dem: χ^2=5.714; df=2; p=.057; ein: χ^2=5.714; df=2; p=.057).

Segmentierung von Komposita in zusammenhängenden Wortfolgen
Es werden nun die Gesamtergebnisse der älteren und der jüngeren Kinder bei der Bestimmung von zusammengesetzten Wörtern miteinander verglichen, wobei Nomen-Nomen-Komposita (N-N) und Nomen-Adjektiv-Komposita (N-A) getrennt betrachtet werden. Kritisch ist hierbei die sehr geringe Itemanzahl (3 bzw. 2 je Proband/in) zu erwähnen, die die Aussagekraft der Ergebnisse einschränkt. Es lassen sich aber durchaus Tendenzen beobachten, die dann mit den Ergebnissen anderer Untersuchungsteile in Beziehung gesetzt werden sollen.

Abb. 4.10 zeigt deutlich den höheren Schwierigkeitsgrad der N-A-Komposita, bei denen auf die Gesamtstichprobe bezogen nur 24 von 160 Fällen (15%) korrekt bearbeitet wurden. Bei den N-N-Komposita gelang dies immerhin in 139 von 240

---

[23] KG: korrekt gezählt
NG: genannt, aber nicht gezählt
V: nicht gezählt, vergessen
G+FW: gezählt, zusammen mit weiterem Funktionswort
B: buchstabiert
GS: ganzer Satz als ein Wort gezählt

Fällen (86,88%). Es zeigt sich aber auch bei beiden Typen ein klarer Vorsprung der älteren Kinder, der statistisch signifikant ist (N-N-Komposita: χ^2=27.099; df=3; p=.000; N-A-Komposita: χ^2=7.168; df=1; p=.007).

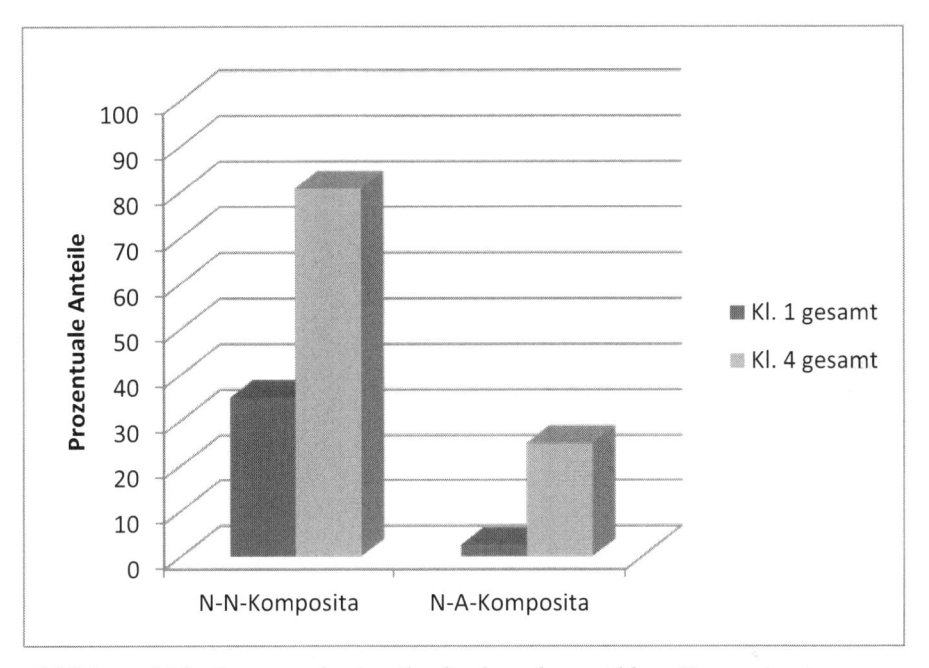

Abbildung 4.10: *Prozentuale Anteile der korrekt gezählten Komposita in zusammenhängenden Wortfolgen, nach Proband/inn/engruppen*

In Tabelle 4.29 wird die Beurteilung der Nomen-Komposita unter Berücksichtigung von Klassenstufe und sprachlichem Hintergrund betrachtet. Ob Kinder, die das Item ‚Baumhaus' in zwei Elemente aufteilten, dabei eine silbierende oder morphemisolierende Strategie verfolgten, war angesichts der identischen Morphem- und Silbengrenzen nicht unmittelbar zu erkennen. Es wurde daher aus der Lösung anderer Items (z.B. Schnee-bälle vs. Schnee-bäl-le) auf den Hintergrund der Lösung ‚Baum-haus' geschlossen. Die Lösung wurde nur dann als Einteilung in Silben gewertet, wenn auch die Bearbeitung der anderen Komposita im selben Satz diese Entscheidung nahelegte.

Die zusammengesetzten Adjektive wurden noch erheblich seltener als Einheiten erkannt (vgl. Tab. 4.30), was insofern erstaunlich ist, als es sich bei diesem Phänomen um einen häufigen Inhalt des Grammatikunterrichts in der Grundschule handelt.

	KG[24]	G+FW	S	B	M	GS
Kl. 1, DaM	23 (38,3%)	8 (13,3%)	8 (13,3%)		20 (33,3%)	1 (1,7%)
Kl. 1, DaZ	19 (31,7%)	3 (5%)	10 (16,7%)	3 (5%)	25 (41,7%)	
Kl. 4, DaM	52 (86,7%)	1 (1,7%)			7 (11,7%)	
Kl. 4, DaZ	45 (75%)	2 (3,3%)	1 (1,7%)		12 (20%)	

Tabelle 4.29: *Anzahl und prozentuale Anteile verschiedener Lösungen bei N-N-Komposita in zusammenhängenden Wortfolgen, nach Proband/inn/engruppen (n=60 je Gr.)*

	KG[25]	V	G+IW	S	B	M	GS
Kl. 1, DaM	3 (7,5%)		2 (5%)	3 (7,5%)		31 (77,5%)	1 (2,5%)
Kl. 1, DaZ	1 (2,5%)	1 (2,5%)		3 (7,5%)	3 (7,5%)	32 (80%)	
Kl. 4, DaM	10 (25%)					30 (75%)	
Kl. 4, DaZ	10 (25%)			1 (2,5%)		29 (72,5%)	

Tabelle 4.30: *Anzahl und prozentuale Anteile verschiedener Lösungen bei N-A-Komposita in zusammenhängenden Wortfolgen, nach Proband/inn/engruppen (n=40 je Gr.)*

---

[24] KG: korrekt gezählt
 G+FW: gezählt, zusammen mit Funktionswort
 S: silbiert
 B: buchstabiert
 M: in Morpheme zerlegt
 GS: ganzer Satz als 1 Wort gezählt

[25] KG: korrekt gezählt
 V: nicht gezählt, vergessen
 G+IW: gezählt, zusammen mit weiterem Inhaltswort
 S: silbiert
 B: buchstabiert
 M: in Morpheme zerlegt
 GS: ganzer Satz als 1 Wort gezählt
 Die Optionen ‚genannt, aber nicht gezählt' und ‚gezählt, zusammen mit Funktionswort' (vgl. 5.2.2) kamen bei diesen Items nicht vor.

Statistisch signifikante Unterschiede zwischen gleichaltrigen Kindern mit Deutsch als L1 bzw. L2 gab es bei der Beurteilung der Komposita nicht, obwohl die einsprachigen Kinder, wie die Tabellen 4.29 und 4.30 zeigten, in der Mehrzahl der Fälle etwas häufiger korrekte Lösungen erbrachten.

Lexikalische Segmentierung: Zusammenfassung der Ergebnisse

Die Segmentierung unverbundener Wortfolgen gelang den mehrsprachigen Kindern ebenso gut wie den gleichaltrigen Einsprachigen, auch schnitten die Viertklässler/innen hier nur geringfügig besser ab als die jüngeren Kinder.

Bei der Bestimmung von Wörtern der ‚geschlossenen Klasse' innerhalb von syntaktisch und semantisch verbundenen Wortfolgen, die zusätzlich die Komponente *control* beansprucht, zeigten sich dagegen entsprechend Hypothese III Vorteile der mehrsprachigen Kinder – allerdings nur in der Gruppe der Erstklässler/innen, was Hypothese IV bestätigt. Die monolingualen Viertklässler/innen identifizierten Artikel und Präpositionen in den gegebenen Aufgabenstellungen ebenso sicher wie die mehrsprachigen Kinder derselben Altersgruppe.

Das Erkennen von Komposita erwies sich als schwierigster Aspekt der Segmentierungen: Auch die Kinder der vierten Klasse bewältigten diese Aufgabe nur teilweise zuverlässig (80,83% bei Nomen-Nomen-Komposita, 25% bei Nomen-Adjektiv-Komposita). Deutliche Unterschiede zwischen ein- und mehrsprachigen Lerner/inne/n zeigten sich hier nicht.

4.2.5 Bildung formaler Definitionen

Die Fähigkeit, formale Definitionen beispielsweise im ‚aristotelischen Format' (‚Ein X ist ein Y, das Z') zu produzieren, erfordert die Fähigkeit zu dekontextualisiertem Sprachgebrauch und wird von verschiedenen Autor/inn/en als Ausdrucksform metasprachlicher Fähigkeiten angesehen (vgl. 2.2.4). In der Terminologie von Bialystok werden dabei sowohl *analysis* (insbesondere das Wissen um Wortbedeutungen) als auch *control* (insbesondere das Erfassen der Situation und die Fähigkeit zu dekontextualisierter und deautomatisierter Sprachverwendung) beansprucht. Dennoch wurden in der Untersuchung von Snow et al. (1991: 100) keine Vorteile mehrsprachiger Lerner/innen ermittelt, obwohl die Bedingungen dies erwarten ließen (vgl. 3.1.3).

Gleichzeitig gibt es Indizien für eine Abhängigkeit der Definitionskompetenz von schulischer Förderung und allgemeiner Literacy-Entwicklung (vgl. Snow et al. 1991: 109f.) – Bereiche, in denen mehrsprachige Kinder offenkundig zumindest keine Vorteile gegenüber einsprachigen Gleichaltrigen aufweisen (vgl. 1.6). Die Aufgabe wurde in die Studie aufgenommen, um die Ergebnisse anschließend mit denen aus anderen Bereichen vergleichen zu können, bei denen aufgrund theoretischer Vorüberlegungen und der unter 3.1 referierten Untersuchungen positive Auswirkungen der Mehrsprachigkeit angenommen werden.

Zur Methode

Die Wörter, die von den Proband/inn/en definiert werden sollten, lassen sich drei verschiedenen Gruppen zuordnen:
Nomen 1: Drei konkrete Nomen (Lehrer, Vogel, Baum) lassen sich leicht einer Klasse zuweisen und verfügen über ein Hyperonym (Mensch / Mann / Frau, Tier, Pflanze), das, wie die Erfahrungen in der Pilotierungsphase zeigten, von Erwachsenen übereinstimmend erkannt und für die Bildung einer formalen Definition genutzt wird. Bei der Untersuchung soll sich zeigen, inwiefern auch die Kinder der ersten bzw. vierten Klasse mit DaM bzw. DaZ dazu in der Lage sind.
Nomen 2: Die folgenden drei Wörter (Bleistift, Schwamm, Würfel) gehören ebenfalls zur Klasse der konkreten Nomen und sind der schulischen Lebenswelt der Kinder entnommen. Allerdings ist es bei diesen erheblich schwieriger, ein geeignetes Hyperonym zu finden und auf dieser Basis eine Definition im aristotelischen Format zu produzieren. Erwachsene Sprecher/innen greifen hierbei häufig zu deiktischen Ausdrücken („etwas, womit...") und vermeiden es, das Definiendum bzw. Teile desselben (z.B. „Stift") in der Definition zu verwenden.
Verben: Des Weiteren wurden zwei Verben (stolpern, erraten) aufgenommen, deren Bedeutungsentwicklung bereits von Szagun (1996^6: 150ff.) untersucht wurde. Auch bei diesen fällt es vielen Erwachsenen schwer, Oberbegriffe zu finden und einzusetzen; allerdings enthalten die Begriffe ein klares spezifizierendes Merkmal, dessen Berücksichtigung bei der Auswertung überprüft werden kann.
Nomen 3: Abschließend wird nach der Bedeutung zweier abstrakter Nomen (Mitleid, Mut) gefragt, zu deren Bedeutungsentwicklung ebenfalls bereits Erkenntnisse vorliegen. Szagun konnte zeigen, dass derartige Begriffe über psychische Zustände von jüngeren Kindern häufig anders als von Erwachsenen verstanden werden. Typisch ist unter anderem, dass „inneres Erleben und äußere Handlung als korrespondierend" (Szagun 1996^6: 154) begriffen werden, dass also Mut zunächst vor allem mit der Durchführung einer körperlich riskanten Handlung assoziiert wird und das wissentliche Eingehen eines subjektiven Risikos erst bei älteren Kindern eine wesentliche Rolle spielt. Interessant ist bei der Auswertung vor allem der Aufbau der Definitionsversuche.

In diesem letzten Teil der Untersuchung fragte der Versuchsleiter nach jedem Begriff mit der Formulierung: „Was bedeutet X?", anschließend hatten die Kinder die Möglichkeit, sich zu äußern. Die Antworten der Kinder wurden akustisch gespeichert und anschließend transkribiert. Wenn sie sich nicht äußerten oder angaben, den Begriff nicht zu kennen, wurde die Aufgabe mit dem nächsten Item fortgesetzt. Die Vorgabe eines Beispiels hätte die Kinder in eine bestimmte Richtung gelenkt, deshalb wurde hier – anders als z.B. bei der Segmentierungsaufgabe – keines präsentiert. Auch auf eine Rückmeldung zu den Definitionen der Kinder wurde verzichtet (vgl. Benelli et al. 2006: 78).

Es ist offensichtlich, dass Auswirkungen der verschiedenen Items aufeinander nicht auszuschließen sind: So können etwa die drei Nomen mit eindeutig erkennbarem Hyperonym, die zu Beginn erfragt werden, dazu führen, dass Proband/inn/en auch bei den folgenden Nomen nach Oberbegriffen suchen. Um die Leistungen der verschiedenen Kinder vergleichbar zu halten, wurde die Reihenfolge der Impulse deshalb nicht variiert.

Wesentlich für die Auswertung ist in allen Fällen der Aufbau der kindlichen Definitionsversuche. Ebenso wie bei den zitierten Untersuchungen von Benelli bzw. Snow soll nicht die Entwicklung der Definitionskompetenz im philosophischen Sinne dargestellt werden. Vielmehr wird der Fragestellung nachgegangen, wie stark Kinder sich in ihren Definitionsversuchen an das aristotelische Format anlehnen, was aus den oben dargestellten Gründen als Indiz für metasemantische Kompetenz angesehen wird. Relevant für die Auswertung ist demzufolge nicht in erster Linie die semantische Korrektheit der kindlichen Bedeutungsbestimmungen, sondern ihre Struktur.

Die Erstellung eines objektiv handhabbaren Klassifizierungssystems, das die formale Qualität kindlicher Definitionen bestimmen lässt, erwies sich als äußerst schwierig. An der Vorlage von Benelli et al. (2006: 79ff.) ist die Verquickung unterschiedlicher Ebenen (sprachliche Korrektheit, syntaktische Struktur, semantische Angemessenheit), die die genaue Zuordnung konkreter Beispiele sehr erschwert, zu kritisieren. Die Skala von Snow et al. (1991: 94f.) dagegen versucht, zwischen diesen Dimensionen konsequent zu unterscheiden, eignet sich jedoch nur für die präzise Kategorisierung bereits als formal klassifizierter Definitionen, was einen Großteil der von den Proband/inn/en produzierten Versuche von vornherein ausschließt. Aus diesem Grund habe ich aus Elementen der beiden Vorlagen eine eigene Skala entwickelt, die wohlgemerkt ausschließlich die formale Qualität der Definitionen, also die Art der verwendeten Elemente und ihrer Verbindung, zu beurteilen versucht.

Stufe	Varianten	Beispiele
1: NON-DEFINITIONAL **Formale Qualität:** Keine Definition, Stimulus nicht bekannt, Stimulus wird wiederholt.		Baum > „Baum" Mitleid > „Weiß ich nicht." Würfel > „Würfel eben."
2: PRE-DEFINITIONAL **Formale Qualität:** Ein einzelnes, mit dem Stimulus assoziiertes Wort wird genannt	2A: Phonologische Assoziation 2B: Semantische Assoziation	Baum > „Traum" Schwamm > „nass" stolpern > „Also . hinfallen"

3: QUASI-DEFINITIONAL **Formale Qualität:** Mehrere Wörter, morphosyntaktisch verknüpft, allerdings syntaktisch unvollständig / nicht zum Impuls passend / syntaktisch eingebetteter Stimulus wird wiederholt		Baum > „Wachsen Blätter." Vogel > „Dass so Vogel fliegt." Bleistift > „Dass man schreiben kann im Unterricht." stolpern > „Dass jemand stolpert."
4: PARTIALLY DEFINITIONAL **Formale Qualität:** Sprachlich angemessene Strukturen, die allerdings nicht völlig dem aristotelischen Format entsprechen	4A: Definiendum wird mit Handlung / Vorgang / Zustand verknüpft; Hyperonym fehlt 4B: Hyperonym wird genannt, spezifizierende Merkmale fehlen 4C: Nicht-informative aristotelische Struktur, z.B. unter Verwendung des Stimulus / unter Einbeziehung des situativen Kontextes 4D: Enthält die Elemente X, Y und Z, weist aber strukturelle Defizite auf	Bleistift > „Damit kann man schreiben." Mut > „Wenn man keine Angst hat." Baum > „Das ist eine Pflanze." stolpern > „Man fällt hin." Würfel > „Das ist ein quadratischer . Würfel und da sind Punkte drauf." Bleistift > „So ähnlich wie das da." Vogel > „Das ist ein Tier . fliegendes."
5: DEFINITIONAL **Formale Qualität:** syntaktisch und inhaltlich vollständig, enthält Kategorie und Spezifikum ohne Wiederholung des Stimulus	5A: Deiktischer Platzhalter als Kategorie 5B: Hyperonym als Kategorie 5C: Verwendung von abstrakten, theoretisch verwandten Bezeichnungen 5D: Umschreibung, Verwendung von inhaltlich verwandten Bezeichnungen / keine aristotelische Struktur, enthält dennoch allgemeine und spezifizierende Bedeutungsmerkmale	stolpern > „Das ist so was, wenn man mit dem Fuß wo drauftretet." Vogel > „Vogel ist ein Säugetier, das fliegt." Mitleid > „Das ist ein Gefühl, wenn einem anderen was passiert ist und man ist traurig." erraten > „Wenn du die Antwort nicht weißt und trotzdem richtig sagst, dann hast du's erraten." stolpern – „Das ist, wenn man hinfällt, weil man was nicht gesehen hat."

Tabelle 4.31: *Klassifikationsschema für die Einstufung der Definitionsversuche*

Einige Erläuterungen sollen die Vorgehensweise bei der Auswertung nachvollziehbar machen:

- Die hohe Gesamtzahl der als ‚Non-Definitional' (Stufe 1) eingestuften Antworten (vgl. Tab. 4.32) ist vor allem auf das Item ‚Mitleid' zurückzuführen, dessen Bedeutung offensichtlich vielen Proband/inn/en nicht klar war.[26] Das Fehlen bzw. die Verweigerung einer Definition kann grundsätzlich unterschiedlichste Ursachen haben, die jedenfalls nicht mit den hier festzustellenden metasprachlichen Fähigkeiten zusammenhängen. Deshalb wurden alle als Stufe 1 klassifizierten Äußerungen im Folgenden bei der Auswertung nicht berücksichtigt, das heißt, sie werden weder in den Tabellen aufgeführt (mit Ausnahme von Tab. 4.32, wo es um den Charakter der Definitionsversuche bei den verschiedenen Itemtypen geht) noch bei der Berechnung der prozentualen Anteile einbezogen.
- Bei umfangreichen Definitionsversuchen einzelner Kinder, die Merkmale unterschiedlicher Stufen enthalten, wurde jeweils der höchste Wert angegeben und für die Auswertung berücksichtigt.
- Eine als Pre-Definitional (Stufe 2) klassifizierte Äußerung kann auch mehrere Wörter umfassen, wenn sie so genannte Gliederungssignale (z.B. Eröffnungssignale: Also,...) umfasst.
- Bei der Unterscheidung zwischen Stufe 3 und Stufe 4 mussten teilweise auch syntaktisch ähnliche Konstruktionen unterschiedlich beurteilt werden, weil sie in unterschiedlicher Weise an die Fragestellung angepasst waren:
Was bedeutet ‚stolpern'? > *„Dass man hinfällt."* (Stufe 4)
Was bedeutet ‚Lehrer'? > *„Dass man die Kinder unterrichtet."* (Stufe 3)
- Bei der Variante 4C wurde auch die Verwendung der morphologisch verwandten Wörter ‚würfeln' (zu Würfel), ‚raten' (zu erraten) und ‚mutig' (zu Mut) als eine die Aussagekraft der Definition schmälernde Verwendung des Stimulus gewertet (z.B. in: Würfel > *„Mit dem kann man würfeln."*). Das Wort ‚Stift' als Bestandteil der Definition von ‚Bleistift' wurde dagegen als angemessenes Hyperonym beurteilt (5B), weil es noch ausreichende Möglichkeit bzw. Notwendigkeit zur Präzisierung bietet.
- Da es sich um eine mündliche, direkte Kommunikationssituation handelte, an die nicht Maßstäbe der Schriftlichkeit angelegt werden dürfen, wurde bei teilweise oder vollständig formalen Definitionen (Stufe 4 und 5) Topic-Dropping akzeptiert, das heißt, das Element X (das Definiendum) musste nicht in der Definition selbst enthalten sein.

---

[26] 25 von 40 Erstklässler/inne/n gaben auf den Impuls ‚Mitleid' eine als ‚Non-Definitional' eingestufte Antwort. Bei den Viertklässler/innen war dies bei 10 von 40 Kindern der Fall. Insgesamt wurden bei den Erstklässler/inne/n 51, bei den Viertklässler/inne/n 14 Definitionsversuche auf Stufe 1 verortet.

Die transkribierten Definitionen wurden vom Versuchsleiter und einer weiteren Person unabhängig voneinander einer der fünf Stufen (bei 2, 4 und 5 auch einer konkreten Variante) zugeordnet.

Zu berücksichtigen ist, dass die dargestellte Beurteilungsskala den kindlichen Definitionsversuchen in inhaltlicher Hinsicht möglicherweise nicht gerecht wird, da sie einen an der Schriftsprache und an zerdehnten Kommunikationssituationen orientierten Sprachgebrauch voraussetzt, der in der konkreten Situation faktisch gar nicht erforderlich ist. Die Antwort „*Das da!*" (samt einer Zeigegeste) auf die Frage „Was bedeutet Schwamm?" kann durchaus als situativ angemessen und korrekt bewertet werden, würde in der oben erläuterten Skala aber nicht die Stufe einer formalen Definition erreichen.

Ermittelt wird also nicht die Definitionskompetenz im philosophischen Sinne, schon gar nicht das Wissen der Kinder um Bedeutungen oder der Wortschatz an sich. Ermittelt werden soll, wie stark sich Kinder bei ihren Definitionsversuchen schon dem von Erwachsenen bevorzugten aristotelischen Modell annähern, was einen deautomatisierten und dekontextualisierten Sprachgebrauch voraussetzt und deshalb als Indiz für metasemantische Fähigkeiten angesehen wird (vgl. 2.2.4).

Ergebnisse

Bei der Auswertung war deutlich der unterschiedliche Schwierigkeitsgrad der verschiedenen Itemtypen zu erkennen (vgl. Tab. 4.32): Bei den konkreten Nomen Lehrer, Vogel und Baum (Nomen 1) gelang es den Kindern am häufigsten, Definitionen zu produzieren, die gemäß 4.2.5 als formal eingestuft werden können.

	Stufe 1	Stufe 2	Stufe 3	Stufe 4	Stufe 5
Nomen 1[27]	7,5%	2,08%	13,75%	50,83%	25,83%
Nomen 2	2,5%	4,58%	18,33%	57,5%	17,08%
Verben	1,88%	1,88%	10.63%	76,88%	8,75%
Nomen 3	23,75%	0,63%	4,38%	61,88%	9,38%

Tabelle 4.32: *Prozentuale Anteile von Definitionsversuchen unterschiedlicher Qualität (vgl. Tab. 4.31) bei den verschiedenen Itemtypen, alle Proband/inn/en*

Ein erstes Indiz für die Aussagekraft der oben dargestellten und begründeten Auswertungsskala (Tabelle 4.31) ist die Überlegenheit der älteren Schüler/innen bei allen präsentierten Items – in allen 10 Fällen formulierten die Viertklässler/innen

---

[27] Nomen1: Konkrete Nomen mit klarem Hyperonym (Lehrer, Vogel, Baum)
Nomen 2: Konkrete Nomen ohne klares Hyperonym (Bleistift, Schwamm, Würfel)
Verben: stolpern, erraten
Nomen 3: Abstrakte Nomen (Mitleid, Mut)

mehr als formal beurteilte Definitionen (Stufe 5) und weniger Versuche, die als Non-, Pre- oder Quasi-Definitional klassifiziert wurden (Stufe 1-3).

Die klassenstufenbezogene Gegenüberstellung und statistische Auswertung aller Antworttypen der einzelnen Items ergab für 8 der 10 Beispiele einen signifikanten Unterschied zwischen älteren und jüngeren Kindern (Lehrer: χ^2=17.942; df=4; p=.001; Vogel: χ^2=19.231; df=4; p=.001; Baum: χ^2=20.180; df=4; p=.000; Bleistift: χ^2=20.021; df=4; p=.017; Würfel: χ^2=10.334; df=4; p=.035; stolpern: χ^2=12.219; df=4; p=.016; Mitleid: χ^2=13.144; df=3; p=.004; Mut: χ^2=15.015; df=4; p=.015). Bei ‚Schwamm' (χ^2=6.306; df=4; p=.177) und ‚erraten' (χ^2=5.067; df=3; p=.167) waren die unterschiedlichen Fähigkeiten ebenfalls erkennbar, die Differenz allerdings statistisch nicht signifikant.

Nomen – Typ 1 (Lehrer, Vogel, Baum)
Die Qualität der Definitionen unterschied sich bezogen auf die beiden Klassenstufen bei diesen drei Items deutlich (vgl. Tab. 4.33). Kein Unterschied war jedoch hinsichtlich der Zahl der formalen Definitionen zwischen Kindern mit Deutsch als L1 bzw. L2 erkennbar.

	Stufe 2	Stufe 3	Stufe 4	Stufe 5
Kl. 1, DaM		10 (20,8%)	31 (64,6%)	7 (14,6%)
Kl. 1, DaZ	4 (7,0%)	20 (35,1%)	26 (45,6%)	7 (12,3%)
Kl. 4, DaM	1 (1,7%)	3 (5,2%)	28 (48,3%)	26 (44,8%)
Kl. 4, DaZ			37 (62,7%)	22 (38,3%)

Tabelle 4.33: *Anzahl und prozentuale Anteile der Definitionsversuche für ‚Lehrer' / ‚Vogel' / ‚Baum', nach Proband/inn/engruppen*

Der einzig auffällige Punkt ist die Zahl der als quasi-definitional (Stufe 3) bzw. partially definitional (Stufe 4) klassifizierten Definitionen beim Beispielwort ‚Lehrer'. Die Erstklässler/innen mit Deutsch als Zweitsprache schafften es hier erheblich seltener, eine syntaktisch korrekte Erklärung zu formulieren, die in formaler Hinsicht auch zum Impuls passte. Stattdessen produzierten sie viele syntaktisch nicht optimal an den Impuls anschließende Definitionen, die als quasi-definitional eingestuft wurden. (Lehrer > „Dass man die Kinder unterrichtet.") Sie waren möglicherweise weniger schnell in der Lage, sich auf die neue Aufgabenstellung einzustellen – dafür spräche, dass bei den folgenden Items diese Tendenz nicht mehr anzutreffen war. Als Indiz für weniger ausgeprägte metasprachliche Fähigkeiten ist diese Beobachtung daher eher nicht zu werten.

In den übrigen Fällen (Vogel, Baum sowie Lehrer bei Kl. 4) erzielten die einsprachigen Schüler/innen nur geringfügig bessere Ergebnisse.

Nomen – Typ 2 (Bleistift, Schwamm, Würfel)
Bei diesen drei Beispielwörtern wurden insgesamt etwas weniger formale Definitionen (Stufe 5) produziert (vgl. Tab. 4.34, s. auch Tab. 4.32). Es war jedoch in keinem einzigen Fall ein klarer Unterschied zwischen ein- und mehrsprachigen Proband/inn/en festzustellen, so dass davon ausgegangen werden kann, dass der sprachliche Hintergrund sich nicht direkt auf die Fähigkeit zur Definition konkreter Nomen auswirkt.

	Stufe 2	Stufe 3	Stufe 4	Stufe 5
Kl. 1, DaM	1 (1,8%)	15 (26,8%)	35 (62,5%)	5 (8,9%)
Kl. 1, DaZ	6 (10,2%)	16 (27,1%)	34 (57,6%)	3 (5,1%)
Kl. 4, DaM	4 (6,8%)	4 (6,8%)	32 (54,2%)	19 (32,2%)
Kl. 4, DaZ		9 (15,0%)	37 (61,7%)	14 (23,3%)

Tabelle 4.34: *Anzahl und prozentuale Anteile der Definitionsversuche für ‚Bleistift' / ‚Schwamm' / ‚Würfel', nach Proband/inn/engruppen*

Verben (stolpern, erraten)
Die älteren Kinder schafften es insbesondere beim Item ‚stolpern' wesentlich häufiger, formale Definitionen zu produzieren (χ^2=5.000; df=1; p=.025). Die Unterschiede zwischen ein- und mehrsprachigen Kindern derselben Klassenstufe waren hingegen geringfügig (vgl. Tab. 4.35).

	Stufe 2	Stufe 3	Stufe 4	Stufe 5
Kl. 1, DaM	1 (2,6%)	1 (2,6%)	35 (92,1%)	1 (2,6%)
Kl. 1, DaZ	2 (5,1%)	11 (28,2%)	25 (64,1%)	1 (2,6%)
Kl. 4, DaM		2 (5,0%)	30 (75,0%)	8 (20,0%)
Kl. 4, DaZ		3 (7,5%)	33 (82,5%)	4 (10,0%)

Tabelle 4.35: *Anzahl und prozentuale Anteile der Definitionsversuche für ‚stolpern' / ‚erraten', nach Proband/inn/engruppen*

Ein deutlicher Unterschied (χ^2=7.806; df=3; p=.050) war lediglich beim Item ‚erraten' zwischen den jüngeren Kindern mit Deutsch als L1 bzw. L2 festzustellen. Unter Berücksichtigung der konkreten Definitionsversuche muss dies allerdings nicht auf die metasprachlichen, sondern auf die sprachlichen Fähigkeiten der Proband/inn/en zurückgeführt werden: Einige Erstklässler/innen mit Deutsch als Zweitsprache kannten die genaue Bedeutung von ‚erraten' nicht bzw. verwechselten das Beispielwort mit ‚verraten' (vgl. 18, 19), was nicht grundsätzlich als Fehler bewertet wurde, gleichwohl die Bildung einer angemessenen Definition offenbar erschwerte.

(18) „Wenn man was geheim hat, darf man nicht verraten." D2-CW1-05-M
(19) „Ob er des sagt." D2-KA1-10-M

Nomen – Typ 3 (Mitleid, Mut)
Die Aussagekraft der Definitionsversuche zum Impuls ‚Mitleid' ist, schon dadurch eingeschränkt, dass über die Hälfte der Erstklässler/innen überhaupt keine Begriffsbestimmung formulierten. Beim ebenfalls abstrakten Nomen ‚Mut' dagegen waren es dagegen insgesamt nur drei Kinder, die keine Definition äußerten.

	2	3	4	5
Kl. 1, DaM		2 (6,9%)	26 (89,7%)	1 (3,4%)
Kl. 1, DaZ	1 (4,3%)	3 (13,0%)	19 (82,6%)	
Kl. 4, DaM			25 (65,8%)	13 (34,2%)
Kl. 4, DaZ		2 (6,3%)	29 (90,6%)	1 (3,1%)

Tabelle 4.36: *Anzahl und prozentuale Anteile der Definitionsversuche für ‚Mitleid' / ‚Mut', nach Proband/inn/engruppen*

Schon ein erster Blick auf Tabelle 4.36 zeigt, dass es bei diesen abstrakten Nomen den monolingualen Viertklässler/inne/n am häufigsten gelang, formale Definitionen zu produzieren. Es liegt bei beiden Beispielwörtern ein signifikanter Unterschied zwischen den ein- und mehrsprachigen älteren Kindern vor (Definition Mitleid: χ^2=4.329; df=1; p=.037; Definition Mut: χ^2=8.485; df=1; p=.004). Es handelt sich somit bei diesem Itemtyp um eine Ausnahme: Bei allen anderen Gruppen waren die Leistungen der ein- und mehrsprachigen Kinder derselben Klassenstufe ähnlich. Möglicherweise sind die Wortkonzepte der Zweitsprachlerner/innen gerade im Bereich der Abstrakta noch nicht ausreichend ausgebildet, um die von Szagun ermittelten Bedeutungsaspekte (vgl. 4.2.5) identifizieren und in sprachlich angemessener Form artikulieren zu können.

Bildung formaler Definitionen: Zusammenfassung der Ergebnisse

Die Fähigkeit, Wortbedeutungen formal und damit dekontextualisiert zu definieren, entwickelt sich im Grundschulalter, wie die deutlichen Unterschiede zwischen älteren und jüngeren Kindern bei allen Items zeigen (vgl. Hypothese I). Statistisch signifikante Unterschiede zwischen Kindern mit Deutsch als L1 bzw. L2 gab es dagegen nur bei einem Itemtyp, nämlich bei den schon vorab als besonders anspruchsvoll eingeschätzten abstrakten Nomen ‚Mitleid' und ‚Mut'. Hier schafften es die monolingualen Viertklässler/innen häufiger, formale Definitionen zu produzieren und die Wörter damit situationsentbunden und unter Berücksichtigung verschiedener Bedeutungsaspekte zu definieren. Zwischen den ein- und mehrsprachigen Erstklässler/inne/n war bei diesen Items dagegen kein deutlicher Unterschied zu erkennen.

Dieser Teil der Untersuchung unterscheidet sich damit von anderen, in denen je nach fokussierter Ebene (*analysis* bzw. *control*) L1- bzw. L2-Lerner/innen teils deutliche Vorteile aufwiesen. Hierdurch wird die auf der Forschungsliteratur basierende Vorannahme bestätigt, dass die Bildung formaler Definitionen sich nicht schwerpunktmäßig auf *eine* der beiden Komponenten zurückführen lässt.

4.2.6 Einflüsse von Alter und Geschlecht der Proband/inn/en auf die Ergebnisse

Die in die Untersuchung einbezogenen Kinder besuchten zwar jeweils eine der ausgewählten Klassenstufen, das absolute Alter unterschied sich jedoch teils deutlich (vgl. 4.1.1). Deshalb wurde überprüft, ob und inwiefern die Leistungen älterer und jüngerer Erst- bzw. Viertklässler/innen sich unterschieden, da dies eventuell (z.B. bei einer unterschiedlichen Altersverteilung in den Proband/inn/en-Gruppen) die Aussagekraft der Ergebnisse einschränken würde.

Jede der vier Proband/inn/engruppen wurde in zwei Altersgruppen aufgeteilt. Die Kinder, die über dem Mittelwert ihrer Gruppe lagen, wurden von den jüngeren getrennt betrachtet. Es traten beim Vergleich der Altersgruppen aber weder bezüglich der sprachlichen Fähigkeiten (4.2.1) noch bei den metasprachlichen Aufgaben (4.2.2 bis 4.2.5) statistisch signifikante Differenzen auf. Daraus ist zu schließen, dass zwar die Klassenstufe, nicht jedoch das exakte Alter des Kindes Voraussagen über die metasprachlichen Fähigkeiten erlaubt. Die ursprünglich vorgenommene Einteilung der Proband/inn/en nach Klassenstufen und nicht nach Lebensalter (vgl. 4.1.1) wird dadurch im Nachhinein zusätzlich gerechtfertigt.

Die Ergebnisse der Untersuchung wurden ferner auf Unterschiede zwischen weiblichen und männlichen Proband/inn/en untersucht. So wurden sowohl sprachliche Fähigkeiten (anhand des LiSeDaZ-Tests) als auch metasprachliche Fähigkeiten (z.B. anhand der Beurteilung der inkonsistenten Satztypen, der Segmentierung lexikalischer und grammatischer Elemente in verbundenen Wortfolgen oder der Bildung formaler Definitionen) von Mädchen und Jungen innerhalb der Proband/inn/engruppen miteinander verglichen, ohne dass auffällige Unterschiede aufgetreten wären. Der einzige Fall, in dem ein signifkanter Unterschied errechnet wurde (die Segmentierung bzw. Nicht-Zerlegung von Adjektiv-Komposita bei Kindern der 4. Klasse mit Deutsch als L1, die den weiblichen Proband/inn/en deutlich besser gelang), muss vor diesem Hintergrund als Ausreißer gewertet werden.

Ein Zusammenhang zwischen der Entwicklung metasprachlicher Fähigkeiten und dem Geschlecht kann indessen aufgrund der vorliegenden Daten auch nicht ausgeschlossen werden, da die Verteilung männlicher und weiblicher Proband/inn/en in den verschiedenen Gruppen zu unregelmäßig war (vgl. 4.1.1), um über diese Beziehung fundierte Aussagen machen zu können.

4.2.7 Zusammenhang zwischen metasprachlichen und sprachlichen Fähigkeiten

Überprüft wird im folgenden Abschnitt die in Hypothese V formulierte Vermutung, dass die im LiSe-DaZ-Test erhobenen sprachlichen Fähigkeiten Auswirkungen auf die anschließend untersuchten metasprachlichen Leistungen haben. Wenn die Ausbildung überdurchschnittlicher metasprachlicher Fähigkeiten bei bilingualen Kindern von einer positiven Entwicklung in beiden Sprachen abhängt, sollte sich ein Vorsprung bei den Kindern, die im Sprachstandstest keinen Förderbedarf aufweisen, finden lassen.

Um diesen Zusammenhang zu kontrollieren, wurden die LiSeDaZ-Ergebnisse der beiden Proband/inn/engruppen mit Deutsch als L2 auf der Basis der inzwischen vorliegenden Auswertungshinweise zum eingesetzten Sprachproduktionsmodul nochmals genauer überprüft. Es wurden dabei vier verschiedene sprachliche Ebenen untersucht (vgl. Schulz/Tracy 2011: 46ff.):

- *Untertest SK (Satzklammer)*
  Hier wird jede der elizitierten Äußerungen einer von vier Entwicklungsstufen zugeordnet. Eine Entwicklungsstufe gilt als erreicht, wenn sie mindestens dreimal vertreten ist. Von Förderbedarf ist dann auszugehen, wenn die höchste Entwicklungsstufe ESS-IV (VL-Sätze, die mit einer Konjunktion eingeleitet werden und mindestens zwei Konstituenten im Mittelfeld enthalten) nicht erreicht ist.
- *Untertest SVK (Subjekt-Verb-Kongruenz)*
  Bei allen Äußerungen, die ein finites Verb enthalten, wird das Flexionssuffix auf Kongruenz zum Subjekt des Satzes überprüft. Änderungen im Verbstamm werden dabei nicht berücksichtigt, so gilt z.B. ‚er fall_t' als korrekt, weil das richtige Flexionssuffix gewählt wurde. Auch Übergeneralisierungen (z.B. ‚er will_t') werden nicht als Fehler gewertet. Förderbedarf besteht, wenn das Kind mehr als eine fehlerhafte Verbform gebildet hat.
- *Untertest WK (Wortklassen)*
  Mittels der Impulse werden verschiedene Wortklassen elizitiert, von denen fünf in die Auswertung einbezogen werden: Präpositionen, Fokuspartikeln, Konjunktionen, Vollverben sowie Modal- und Hilfsverben. Es wird überprüft, ob die Wortklassen produktiv verfügbar sind. Förderbedarf wird dann festgestellt, wenn das Kind weniger als fünf Vollverben beziehungsweise weniger als zwei Vertreter einer der übrigen Wortklassen produziert.
- *Untertest KAS (Kasus)*
  Die in den Kinderäußerungen enthaltenen Akkusativ- und Dativmarkierungen werden analysiert. Nur eindeutig richtig markierte Nomen, Artikel und Pronomen werden dabei gezählt. Von Förderbedarf ist auszugehen,

wenn das Kind weniger als zwei Akkusativ- und/oder Dativmarkierungen produziert.

Auf dieser Basis wurden die Kinder der ersten und die Kinder der vierten Klassen mit Deutsch als L2 in jeweils zwei Gruppen eingeteilt:

- Mit Förderbedarf: Kinder, bei denen in mindestens einer der vier untersuchten Kategorien (Satzklammer, Subjekt-Verb-Kongruenz, Wortklassen, Kasus) „das zielsprachliche Niveau […] noch nicht erreicht ist." (Schulz/Tracy 2011: 59) Dies traf in den ersten Klassen auf 11, in den vierten Klassen auf 9 Kinder zu.
- Ohne Förderbedarf: Kinder, die in allen vier untersuchten Kategorien unauffällige Ergebnisse erzielten. Dies war in den ersten Klassen bei 9, in den vierten Klassen bei 11 Kindern der Fall.

Da es sich bei der vorgelesenen Geschichte (vgl. 7.1) um eine Pilotversion des LiSeDaZ-Verfahrens handelte, wichen einige Impulse von der endgültigen Fassung, die auch den Auswertungshinweisen zugrunde lag, ab. Dies wirkte sich insbesondere bei dem Untertest KAS (Kasus) aus: In der Pilotversion wurden erheblich weniger morphologisch eindeutige (maskuline) Akkusativ- und Dativformen gezielt elizitiert. Natürlich waren viele weitere solcher Formen in den Kinderäußerungen enthalten – allerdings individuell in sehr unterschiedlicher Zahl. Deshalb konnte der oben erläuterte hohe Standard (Förderbedarf bei weniger als zwei eindeutig korrekten Formen) nicht beibehalten werden – es hätten sonst Kinder ohne einen einzigen Normverstoß der Gruppe ‚mit Förderbedarf' zugeordnet werden müssen. Deshalb galt für den Untertest KAS, dass Förderbedarf nur dann festgestellt wurde, wenn für einen Kasus (Akkusativ oder Dativ) weniger als zwei eindeutig korrekte Formen *und* mindestens zwei Normverstöße (eindeutig falsche Formen) produziert wurden.

Eine weitere Abweichung war im Untertest SK (Satzklammer) notwendig. Die Pilotversion enthielt etwas weniger Impulse, die zwangsläufig einen VL-Satz zur Folge hatten – dafür wurde aber eine ähnlich strukturierte und ebenso anspruchsvolle Infinitivkonstruktion elizitiert („Ibo versucht,..."). Die hier erfolgreich gebildeten Sätze wurden in meiner Auswertung ebenfalls der Entwicklungsstufe IV zugerechnet – andernfalls hätte bei einer Reihe von Kindern, die hier keine Probleme aufwiesen, Förderbedarf konstatiert werden müssen. Die ermittelte Anzahl der Kinder mit Förderbedarf pro Klassenstufe ist in Tabelle 4.37 dargestellt.

Die so entstandene Einteilung unterschied sich in einigen Punkten von der unter 4.2.1 präsentierten Auswertung des Sprachstandstests. Dies ist einerseits auf inhaltliche Details zurückzuführen: So werden in der normierten LiSeDaZ-Version beispielsweise Nominative (die am häufigsten korrekt gebildet werden) und Genitive (die ohnehin kaum vorkommen) nicht berücksichtigt. Des Weiteren werden neben Nominalgruppen auch Personal- und sonstige Pronomen, sofern sie Kasusmarkierungen enthalten, berücksichtigt.

	Förderbed. SK	Förderbed. SVK	Förderbed. WK	Förderbed. KAS	Förderbed. gesamt
Kl. 1, DaZ	7	1	0	7	11 (55%)
Kl. 4, DaZ	2	0	0	7	9 (45%)

Tabelle 4.37: *Anzahl der Kinder mit DaZ, bei denen im Sprachstandstest Förderbedarf festgestellt wurde, nach Klassenstufen*

Andererseits ist hier zu betonen, dass die beiden Auswertungen verschiedenen Zwecken dienten, wodurch die unterschiedliche Vorgehensweise gerechtfertigt ist: Die erste Auswertung des Sprachstandstests (vgl. 4.2.1) sollte zeigen, dass die Proband/inn/en über die zur Bewältigung der metasprachlichen Aufgaben notwendigen sprachlichen Fähigkeiten verfügten. Eine darüber hinausgehende Beurteilung ihres Sprachvermögens insgesamt war damit nicht verbunden – dies leistet hingegen die hier folgende, an der normierten Fassung des Sprachstandstests orientierte Auswertung.

a) Sprachliche Fähigkeiten – Ergebnisse bei den Grammatikalitätsurteilen

Das Zurückweisen von grammatikalisch fehlerhaften, semantisch jedoch akzeptablen Sätzen (–g+M) gelang den Viertklässler/inne/n mit Deutsch als L2 und durchschnittlichen LiSeDaZ-Ergebnissen signifikant häufiger als gleichaltrigen Kindern mit sprachlichem Förderbedarf (ohne Förderbedarf: 33 von 44 Items korrekt gelöst = 75%; mit Förderbedarf: 15 von 36 Items korrekt gelöst = 41,67%; $\chi^2=18.530$; df=8; p=.018). Bei der Beurteilung von Sätzen des Typs +G–m (die als korrekt anerkannt werden sollten) war derselbe Effekt zu beobachten, der Unterschied fast ebenso deutlich (ohne Förderbedarf: 37 von 44 Items korrekt gelöst = 84,09%; mit Förderbedarf: 19 von 36 Items korrekt gelöst = 52,78%; $\chi^2=14.656$; df=6; p=.023). Bei den Kindern der ersten Klassen war zwischen den beiden Gruppen kein signifikanter Unterschied zu beobachten.

b) Sprachliche Fähigkeiten – Ergebnisse bei den Fragen zum Wortbegriff

Die Erwartung, dass die Fähigkeit zur expliziten Formulierung metasprachlicher Zusammenhänge mit den Leistungen im Sprachstandstest übereinstimmt, bestätigte sich bei einer der Fragen zum Wortbegriff (vgl. Tab. 4.38): Eine metasprachliche Begründung der Einstufung von ‚Baumhaus' gelang den Viertklässler/inne/n mit DaZ besonders häufig dann, wenn sie auch im Sprachstandstest gute Ergebnisse erreicht hatten.

Die Artikulation expliziten metasprachlichen Wissens, die Kindern mit Deutsch als L1 insgesamt leichter fiel als den gleichaltrigen mehrsprachigen Kindern, gelang Kindern mit Deutsch als Zweitsprache offenbar dann relativ gut, wenn sie auch die im Sprachstandstest erhobenen Phänomene (Verbflexion, Kasusmarkierung, Gebrauch von Präpositionen etc.) sicher beherrschten.

	LiSeDaZ-Ergebnis	metaspr. Begründung	nicht metaspr. Begründung	keine Begründung
Kl. 1, DaM	kein FB (20)	7 (35%)	13 (65%)	
Kl. 1, DaZ	kein FB (9)		6 (66,67%)	3 (33,33%)
	FB (11)	1 (9,09%	10 (90,91%)	
Kl. 4, DaM	kein FB (20)	16 (80%)	4 (20%)	
Kl. 4, DaZ	kein FB (11)	9 (81,82%)	2 (18,18%)	
	FB (9)	3 (33,33%)	6 (66,67%)	

Tabelle 4.38: *Anzahl und prozentuale Anteile verschiedener Begründungen für die Segmentierung von ‚Baumhaus', nach Proband/inn/engruppen und Leistungen im Sprachstandstest*

c) Sprachliche Fähigkeiten – Ergebnisse bei der lexikalischen Segmentierung

Zu berücksichtigen ist allerdings, dass es sich bei den unter (a) und (b) dargestellten Anforderungen um Aufgabenstellungen im Offline-Modus handelte, die nicht direkt in die Sprachproduktion der Kinder integriert waren. Die Vermutung, dass die betreffende Proband/inn/engruppe (mehrsprachige Viertklässler/inne/n mit mindestens durchschnittlichen sprachlichen Leistungen) auch bei der Nutzung spezifisch syntaktischer Information im Online-Modus besser abschneiden würde, bestätigte sich bei der Auswertung der lexikalischen Segmentierung nicht: Die Bestimmung von Wörtern der offenen und geschlossenen Klasse gelang L2-Lerner/inne/n mit unterdurchschnittlichem LiSeDaZ-Ergebnis ebenso gut wie denen mit altersgemäßen sprachlichen Fähigkeiten. Nur bei der Identifizierung von Nomen-Nomen-Komposita (Apfelsaft, Baumhaus, Schneebälle) erzielten die mehrsprachigen Viertklässler/innen mit guten LiSeDaZ-Leistungen signifikant bessere Ergebnisse als diejenigen, bei denen Förderbedarf festgestellt worden war (ohne Förderbedarf: bei 8 von 11 Proband/inn/en alle Items korrekt gelöst; mit Förderbedarf: bei 3 von 9 Proband/inn/en alle Items korrekt gelöst; χ^2=12,167; df=6; p=.058).

d) Sprachliche Fähigkeiten – Ergebnisse bei der Bildung formaler Definitionen

Ebenfalls gelang es den mehrsprachigen Viertklässler/inne/n ohne sprachlichen Förderbedarf insgesamt etwas häufiger, formale Definitionen zu produzieren – der Unterschied ist hier zwar wiederum nicht signifikant, gleichwohl erwähnenswert, weil sich eine grundsätzliche Tendenz zu bestätigen scheint (ohne Förderbedarf: 30 als formal eingestufte Definitionen bei 110 Versuchen = 27,27%; mit Förderbedarf: 11 als formal eingestufte Definitionen bei 90 Versuchen = 12,22%).

e) Sprachliche und metasprachliche Fähigkeiten – Zusammenfassung

Zusammenfassend betrachtet zeigte sich in Übereinstimmung mit Hypothese V eine nicht immer signifikante, aber regelmäßig beobachtbare Übereinstimmung zwischen sprachlichen und metasprachlichen Fähigkeiten insbesondere bei den mehrsprachigen Kindern der vierten Klassen. Es kann aus diesen Daten geschlossen werden, dass für das insgesamt schwache Abschneiden der älteren Schüler/innen mit Deutsch als Zweitsprache vor allem diejenigen Proband/inn/en verantwortlich sind, die auch nach mehr als drei Grundschuljahren noch eine deutlich vom Durchschnitt einsprachiger Lerner/innen abweichende sprachliche Kompetenz aufweisen und bei denen deshalb sprachlicher Förderbedarf besteht. Angesichts der geringen Größe der nochmals geteilten Proband/inn/engruppen sind diese Schlussfolgerungen aber vorsichtig zu bewerten.

4.2.8 Zusammenhang zwischen metasprachlichen Fähigkeiten und den erfragten Daten zur Sprachbiographie

Für einen Zusammenhang zwischen den Bedingungen, unter denen ein mehrfacher Spracherwerb abläuft, und der Entwicklung metasprachlicher Fähigkeiten sprechen einige bereits vorliegende Untersuchungsergebnisse (vgl. 3.1). Abschließend wird überprüft, ob und inwiefern die Leistungen in den verschiedenen Bereichen der Untersuchung mit den erfragten Erwerbsbedingungen der mehrsprachigen Kinder zusammenhängen. Die einsprachigen Kinder wurden bei dieser Analyse nicht berücksichtigt, ihre Untersuchungsergebnisse können aber als Vergleichsgröße herangezogen werden.

Die Frage nach den in der Familie verwendeten Sprachen und nach den Sprachkenntnissen der Eltern wurde von den mehrsprachigen Kindern unterschiedlich beantwortet (vgl. die Übersichten unter 4.1.2). Interessant, wenngleich nicht überraschend, ist nun, dass die im Sprachstandstest erhobenen Fähigkeiten in der Zweitsprache deutlich mit den sprachlichen Fähigkeiten der Erziehungsberechtigten übereinstimmen (vgl. Tab. 4.39): In allen Fällen, in denen laut Auskunft der Kinder mindestens ein Elternteil die L2 nicht beherrschte, wurden im LiSeDaZ-Sprachproduktionstest in eben dieser L2 unterdurchschnittliche Leistungen erzielt.

Im weiteren Verlauf der Untersuchung zeigten sich für die Kinder, die nicht mit beiden Elternteilen in der deutschen Sprache kommunizieren konnten und geringere sprachliche Fähigkeiten aufwiesen, dieselben Effekte, die nach den Ergebnissen für Kinder mit schwachem LiSeDaZ-Ergebnis unter 4.2.7 bereits erwartbar waren: Sie beurteilten beispielsweise die grammatikalische Qualität von Sätzen seltener korrekt, erkannten Komposita seltener als lexikalische Einheiten und bildeten insgesamt weniger formale Definitionen.

	L2-Kenntnisse der Eltern[28]	LiSeDaZ-Ergebnis: kein Förderbedarf	LiSeDaZ-Ergebnis: Förderbedarf
Kl. 1, DaZ	ja (gesamt: 18)	8 (44,44%)	10 (55,56%)
	nein (gesamt: 2)	1 (50%)	1 (50%)
Kl. 4, DaZ	ja (gesamt: 15)	11 (73,33%)	4 (26,67%)
	nein (gesamt: 5)		5 (100%)

Tabelle 4.39: *Anzahl und prozentuale Anteile von DaZ-Kindern mit bzw. ohne Förderbedarf (lt. Sprachstandstest), nach Klassenstufen und Deutschkenntnissen der Eltern*

Überprüft wurde ferner, ob sich nach den Daten der vorliegenden Untersuchung der Schriftspracherwerb und der (institutionalisierte) Unterricht in der Erstsprache auf den Erwerb sprachlicher und metasprachlicher Fähigkeiten eher positiv oder negativ auswirken.

	Schriftspracherwerb in L1	LiSeDaZ-Ergebnis: kein Förderbedarf	LiSeDaZ-Ergebnis: Förderbedarf
Kl. 1, DaZ	ja (gesamt: 9)	4 (44,44%)	5 (55,56%)
	nein (gesamt: 11)	5 (45,45%)	6 (54,55%)
Kl. 4, DaZ	ja (gesamt: 14)	8 (57,14%)	6 (42,86%)
	nein (gesamt: 6)	3 (50%)	3 (50%)

Tabelle 4.40: *Anzahl und prozentuale Anteile von DaZ-Kindern mit bzw. ohne Förderbedarf (lt. Sprachstandstest), nach Klassenstufen und Schriftspracherwerb in der L1*

	Unterricht in L1	LiSeDaZ-Ergebnis: kein Förderbedarf	LiSeDaZ-Ergebnis: Förderbedarf
Kl. 1, DaZ	ja (gesamt: 5)	2 (40%)	3 (60%)
	nein (gesamt: 15)	7 (46,67%)	8 (53,33%)
Kl. 4, DaZ	ja (gesamt: 9)	5 (55,56%)	4 (44,44%)
	nein (gesamt: 11)	6 (54,55%)	5 (45,45%)

Tabelle 4.41: *Anzahl und prozentuale Anteile von DaZ-Kindern mit bzw. ohne Förderbedarf (lt. Sprachstandstest), nach Klassenstufen und muttersprachlichem Unterricht in der L1*

---

[28] ja: Beide Elternteile beherrschen die L2; nein: Mindestens ein Elternteil beherrscht die L2 nicht

Zunächst deuten die Ergebnisse (vgl. Tab. 4.40 und 4.41) darauf hin, dass der Schriftspracherwerb in der L1 sich ebensowenig wie der muttersprachliche Unterricht negativ oder positiv in den im Sprachstandstest erhobenen morphosyntaktischen Fähigkeiten in der L2 niederschlägt. Auf beiden Klassenstufen schneiden die in der Erstsprache geförderten Kinder ebenso gut ab, wie es die Kinder tun, deren Förderung sich auf die Zweitsprache beschränkt.

Unterschiede fallen dagegen bei der Betrachtung der Leistungen bei den metasprachlichen Aufgaben auf. Der Einfachheit halber wird in den folgenden Übersichten ausschließlich der Faktor Schriftspracherwerb berücksichtigt, bei welchem die zu zeigenden Effekte noch deutlicher aufzutreten scheinen[29]. Besonderes Augenmerk liegt hierbei auf den Kindern der vierten Klassen, da sowohl Schriftsprachgebrauch als auch institutionelle Förderung sich bei diesen aufgrund der längeren Kontaktdauer stärker auswirken dürfte.

Zunächst werden die Leistungen der verschiedenen Gruppen im Rahmen der Grammatikalitätsurteile bei der Beurteilung von Sätzen des Typs –g+M (grammatikalisch abweichend, semantisch akzeptabel) und des Typs +G–m (grammatikalisch korrekt, semantisch abweichend) beleuchtet (vgl. Tab. 4.42).

	Schriftspracherwerb in L1	–g+M: korrekt beurteilte Sätze	+G–m: korrekt beurteilte Sätze
Kl. 1, DaM		48 (60%)	32 (40%)
Kl. 1, DaZ	ja (n=9)	12 (33,33%)	19 (52,78%)
	nein (n=11)	16 (36,36%)	22 (50%)
Kl. 4, DaM		74 (92,5%)	72 (90%)
Kl. 4, DaZ	ja (n=14)	43 (76,79%)	46 (82,14%)
	nein (n=6)	5 (20,83%)	10 (41,67%)

Tabelle 4.42: *Anzahl und prozentuale Anteile korrekt beurteilter Sätze, nach Proband/inn/engruppen und Schriftspracherwerb in der L1*

Der offensichtlich eklatante Unterschied zwischen mehrsprachigen Kindern der vierten Klasse mit und ohne Schriftspracherwerb in der Erstsprache ist trotz der zahlenmäßig geringen zweiten Gruppe signifikant (Grammatikalitätsurteile –g+M: χ^2=10.079; df=4; p=.039; Grammatikalitätsurteile +G–m: χ^2=6.349; df=3; p=.096).

Ähnliche Tendenzen mit allerdings weniger gravierenden Unterschieden lassen sich bei den Aufgaben zur lexikalischen Segmentierung (vgl. Tab. 4.43) finden.

---

[29] Naturgemäß stimmen die beiden Gruppen ‚Schriftspracherwerb in der L1' und ‚Unterricht in der L1' weitgehend überein, da der muttersprachliche Unterricht in aller Regel auch den Gebrauch der Schriftsprache beinhaltet. Einzelne Kinder hatten aber den Schriftspracherwerb in der L1 nicht im muttersprachlichen Unterricht, sondern auf anderem Wege, z.B. durch häusliche Unterweisung, vollzogen.

	Schriftsprach-erwerb in L1	Artikel	Präpositionen	N-N-Komp.	N-A-Komp.
Kl. 1, DaM		73,75%	75%	38,33%	7,5%
Kl. 1, DaZ	ja (gesamt: 9)	91,67%	88,89%	25,93%	
	nein (gesamt: 11)	93,18%	88,64%	36,36%	4,55%
Kl. 4, DaM		88,75%	90%	86,67%	25%
Kl. 4, DaZ	ja (gesamt: 14)	94,64%	91,97%	83,33%	32,14%
	nein (gesamt: 6)	87,5%	91,67%	55,56%	8,33%

Tabelle 4.43: *Anzahl und prozentuale Anteile korrekt gezählter Wörter in zusammenhängenden Wortfolgen, nach Proband/inn/engruppen und Schriftspracherwerb in der L1*

Speziell bei den Komposita, die sich als besonders schwierige Items entpuppt hatten (vgl. 4.2.4), trafen gerade die mehrsprachigen Viertklässler/innen häufiger die richtige Entscheidung, die nicht nur in der Zweitsprache Deutsch, sondern auch in der Erstsprache alphabetisiert waren. Bei den weiteren Teilen der Untersuchung, beispielsweise bei der Analyse der von den Kindern produzierten Definitionen, waren zwar keine deutlichen Vorteile, jedoch auch keine Nachteile dieser Gruppe zu erkennen.

4.3 Diskussion der Ergebnisse

Die in den vorangegangenen Abschnitten zusammengestellten Ergebnisse sollen nun zur Diskussion auf der Basis der Hypothesen (vgl. 3.2) herangezogen werden.

4.3.1 Zur Hypothese I

Die Viertklässler/innen verfügen über mehr Kompetenzen in den Bereichen analysis *und* control *als die Erstklässler/innen.*

Diese Hypothese wurde für die Gesamtstichprobe in vollem Umfang bestätigt. Wie unter 4.2.2 bis 4.2.5 ausgeführt, erzielten die Kinder der vierten Klassen in allen Aufgabenformaten die besseren Ergebnisse. Die Unterschiede waren dabei größtenteils signifikant (z.B. bei der Beurteilung der inkongruenten Satztypen –g+M und +G–m, bei der Segmentierung von lexikalischen Einheiten der geschlossenen Klasse in verbundenen Wortfolgen oder bei der Bildung formaler Definitionen). Nicht signifikant waren die Unterschiede hingegen bei Aufgabenteilen, die auf der Basis der theoretischen Vorüberlegungen und der vorliegenden Ergebnisse als verhältnismäßig einfach angesehen werden können (z.B. Beurteilung der Satztypen +G+M und –g–m, Segmentierung lexikalischer Einheiten in syntaktisch und semantisch unverbundenen Wortfolgen).

Für die Gruppe der mehrsprachigen Proband/inn/en bestätigte die Hypothese sich jedoch nur teilweise: Bei einigen, auch anspruchsvolleren Teilaufgaben (z.B. bei der Definition des metasprachlichen Begriffs ‚Wort' oder bei der Segmentierung von lexikalischen Einheiten der geschlossenen Klasse in verbundenen Wortfolgen) lag kein signifikanter Unterschied zwischen jüngeren und älteren Kindern vor beziehungsweise zeigten die jüngeren Kinder sogar geringfügig bessere Leistungen.

4.3.2 Zur Hypothese II

Die Kinder mit Deutsch als L1 verfügen über mehr Kompetenzen im Bereich analysis *als die Kinder mit Deutsch als fL2.*

Diese Hypothese wurde durch die Ergebnisse in beiden Altersgruppen bestätigt – als stärkster Beleg dafür kann die zuverlässige Zurückweisung von semantisch akzeptablen, grammatikalisch aber abweichenden Sätzen (–g+M) angeführt werden (vgl. 4.2.2). Die formalen Abweichungen wurden in beiden Altersgruppen von den einsprachigen Kindern signifikant häufiger erkannt als von den mehrsprachigen Gleichaltrigen. Die Fragen zum Wortbegriff, die zum Teil explizit analysiertes sprachliches Wissen verlangten (z.B. bei der Definition des Begriffs Wort oder bei der Begründung des Status von ‚weil' oder ‚Baumhaus'), lieferten zumindest teilweise ähnliche Ergebnisse: Bei der Begründung für die Segmentierung bzw. Nicht-Segmentierung von ‚Baumhaus' konnten die einsprachigen Kinder in beiden Klassenstufen häufiger metasprachliche Aspekte in ihre Argumentation einbeziehen, was auf die Vorteile bezüglich der Komponente *analysis* zurückgeführt werden kann (vgl. 4.2.3).

In Übereinstimmung mit Bialystok (vgl. 2.3.4) lässt sich daraus schließen, dass metasprachliche Fähigkeiten sich nicht ausschließlich auf der Basis kognitiver Fähigkeiten entwickeln, sondern auch der Auseinandersetzung mit dem sprachlichen Input bedürfen. In dieser Hinsicht haben die Kinder mit Deutsch als Erstsprache schon aufgrund der höheren Kontaktdauer einen messbaren Vorsprung. Das Zwei-Komponenten-Modell, das neben der kognitiven Komponente *control* auch die sprachliche Komponente *analysis* einbezieht, erklärt diesen Befund schlüssig.

4.3.3 Zur Hypothese III

Die Kinder mit Deutsch als fL2 verfügen über mehr Kompetenzen im Bereich control *als die Kinder mit Deutsch als L1.*

Diese Hypothese bestätigte sich nur teilweise: Nur die jüngeren mehrsprachigen Kinder hatten in bestimmten Teilaufgaben einen leichten Vorsprung gegenüber den monolingualen Gleichaltrigen. In den vierten Klassen dagegen schnitten die einsprachigen Kinder im Vergleich zu jenen mit Deutsch als Zweitsprache gleich gut oder besser ab.

Insbesondere waren im Rahmen der Grammatikalitätsurteile die auf der Kontrolle der sprachlichen Verarbeitung basierenden Vorteile der mehrsprachigen Kinder bei Sätzen des Typs +G–m nicht so deutlich, wie es aufgrund des unter 3.1.1 dargestellten Forschungsstands zu erwarten gewesen wäre. Zwar erzielten die mehrsprachigen Erstklässler/innen bei drei von vier +G–m-Sätzen bessere Ergebnisse, jedoch waren die Unterschiede zu den einsprachigen Kindern in diesen Fällen statistisch nicht signifikant. Bei den älteren Kindern dagegen schnitten die monolingualen Proband/inn/en bei allen vier Sätzen besser, in zwei Fällen sogar signifikant besser ab. Ein Vorsprung bezüglich der Kontrolle der sprachlichen Verarbeitung, der auf die Mehrsprachigkeit der Kinder zurückzuführen wäre, ist hier also nicht nachweisbar.

Bei der lexikalischen Segmentierung von syntaktisch und semantisch verbundenen Wortfolgen zeigten sich Unterschiede, die ebenfalls nur teilweise den in der Hypothese III formulierten Erwartungen entsprachen: Die Fähigkeit der mehrsprachigen Schüler/innen, vom Bedeutungsgehalt der Sätze zu abstrahieren und ausschließlich die erfragte sprachliche Ebene zu fokussieren, half ihnen bei der Identifizierung von Funktionswörtern (Artikeln und Präpositionen). In der Gruppe der jüngeren Kinder erkannten die mehrsprachigen Proband/inn/en alle acht Items häufiger korrekt als die gleichaltrigen Einsprachigen. In zwei Fällen handelte es sich um statistisch signifikante Unterschiede, in allen weiteren war zumindest eine robuste Tendenz zu beobachten. Bei den Viertklässler/inne/n erzielten die mehrsprachigen Kinder zwar immerhin in sieben von acht Fällen bessere oder zumindest gleichwertige Ergebnisse, einen statistisch relevanten Unterschied gab es hier jedoch nicht (vgl. 4.2.4). Vorteile bezüglich der Komponente *control* können aufgrund dieser Aufgabe also wiederum nur für die Gruppe der Schulanfänger/innen belegt werden.

Hinsichtlich der Definitionsaufgabe können die genauen Anteile von *analysis* und *control* noch nicht als geklärt betrachtet werden. Jedenfalls verhalf eine möglicherweise verstärkte Kontrolle der sprachlichen Verarbeitung den mehrsprachigen Proband/inn/en nicht dazu, häufiger von der Kommunikationssituation zu abstrahieren und kontextunabhängige formale Definitionen zu produzieren. Das ausgeprägtere analysierte sprachliche (in diesem Fall v.a. semantische) Wissen führte dagegen dazu, dass bei einigen besonders schwierigen Items (erraten, Mitleid, Mut) die einsprachigen Kinder die besseren Ergebnisse erreichten (vgl. 4.2.5).

4.3.4 Zur Hypothese IV

Die Differenz hinsichtlich des Bereichs control *ist bei Kindern der vierten Klasse weniger stark ausgeprägt als bei Kindern zu Beginn der Schulzeit.*

Diese Hypothese konnte durch die Untersuchungsergebnisse in vollem Umfang bestätigt werden: In den Bereichen, in denen die mehrsprachigen Erstklässler/innen einen Vorsprung hinsichtlich der Komponente *control* aufwiesen (vgl. 4.3.3), war dieser bei den Viertklässler/inne/n nicht festzustellen.

Besonders überzeugend sind in dieser Hinsicht die Ergebnisse bei der Beurteilung von grammatisch korrekten, semantisch aber abweichenden Sätzen (+G–m) und bei der Identifizierung von Wörtern der geschlossenen Klasse in zusammenhängenden Wortfolgen. In beiden Fällen wurde – gestützt durch zahlreiche Studien (vgl. 3.1) – davon ausgegangen, dass mehrsprachige Kinder die Aufgaben auf der Basis von *control* besser bearbeiten können sollten. Dies war bei den jüngeren Kindern auch teilweise der Fall, bei den Viertklässler/inne/n war das Verhältnis jedoch ausgewogen (bei der lexikalischen Segmentierung) bzw. erzielten die einsprachigen Proband/inn/en bereits bessere Ergebnisse (bei den Grammatikalitätsurteilen).

Unter 4.2.8 wurde der Frage nachgegangen, ob die sehr divergenten metasprachlichen Fähigkeiten der älteren mehrsprachigen Kinder sich anhand bestimmter Einflussfaktoren vorhersagen lassen. Hierzu lässt sich zusammenfassend sagen, dass eine ausgeglichene zweisprachige Entwicklung, in der beide Sprachen gleichermaßen (z.B. durch doppelten Schriftspracherwerb) gefördert werden, optimale Bedingungen zu bieten scheint. Offenbar kann sich die Förderung in der Erstsprache, insbesondere im Falle der Alphabetisierung und Literalisierung, positiv auf die Fähigkeit zur Sprachbetrachtung in der Zweitsprache auszuwirken. Bei den Erstklässler/inne/n war in dieser Hinsicht noch kein Zusammenhang zwischen der L1-Förderung und den metasprachlichen Fähigkeiten zu erkennen, was angesichts der geringen Kontaktdauer mit der Schriftsprache beziehungsweise dem institutionellen Unterricht in der L1 nicht überrascht. Bei den Viertklässler/innen waren es dagegen gerade die in der Erstsprache geförderten Kinder, die teils geringfügig (Sprachstandstest, lexikalische Segmentierung, Bildung formaler Definitionen), teils signifikant (Grammatikalitätsurteile: –g+M und +G–m) bessere Leistungen erbrachten als diejenigen, deren Förderung sich auf die Zweitsprache beschränkte.

Die Befürchtung, dass die Förderung in der Erstsprache sich negativ auf sprachliche und metasprachliche Fähigkeiten in der L2 (Deutsch) auswirken könnte, wurde weder im Sprachstandstest noch in der metasprachlichen Untersuchung bestätigt.

4.3.5 Zur Hypothese V

Die sprachlich stärkeren Kinder mit Deutsch als fL2 verfügen über mehr Kompetenzen in den Bereichen analysis *und* control *als die sprachlich schwächeren Kinder mit Deutsch als fL2.*

Auch diese Hypothese konnte für die Gruppe der Viertklässler/innen bestätigt werden: In mehreren Teilbereichen der Untersuchung erzielten die Kinder, bei denen auf der Basis des eingesetzten Sprachstandstests kein Förderbedarf diagnostiziert wurde, signifikant bessere Ergebnisse als die gleichaltrigen Kinder mit Förderbedarf. Dies galt insbesondere für Untersuchungsteile, die aufgrund theoretischer Vorüberlegungen und der vorliegenden Ergebnisse als besonders anspruchsvoll gelten können: Die korrekte Beurteilung der inkongruenten Satztypen –g+M und +G–m gelang den Kindern ohne Förderbedarf signifikant häufiger, ebenso die Identifizierung von N-N-Komposita als lexikalische Einheiten (vgl. 4.2.7).
    Neben der Förderung in der L1 (vgl. 4.3.4) sind demzufolge altersgemäß entwickelte Fähigkeiten in der L2 ebenfalls ein wichtiger Faktor für die Entwicklung metasprachlicher Fähigkeiten. Auch hier scheinen sich somit die Grundannahmen des Zwei-Komponenten-Modells nach Bialystok zu bestätigen.
    Allerdings muss an dieser Stelle auf die (aufgrund der nochmals geteilten Proband/inn/en-Gruppe) schmale Datenbasis hingewiesen werden. Die Übereinstimmung zwischen sprachlichen und metasprachlichen Fähigkeiten bei mehrsprachigen Kindern und (falls die hier vorgestellten Ergebnisse sich bestätigen sollten) die Art des Zusammenhangs zwischen den beiden Größen muss im Rahmen weiterer Studien, in denen die sprachlichen Fähigkeiten systematisch und gezielter erhoben werden, untersucht werden.

4.3.6 Zur Frage der Entwicklung metasprachlicher Fähigkeiten

Abschließend soll der Frage nachgegangen werden, welche Schlüsse aus den Untersuchungsergebnissen hinsichtlich der verschiedenen Theorien zur Entwicklung metasprachlicher Fähigkeiten (vgl. 2.3) gezogen werden können.
    Der unter 4.3.4 bereits erläuterte Zusammenhang zwischen der Alphabetisierung in der Erstsprache und der Ausbildung metasprachlicher Fähigkeiten ist nicht nur durch die Untersuchungsergebnisse gestützt, sondern auch theoretisch plausibel, wenn wir davon ausgehen, dass der Schriftsprachgebrauch einen wichtigen Faktor für distanzierte, dekontextualisierte und deautomatisierte Sprachbetrachtung darstellt (vgl. 2.3.1). Andererseits lässt sich die in Hypothese V formulierte Übereinstimmung zwischen sprachlichen und metasprachlichen Fähigkeiten (vgl. 4.2.7) als Ar-

gument für Entwicklungstheorien, die auch den mündlichen Spracherwerb als Faktor berücksichtigen (vgl. 2.3.4), interpretieren. Die aufgrund von Hypothese III erwarteten besonderen Fähigkeiten der mehrsprachigen Kinder, die in der ersten Klasse festgestellt werden konnten, lassen ferner auf positive Effekte der Mehrsprachigkeit schließen, die sich günstig auf die Kontrolle der sprachlichen Verarbeitung auswirkt.

Insgesamt stützen die Untersuchungsergebnisse somit die Vorstellung eines Zwei-Komponenten-Modells, wie es von Bialystok (vgl. 2.3.4) vorgelegt wurde: Metasprachliche Fähigkeiten entwickeln sich auf der Basis sprachlicher Einflüsse, wozu der mündliche Spracherwerb ebenso wie der Schriftspracherwerb gehören kann, und auf der Basis der kognitiven Entwicklung, die einerseits vom Alter und den genetischen Anlagen abhängt, andererseits aber auch von externen Faktoren wie einem mehrfachen Spracherwerb angeregt werden kann.

5 Didaktischer Ausblick

Gerlind Belke (2006[2]: 840) kritisiert zu Recht, dass Kinder, die Deutsch als Zweitsprache erwerben, fast ausschließlich einem Sprachunterricht ausgesetzt sind, der nicht für sie konzipiert ist. Eine gezielte Förderung findet nur selten statt, obwohl diese häufig angezeigt wäre; Lehrkräfte vertrauen – auch aufgrund mangelnder eigener Kompetenz – überwiegend auf die naturgegebenen Spracherwerbsfähigkeiten. Unterrichtet werden die mehrsprachigen Kinder demzufolge unter Submersionsbedingungen, das heißt, sie werden in den Regelunterricht eingegliedert und ‚beschult', ohne die sprachlichen Voraussetzungen dafür mitzubringen, da „häufig das vorausgesetzt [wird], was eigentlich vermittelt werden müsste" (Belke 2006[2]: 844).

Im Folgenden wird zunächst ein Überblick über bereits in die Diskussion eingeführte, unterschiedlich fundierte Konzepte und Verfahren für die Sprachbetrachtung mit mehrsprachigen Lerner/inne/n gegeben (5.1). Anschließend werde ich unter Berücksichtigung positiver und negativer Aspekte der dargestellten Konzepte und auf der Basis der empirischen Befunde Eckpunkte eines sinnvollen Grammatikunterrichts für mehrsprachige Lerngruppen skizzieren (5.2).

5.1 Sprachbetrachtung für mehrsprachige Lerner/innen – Eine Bestandsaufnahme

Erheblich früher als im deutschsprachigen Raum existierte für den muttersprachlichen Englischunterricht bereits ein Überblick über verschiedene language awareness-Zugänge (Tomlinson 1994: 121ff.). Der Autor weist auf die große Vielfalt der Ansätze hin, die teilweise auch unterschiedliche Ziele verfolgen: Beispielsweise...

- die Explizierung bisher unbewussten sprachlichen Wissens (in der Terminologie Funkes ‚spezifisch syntaktischer Information'),
- Einsichten bezüglich des Funktionierens von Sprache in Kommunikationssituationen,
- die Beeinflussung der Einstellung zu Sprache(n),
- die Erzeugung eines Bewusstseins für universelle sprachliche Prinzipien.

Er hebt aber auch den gemeinsamen Kern hervor: „[…] involve learners in paying attention to language" (Tomlinson 1994: 120).

Ungeachtet der noch nicht vollständig erforschten Sachlage sind inzwischen auch im deutschsprachigen Raum didaktische Konzepte und Materialien im Umlauf, die den Anspruch erheben, am Sprachbewusstsein der L2-Lerner/innen anzuknüpfen und dieses weiterzuentwickeln. Dabei ist die Zielrichtung eine doppelte: Einerseits geht es um die gezielte Förderung der sprachlichen und metasprachlichen Fähigkeiten der mehrsprachigen Kinder; andererseits soll das Potential, das in kulturell und sprachlich vielfältigen Klassen gesehen wird, zum Vorteil aller Beteiligten (auch der monolingualen Kinder) genutzt werden.

In der Praxis sind diese Konzepte nur in Ansätzen angekommen, was nicht nur auf den „monolingualen Habitus der multilingualen Schule" (Gogolin 1994), sondern auch auf die nicht hinreichende Ausbildung der Lehrer/innen, den Mangel an mehrsprachigen Lehrkräften und an praxistauglichen Materialien zurückzuführen ist. Eine Auswahl aktueller Konzepte wird im Abschnitt 5.1.2 präsentiert, wobei auch auf Schwachstellen hinzuweisen sein wird. Zunächst aber soll die Notwendigkeit einer Grammatikdidaktik begründet werden, die auf Kinder mit Deutsch als Zweitsprache zugeschnitten ist und nach Möglichkeit die Erstsprachen dieser Kinder mit berücksichtigt.

5.1.1 Zur Frage der Notwendigkeit einer mehrsprachigkeitsorientierten Grammatikdidaktik

Vor dem Hintergrund der unter 1.6 dargestellten Probleme mehrsprachiger Lerner/innen im deutschen Bildungssystem ist die Erarbeitung und Evaluierung neuer Konzepte für die sprachliche Förderung von Kindern mit Deutsch als früher Zweitsprache unabdingbar. Interkulturelle Aspekte haben zwar Eingang in Lehr- und Bildungspläne gefunden, konkrete und schlüssige Vorschläge für die sprachliche Förderung liegen jedoch in geringerem Maße vor: „So bewegen wir uns auf der Sprachbegegnungsebene noch immer häufig auf der Ebene des Liedersingens und

Spielens" (Horstmann 2002: 80). Auf eine gezielte Förderung sprachlicher Fähigkeiten wird in der Regel verzichtet, weil die Lehrkräfte wenig Kenntnis von Zweitspracherwerbsprozessen haben, auf die natürlichen Spracherwerbsfähigkeiten der Kinder vertrauen und ein Lernen unter Submersionsbedingungen für ausreichend halten. Diese spontanen Erwerbsprozesse haben durchaus ihren Wert, der Deutschunterricht jedoch hat die Aufgabe, sprachliche Fähigkeiten gezielt zu beobachten und zu fördern (vgl. Belke 2006^2: 840ff.).

In diesem Zusammenhang lassen sich Lehrkräfte häufig von den basalen kommunikativen Fertigkeiten (BICS) der Kinder täuschen, die durchaus fähig sind, sich akzentfrei zu artikulieren, fließend über Alltägliches zu sprechen und den kommunikativen Kontext zur Unterstützung der eigenen Äußerungen zu nutzen. Die Fähigkeit, die L2 als Werkzeug für kognitive Prozesse und begriffliche Operationen zu nutzen, fehlt hingegen in vielen Fällen und wird auch von kommunikativ versierten Zweitsprachlerner/inne/n nicht ohne gezielte Unterstützung erworben. Kennzeichen dieser elaborierten Form der Sprachverwendung, die auch als Bildungssprache bezeichnet wird, lassen sich auf verschiedenen Ebenen feststellen: Sie weist spezifische diskursive Merkmale (monologische Ausrichtung, klare Regulierung von Sprecherwechseln, kein Rückgriff auf die gemeinsame Sprechsituation durch deiktische Einheiten), syntaktische Merkmale (zahlreiche hypotaktische Konstruktionen) und lexikalisch-semantische Merkmale (differenzierende Ausdrücke, Verwendung von Fachtermini, nominale Komposita) auf. Ein sicheres Verfügen über die Bildungssprache ist für den Schulerfolg von zentraler Bedeutung (vgl. Gogolin et al. 2009: 268): Sie muss von den Schüler/inne/n in schriftlicher und mündlicher Form rezipiert (z.B. bei Lehrervorträgen, Texten in Lehrwerken) und produziert (z.B. bei Referaten, Aufsätzen) werden. Deshalb muss die Deutschdidaktik auf ihre Förderung ihr Augenmerk legen (vgl. Belke 2006^2: 846f.).

Diese bildungssprachlichen Fähigkeiten können weitgehend mit dem Konstrukt CALP nach Cummins gleichgesetzt werden. Dass sie sich offenbar im Gegensatz zu BICS nur langsam entwickeln, stellt den Nutzen kurzfristiger ‚Crashkurse' in Frage und unterstützt die Forderung nach kontinuierlicher Arbeit im regulären Deutschunterricht.

In diesem Zusammenhang legen die unter 4.3 zusammengefassten Untersuchungsergebnisse den Gedanken nahe, die bereits vorhandenen sprachlichen und metasprachlichen Fähigkeiten der mehrsprachigen Kinder aufzugreifen und zu nutzen. Oomen-Welke (vgl. 2006a: 303f.) weist auf das vorhandene Interesse an Sprache(n) gerade von DaZ-Lerner/inne/n hin. Befragt danach, was sie untersuchen würden, wenn sie Sprachforscher/innen wären, antworten sie beispielsweise mit Aspekten der Sprachgeschichte („The ancient languages of the Aztecs"), Sprachentstehung ("Find out whether the Tower of Babel is true"; „I would like to know how languages came about and who invented them"), sprachähnlicher Systeme bei Tieren („Do research into the language of dinosaurs and other prehistoric creatures and learn the language of cats") und des Sprachvergleichs („How many languages there are in the world and why they are so different", „Why is it that in foreign languages you do not write what you say?"). Denselben Eindruck einer großen Begeisterungsfähigkeit für sprachliche Themen konnte ich bei meiner eigenen Untersuchung gewinnen. Jedoch scheinen die Kinder im Sprachunterricht keine Antworten auf die Fragen zu bekommen, die sie wirklich interessieren, da am vorhandenen Interesse nicht angeknüpft wird.

Die Effektivität des aktuell praktizierten Grammatikunterrichts wird schon für einsprachige Schüler/innen mit Deutsch als Erstsprache ernsthaft in Zweifel gezogen (für einen Überblick über die Diskussion vgl. Wieland 2010: 351ff.). Belege für einen positiven Effekt der Sprachreflexion auf die Sprachverwendung existieren kaum – umso mehr gilt dies für die große Gruppe der Schüler/innen mit Deutsch als Zweitsprache, die auch von aktuelleren Konzepten[30] kaum explizit berücksichtigt wird. Eine Ausnahme bildet hier Hoffmann (2011: 22), der zumindest ansatzweise Unterrichtsschritte für einen „funktionalen Grammatikunterricht mit Mehrsprachigkeitsbezug" skizziert. Dabei schlägt er über verschiedene Schulstufen hinweg Verfahren mit steigendem Schwierigkeitsgrad vor, deren Schwerpunkt allerdings auf der Sekundarstufe liegt: „Im Übergang vom kognitiven zum reflexiven Lernen können sprachliche Formen kontrastiert werden, um Einblicke in den Sprachaufbau zu bekommen und grammatisches Wissen zu vertiefen" (Hoffmann 2011: 23). Hoffmann regt hier – durchaus im Sinne des funktionalen Grammatikunterrichts nach Köller – unter anderem an, die Wortfolge im Deutschen und Türkischen bei unterschiedlichen Thema-Rhema-Strukturen zu vergleichen.

Ob jedoch die von ihm vorgeschlagene Beschränkung auf mediales und kognitives Lernen (z.B.: Lieder in verschiedenen Sprachen, Sprachspiele, mit Wörtern auf Objekte verweisen) in der Grundschulzeit zielführend ist, mag bezweifelt werden: Die Ergebnisse der mehrsprachigen Erst- und Viertklässler/innen in der hier vorliegenden Untersuchung haben gezeigt, dass gerade in diesem Zeitraum wesentliche Ziele nicht erreicht beziehungsweise Lernprozesse nicht im erforderlichen Maße in Gang gebracht werden. Deshalb ist die Entwicklung, Evaluierung und Implementierung geeigneter Konzeptionen dringend erforderlich.

5.1.2 Didaktische Konzepte im Vergleich

Beim folgenden Überblick über Konzepte, die diese Lücke zu schließen beanspruchen, ist vorab zu betonen, dass systematische Evaluationsstudien bisher noch nicht in ausreichendem Umfang vorliegen. Die Qualität auch solcher Ansätze, die aufgrund der theoretischen Überlegungen und empirischen Erkenntnisse als sinnvoll erscheinen, muss daher vorsichtig beurteilt werden; weitere Studien in diesem Bereich sind ein dringendes Desiderat.

---

[30] z.B. Funktionaler Grammatikunterricht, Grammatik-Werkstatt (vgl. z.B. Wieland 2010)

Verschiedentlich wird vorgeschlagen, die Versuche zur Einbeziehung der Mehrsprachigkeit in den größeren Rahmen interkultureller Erziehung einzuordnen (vgl. z.B. Gogolin 2000). Schader (2000) beispielsweise formuliert als Ziele seines interkulturellen Unterrichts die Stärkung der Identität der mehrsprachigen Schüler/innen und die Förderung des Zusammenlebens in der multikulturellen Gesellschaft. Er sieht den Sprachunterricht als Kern des interkulturellen Unterrichts, die Ziele jedoch liegen größtenteils auf anderen (v.a. pädagogischen) Ebenen. Auch Rösch (2003: 43ff.) strebt mit ihrer Einbeziehung der Erstsprachen in den Sprachunterricht in erster Linie an, das Selbstbewusstsein der Kinder zu stärken, indem sie sich selbst als Expert/inn/en erleben können.

Im Folgenden soll der Fokus auf sprachdidaktischen Vorschlägen im engeren Sinne liegen, wobei Konzeptionen, die den Schwerpunkt auf sprachliche Vielfalt (u.a. Schader), Sprachvergleich (u.a. Oomen-Welke) und den Umgang mit sprachlichen Normen (u.a. Belke) legen, einander gegenübergestellt und ihre Prämissen mit den theoretischen und empirischen Ergebnissen der vorliegenden Arbeit verglichen werden.

a) Sprachenvielfalt als Chance

Schader bezieht in seinen Entwurf einer Mehrsprachigkeitsdidaktik verschiedene Arbeitsbereiche ein (vgl. Schader 2000: 92ff.), wobei die Zuordnung und Zusammenstellung teils willkürlich erscheint:

- *Hören und Sprechen:* Es sollen im Unterricht Gelegenheiten geschaffen werden, bei denen die verschiedenen Sprachen bewusst eingesetzt werden können. Auch sollen Eltern ermutigt werden, mit den Kindern bewusst in der L1 zu kommunizieren.
- *Lesen:* Schader schlägt u. a. Vorleserunden in verschiedenen Sprachen vor.
- *Schreiben:* Jede/r Schüler/in könnte ein eigenes Heft führen, in welchem ausschließlich Texte in der L1 verschriftet werden.
- *Sprachbetrachtung / Grammatik:* Schader empfiehlt bei der Bearbeitung von Phänomenen der Mehrheitssprache den gezielten Vergleich mit entsprechenden Phänomenen in den Erstsprachen, die in der Klasse vertreten sind.

Für den letzten Punkt, auf dessen Betrachtung ich mich im Folgenden beschränke, werden konkrete Maßnahmen vorgeschlagen. So sollen sprachliche Einheiten untersucht werden, was beispielsweise den Vergleich von Wort- und Satzstrukturen durch wörtliche Übersetzungen in verschiedene Sprachen einschließt. Konkretere Hinweise, wie dieser durchaus interessante Ansatz gelingen soll, fehlen allerdings – die wenigen präzisierenden Hinweise wirken nicht gerade hilfreich: „Die grammatische Reflexion, die sich hier anschließt, ist ergiebig, aber anspruchsvoll. Sie muss so geführt werden, dass sie die Schülerinnen und Schüler nicht überfordert" (Schader 2000: 262).

Schwerer noch als die methodische Vagheit wiegt indes die mangelnde didaktische Reflexion und Begründung der vorgeschlagenen Bausteine. Teilweise finden sich zwar (Lern-) Ziele, die den einzelnen Maßnahmen zugeordnet werden. Jedoch handelt es sich bei diesen häufig nicht um fachdidaktische Ziele im engeren Sinne, wenn etwa Dimensionen wie ‚Bewegung' und ‚Spaß' bemüht werden. Des Weiteren wird die Zuordnung von Zielen zu den Maßnahmen kaum begründet oder argumentativ unterfüttert: Warum beispielsweise ein Konzentrationsspiel „dem Deutschunterricht wie auch der Sensibilisierung gegenüber den anderen Sprachen zugute [kommt]" (Schader 2000: 148), wird weder aus der konkreten Beschreibung noch aus dem Gesamtzusammenhang deutlich. Wo die Zielsetzungen stimmig erscheinen, wie etwa beim Entwerfen von Formen-Trainern und Satz-Generatoren, bleibt Schader im Ungefähren: „Für die einen ein Anlass zu intensivem Grübeln über die eigene Sprache, für die anderen ein brauchbares Trainingsmedium im Deutsch [sic!] – und für alle eine kreative und kognitive Herausforderung" (Schader 2000: 268).

Fundiertere und präzisere Ansätze finden sich bei einem etwas neueren, von Schader gemeinsam mit Peyer veröffentlichten Vorschlag (Peyer/Schader 2006). Hier skizzieren die Autoren eine Unterrichtseinheit zur Morphologie, genauer zum „Kennenlernen von Mechanismen, Möglichkeiten und Besonderheiten der deutschen Wortbildung, dies möglichst mit kontrastiven Ausblicken auf die Wortbildung in anderen Sprachen" (Peyer/Schader 2006: 42). Dabei werden die Maßnahmen linguistisch und didaktisch begründet sowie auch auf der methodischen Ebene präzise beschrieben: Es sollen durch induktive Erarbeitung zunächst Muster der deutschen Wortbildung (v.a. Komposition und Derivation) erkannt und beschrieben werden, die anschließend mit den Möglichkeiten in anderen Sprachen verglichen werden. Hierbei sollen schulische Fremdsprachen (z.B. Englisch, Französisch), aber auch in der Klasse vertretene Erstsprachen (z.B. Türkisch, Albanisch) herangezogen werden. Es kann dabei beispielsweise herausgearbeitet werden, …

> […] dass manche deutsche Komposita in anderen Sprachen durch eine syntaktische Gruppe wiedergegeben werden (vgl. Mother's day, mineral water, la porte de la maison), dass manchen im Deutschen abgeleiteten Wörtern in der anderen Sprache ein eigenes, nicht abgeleitetes Wort entspricht (vgl. Arbeitslosigkeit: chômage) und dass es in anderen Sprachen ‚keine so langen am Stück zusammengehängten Wörter gibt wie im Deutschen' (Peyer/ Schader 2006: 46).

Eine empirisch abgesicherte Evaluation der Wirksamkeit dieser Vorschläge liegt bisher allerdings nicht vor.

b) Language awareness durch Sprachvergleich

Oomen-Welke ordnet ihre eigene didaktische Position dem Konzept ‚Language awareness' (vgl. 2.1.1) zu, welches sie als „einigendes Band" (2006a: 310) verschiedener sprachdidaktischer Tendenzen bezeichnet. Sie geht davon aus, dass der Kontakt mit unterschiedlichen Sprachen die Entwicklung metasprachlicher Fähigkeiten anregt – daraus ergibt sich, dass die Arbeit an ‚Language awareness' sinnvollerweise gleich mehrere Sprachen einschließt:

> Die Grenzen zwischen den einzelnen Sprachen werden bewusst überschritten, der Blick wird auf andere Sprachen und Sprachverwendungen geweitet: Im Deutschunterricht sind auch Dialekte, Fremdsprachen, und vor allem nichtdeutsche Erstsprachen bzw. ihre literarischen Zeugnisse einbezogen […]. (Oomen-Welke 2010^2: 480)

Bereits 1999 fordert Oomen-Welke in ihrem Beitrag „Sprachen in der Klasse" eine bewusste Einbeziehung der in der Klasse vorhandenen Erstsprachen im Sinne eines Sprachvergleichs. Sie verspricht sich davon insbesondere die Weiterentwicklung prozessualer Fähigkeiten (vgl. 2.1.1): Nachdenken über Sprachverwendung und Sprachbau, Unterschiede zwischen Sprachen und Schriften, Wirkungen sprachlicher Mittel und Register und Ähnliches (vgl. 1999: 14ff.). Zur Umsetzung schlägt sie sechs Schritte vor:

(a) Sich den Sprachen der Kinder öffnen (Begrüßungsrituale, Lieder, Beschriftungen im Klassenzimmer in verschiedenen Sprachen)
(b) Sprachaufmerksamkeit erkennen (selbstinduzierte Sprachbeobachtungen der Kinder sollen wahrgenommen werden und bewusste Wertschätzungen erfahren)
(c) Vorschläge der Kinder aufgreifen (orientiert an den oben erwähnten Interessen der Kinder, z.B. Vergleich von Schreibweisen, Eigennamen)
(d) Andere Sprachen herbeiholen (bewusster und geplanter Vergleich von Strukturen, z.B. bei Sprachen mit und ohne Pro-Drop-Option)
(e) Sprachen und Texte (Gedichte oder andere kurze Texte in verschiedenen Sprachen miteinander vergleichen)
(f) Sprachphilosophie und allgemeine Sprachenpraxis (Sprachgeschichte, Sprachvarietäten)

In ähnlicher Weise wie bei Peyer/Schader 2006 (s.o.) wird hier die Beschäftigung mit mehreren Sprachen im Unterricht als Positivum für alle Lernenden angesehen, weil so das Erkennen und Fokussieren sprachlicher Phänomene erleichtert werde. Ansatzpunkt sind, wie die aufgelisteten Punkte (insbesondere [b] und [c]) zeigen, Beobachtungen der Schüler/innen – insofern schließt Oomen-Welkes Konzept an den situativen Grammatikunterricht an, bleibt jedoch nicht dabei stehen, weil in den folgenden Schritten auch geplante Unterrichtssequenzen und vorgefertigte Materialien ihren Platz haben.

Diese müssen allerdings bestimmte Anforderungen erfüllen, denen die derzeit gängigen grammatikdidaktischen Lernmedien nicht entsprechen (vgl. Oomen-Welke 2006a: 312f.):

- Sie müssen an den Fragen und Interessen der Schüler/innen (z.B. zu Sprachenvielfalt, der Entstehung von Sprache bzw. Sprachen...) anknüpfen.
- Sie müssen Probleme und Lösungswege andeuten, andererseits aber auch so offen gestaltet sein, dass die Schüler/innen selbst über das methodische Vorgehen mitentscheiden können.
- Sie müssen, sofern sie verschiedene Sprachen einbeziehen, auch den Schüler/inne/n, die diese nicht beherrschen, die Möglichkeit zum Forschen und Vergleichen geben.

Oomen-Welke resümiert:

Über entsprechende Arbeitsmaterialien wird ein indirekter Weg geschaffen, anderen Sprachen ihr Prestige zuzuerkennen und ihren Sprechern Wertschätzung zu erweisen. Gleichzeitig wird die Intention realisiert, den Schülerinnen und Schülern sprachübergreifend sprachliches Orientierungswissen und Sprachbewusstheit sowie methodische Kompetenzen erwerben zu helfen. (Oomen-Welke 2006a: 313)

Für das bewusste Herbeiholen anderer Sprachen nennt sie – anders als beispielsweise Schader (2000) – konkrete und durchdachte Beispiele. Bei der Bearbeitung eines Phänomens der deutschen Sprache im regulären Grammatikunterricht sollen etwa Übersetzungen in andere in der Klasse vertretene Sprachen angefertigt werden. Aus dem Vergleich der Konstruktionen in verschiedenen Sprachen (z.B. hinsichtlich der Wörterzahl, der Wortstellung oder der morphologischen Struktur der Wörter) können „Einsichten in den Sprachbau und seine Möglichkeiten" (Oomen-Welke et al. 1998: 157) gewonnen werden.

Oomen-Welke (vgl. z.B. 2006a: 307f.) hebt hervor, dass mit dem Sprachvergleich gewissermaßen eine natürliche Ressource genutzt werde. Nicht nur für erwachsene Fremdsprachlerner/innen spiele dieser eine wesentliche Rolle, auch bilinguale Kinder nutzten ihn intuitiv und explizit. Sie verweist beispielsweise auf Nauwerck (2005), die eine hohe Sprachlernbewusstheit bei Kindern mit frühem Französischangebot im Kindergarten nachweisen konnte. „Offensichtlich gibt es im Kopf bewusst Lernender eine Strategie des Vergleichens, die der Sprachunterricht nicht kennt oder nicht zur Kenntnis nimmt." (Oomen-Welke 2006a: 309) Dadurch wird eine Chance verschenkt, Interesse an und Aufmerksamkeit für Sprache zu wecken und die distanzierte und deautomatisierte Sprachbetrachtung zu erleichtern.

Die bisher veröffentlichten Vorschläge sind unter anderem im „Sprachenfächer" (Oomen-Welke 2006b) und unter www.ph-freiburg.de/jaling/ einzusehen. Sie entsprechen insofern den von der Autorin selbst aufgestellten Kriterien, als sie offen gestaltet sind und dennoch in geeigneter Weise vorstrukturierend wirken. Allerdings fehlen teilweise noch Anregungen für die Betrachtung der Sprachstruktur im engeren Sinne, z.B. im Hinblick auf morphologische oder syntaktische Phänomene. Häufiger wird im Bereich der Interkulturalität oder auf einer allgemein sprachphilosophischen Ebene gearbeitet, wenn es um Themen wie Höflichkeit (in verschiedenen Kulturen), den Vergleich von Vornamen oder die Herkunft von Fremdwörtern geht.

Oomen-Welke ist nicht die einzige, die im Sprachvergleich ein wesentliches Element zukünftiger Grammatikdidaktik sieht. Auch Rothstein fordert im Rahmen seines sprachintegrativen Ansatzes, bei der Sprachreflexion Strukturen der deutschen Sprache solchen aus Fremd- und Herkunftssprachen gegenüberzustellen. Er verspricht sich davon neben der Erweiterung expliziten metasprachlichen Wissens auch die Verbesserung der sprachlichen Handlungsfähigkeit (vgl. Rothstein 2011: 14ff.).

Ebenso steht für Jeuk (2007: 76) fest, „[...] dass die aktive Auseinandersetzung der Lehrperson mit den Herkunftssprachen der Kinder ein zentrales Prinzip sein muss." Nur so könne die Lerperson die Familiensprachen der Kinder thematisieren, um ihnen eine tatsächliche Nutzung der Vorteile, die sich aus der mehrsprachigen Lebenswelt ergeben, zu ermöglichen.

So überzeugend die Argumentation wirkt, so wenig sind die erhofften Effekte sprachvergleichenden Unterrichts bisher empirisch überprüft und nachgewiesen. Es handelt sich hier, wie Oomen-Welke mit Recht betont, um ein allgemeines Problem didaktischer Forschung: Schon kurzfristige Effekte lassen sich nur schwer präzise feststellen, da nicht nur der fokussierte Aspekt, sondern auch viele weitere und schwer zu kontrollierende Faktoren den Unterrichtserfolg maßgeblich beeinflussen – insbesondere Einstellungen, Kompetenzen und Vorgehensweisen der Lehrpersonen. Langfristige Effekte, auf die es jedoch ankommt, sind mangels Trennschärfe noch sehr viel schwieriger zweifelsfrei zu ermitteln (vgl. Oomen-Welke 2006a: 315f.). Insofern erscheint Oomen-Welkes Bewertung der eigenen Vorschläge, die ihrer Auffassung nach „[...] zum Aufbau von Sprachbewusstheit und Sprach*lern*bewusstheit dienen" (Oomen-Welke 2006a: 316; Hervorh. im Original), zumindest recht optimistisch.

Es sollen hier nicht sämtliche Vorzüge sprachvergleichenden Unterrichts in Abrede gestellt werden. Dass die Berücksichtigung der Migrantensprachen deren Prestige zu verbessern hilft und dass mehrsprachige Schüler/innen durch die Einbeziehung als Expert/inn/en motiviert werden, ist (trotz ebenfalls fehlender empirischer Belege) plausibel. Ob und unter welchen Bedingungen dadurch jedoch die Fähigkeit zur Sprachbetrachtung und zur Sprachverwendung in der L2 gefördert wird, muss ungeachtet der o. g. Schwierigkeiten weiterhin überprüft werden. Die Feststellung, „zumindest subjektiv" (Oomen-Welke 2006a: 317) werde sprachübergreifender Unterricht als sinnvoll und sprachfördernd erlebt, reicht hier nicht aus.

c) Sprachliche Normierung und Sprachreflexion

Belke hebt berechtigterweise die Notwendigkeit hervor, den integrativen[31] Sprachunterricht unter Berücksichtigung beider Zielgruppen (DaM und DaZ) zu konzipieren. Die daraus entstehenden Probleme umreißt sie folgendermaßen:

1. Wie integriert man den für Schüler mit DaZ erforderlichen *systematischen Zweitsprachenunterricht* zur Vermittlung und Übung sprachlicher Strukturen in den *muttersprachlichen* Deutschunterricht, ohne dass die deutschen Schüler, die die zu vermittelnden sprachlichen Strukturen schon beherrschen, sich langweilen?
2. Wie müssen die allen Kindern angebotenen sprachlichen Äußerungen, Texte, Handlungen beschaffen sein, damit Einwandererkinder die Zweitsprache Deutsch erwerben? Anders ausgedrückt: Unter welchen Bedingungen wird *input* […] zum *intake* […]? (Belke 2003b: 843, Hervorh. im Original)

Für unumgänglich hält sie eine stärkere Berücksichtigung sprachlicher Normen, als es im traditionellen Grammatikunterricht für einsprachige Schüler/innen der Fall ist: Bei einem ausschließlich kommunikativ orientierten Sprachunterricht, wie er in der schulischen Praxis derzeit vorherrschend sei, bestehe für Schüler/innen mit Deutsch als L2 die Gefahr, dass im Sprachunterricht nur das reproduziert werde, was sie bereits beherrschen (BICS) und dass die für die Nutzung der Schriftsprache notwendigen formalen sprachlichen Fähigkeiten (CALP) zu kurz kommen (vgl. Belke 2003b: 845).

Die Lösung liegt für sie darin, das auch für sprachkompetente einsprachige Lerner/innen motivierende Sprachspiel zur Förderung sprachlicher und metasprachlicher Fähigkeiten zu nutzen. Hierfür biete sich die Nutzung ästhetischer (z.B. lyrischer) Texte als Grundlage sprachlicher Lernprozesse an: Die bewusste Gestaltung dieser Texte erleichtere es, die Konzentration auf das sprachliche Zeichen an sich zu richten, da die ästhetische Funktion der Sprache hier Vorrang vor der pragmatischen gewinne. Auch mündlich tradierte Kindertexte (z.B. Abzählverse, Zungenbrecher, Reihenwitze) ermöglichen einen Einstieg in das komplexe System Sprache. Das Operieren mit sich wiederholenden oder variierenden sprachlichen Strukturen biete für einsprachige Kinder die Möglichkeit entdeckenden Lernens, für mehrsprachige Kinder mit noch nicht ausreichend entwickelndem analysiertem sprachlichem Wissen hingegen die Möglichkeit zur systematischen Übung.

Bei ihren Praxisvorschlägen orientiert sich Belke unter anderem an den Methoden des operationalen Grammatikunterrichts (vgl. 2003³: 82ff.), wenn etwa Substitutionen oder Transformationen als spielerische Übungen eingesetzt werden. Teilweise handelt es sich dabei um altbekannte Spiele wie Domino oder Quartett, anhand derer verschiedene sprachliche Lernziele (Transformation von Aktiv- zu Passiv-

---

[31] hier: gemeinsamer Sprachunterricht für L1- und L2-Lerner/innen

konstruktionen, Flexion attributiver Adjektive) erreicht werden sollen (vgl. z.B. Belke/Geck 2007³).

Gleichzeitig kritisiert sie jedoch die auf der operationalen Grammatik nach Glinz basierende Grammatik-Werkstatt (vgl. Menzel 1999), die sie als ein Symptom der „Linguistisierung des Deutschunterrichts" (Belke 2003³: 171) ansieht. Konkret wirft sie Menzel und Eisenberg vor, bei ihren operativen Verfahren die sprachlichen Normen, die die Schüler/innen erst noch erwerben müssten, als bekannt vorauszusetzen. Ihrer Ansicht nach sollten im Sprachspiel dagegen nicht in erster Linie Beobachtungen gemacht, sondern Regularitäten eingeübt werden: „Sprachliche Normen sind für den Texttyp ‚Sprachspiel' konstitutiv. Bei der mündlichen Überlieferung von Sprachspieltexten verhalten sich die Kinder in hohem Maße normativ. Wer die Spielregeln nicht einhält, ist ein Spielverderber" (Belke 2003³: 180f.).

In Übereinstimmung mit Menzel und Eisenberg spricht sie sich jedoch klar gegen ein rein situatives und für systematisches Lernen aus:

Aufgabe der Didaktiker, der Hersteller von Lernmaterialien und der Lehrer sollte es sein, solchermaßen ‚gelenkte' Situationen zum Erwerb spezifischer grammatischer Phänomene bereitzustellen. Im Grammatikunterricht bestimmt nicht die Situation die zu erwerbenden sprachlichen Mittel, sondern die zu erwerbenden bzw. zu übenden sprachlichen Strukturen bestimmen die Situation. (Belke 2003³: 182)

Belke wendet sich somit explizit gegen die unter anderem von Oomen-Welke vertretene Auffassung, eine einseitige Orientierung an (meist schriftsprachlichen) Normen verhindere echte Sprachreflexion und führe nicht zur Entwicklung metasprachlicher Fähigkeiten. Der allenthalben empfohlenen Fehlertoleranz sollen im Sprachunterricht Grenzen gesetzt werden: Ihrer Auffassung nach müssen sich Kinder in einer Sprache zunächst sicher fühlen, um dann über einzelne Regelmäßigkeiten oder Abweichungen reflektieren zu können – deshalb sei eine Konzentration auf rein situative Sprachbetrachtung kein gangbarer Weg: „Voraussetzung für den Spaß an [...] Sprachmischungen und sonstigen kreativ genutzten Normabweichungen ist die Beherrschung der jeweiligen Norm, die in den Sprachspielen verletzt wird." (Belke 1998: 155) Deshalb plädiert sie dafür, im schulischen Sprachunterricht gerade die fehleranfälligen grammatikalischen Phänomene (z.B. Kasus- und Genusmarkierung, bestimmte Tempusformen) operational und systematisch im Sinne eines Spiralcurriculums von der ersten Klasse an regelmäßig aufzugreifen.

In vergleichbarer Weise tritt Rösch (2003: 36ff.) für eine strukturierte Sprachförderung ein, zeigt sich dabei jedoch weniger an grammatischer Terminologie interessiert. Die konkreten Vorschläge zielen insbesondere auf das Einschleifen sprachlicher Strukturen, die metasprachliche Betrachtung derselben spielt eine geringere Rolle. Verschiedentlich finden sich jedoch Empfehlungen, dabei auch den Sprachvergleich zu nutzen: Beispielsweise bei der Gegenüberstellung von Singular / Plural im Deutschen sowie Singular, Dual und Plural im Arabischen.

Bei den Vorschlägen von Belke und Rösch ist zu betonen, dass sie nicht in derselben Form wie wie andere Autor/inn/en besonders ausgeprägte metasprachliche Fähigkeiten mehrsprachiger Kinder postulieren und als Ausgangspunkt ihrer didaktischen Überlegungen nutzen. Insgesamt werden weniger umfangreiche sprachliche und metasprachliche Fähigkeiten der Schüler/inn/en mit DaZ vorausgesetzt, was mit den Ergebnissen dieser Untersuchung übereinstimmt.

Auch ist hervorzuheben, dass Belke mit ihren konkreten Vorschlägen nicht auf der Ebene der Sprach- und Kulturbegegnung (die sie ebenfalls berücksichtigt) verharrt, sondern gezielt an und mit sprachlichen Phänomenen arbeitet. Dabei bleibt sie nicht beim Sprachvergleich stehen, sondern es wird häufig eine Verbindung zu den sprachpraktischen Fähigkeiten in der Zweitsprache (Deutsch) hergestellt, deren Weiterentwicklung das übergeordnete Ziel der Sprachbetrachtung darstellt.

Die Unterrichtsvorschläge und -materialien speziell zum Bereich der Grammatik wirken bei genauerer Analyse allerdings an vielen Stellen linguistisch und sprachdidaktisch nicht völlig durchdacht. Die operativen Verfahren erscheinen zumindest in Teilen wesentlich monotoner als die der kritisierten Grammatik-Werkstatt, und es fällt nicht immer leicht, sie als spielerisch-motivierend insbesondere für sprachlich kompetente L1-Lerner/innen wahrzunehmen.

Auch erweckt die von Belke präsentierte Ansammlung von methodischen Ideen nicht den Eindruck eines konsistenten Ganzen. Ähnlich wie in der Diskussion um den situativen Grammatikunterricht könnte hier – obwohl durchaus geplanter und mediengestützter Unterricht stattfindet – der Vorwurf erhoben werden, der Sprachunterricht bleibe bei der Betrachtung von Einzelfällen stehen und ermögliche es den Schüler/inne/n nicht, Einsichten in das Gesamtsystem Sprache zu gewinnen.

Die positiven Auswirkungen des (sprachübergreifenden) Sprachspiels auf metasprachliche und sprachpraktische Fähigkeiten erscheinen plausibel, bedürfen aber noch der genaueren Überprüfung, die natürlich mit denselben methodischen Schwierigkeiten wie beim Konzept des Sprachvergleichs zu kämpfen hat.

Somit gilt nach wie vor, dass bei der Beurteilung und Auswahl vorliegender didaktischer Konzepte mangels empirisch abgesicherter Überprüfung aufgrund theoretischer Überlegungen und unter Berücksichtigung der Erkenntnisse aus der Grundlagenforschung argumentiert werden muss. Gleichzeitig ist es die drängendste Aufgabe der Fachdidaktik, Möglichkeiten zur systematischen Evaluierung unterrichtlicher Konzepte wie der eben dargestellten zu entwickeln und einzusetzen.

5.2 Die Untersuchungsergebnisse und ihre didaktischen Konsequenzen

Abschließend wird die Frage erörtert, wie die Untersuchungsergebnisse in den wieteren fachdidaktischen Diskurs einbezogen werden können. Stärken und Schwächen der im Abschnitt 5.1.2 dargestellten Konzepte werden bei den Überlegungen zum Sprachunterricht in der Primarstufe (5.2.2) einbezogen.

5.2.1 Folgerungen für den Stellenwert der Erstsprachen in Gesellschaft, Schule und Familie

Zunächst zeigen die vorliegenden Untersuchungsergebnisse, dass Erst- und Zweitsprache nicht in Konkurrenz zueinander gesehen werden dürfen: Der Erwerb einer frühen Zweitsprache, zu dem Kinder ab drei Jahren grundsätzlich in der Lage sind, wird nicht durch die parallele Förderung mündlicher und schriftlicher Fähigkeiten in der Erstsprache behindert. Teilweise sind sowohl bei sprachlichen als auch bei metasprachlichen Fähigkeiten sogar positive Effekte zu beobachten, die noch weiter überprüft werden müssen.

Dies sollte beispielsweise Lehrer/innen und Erzieher/innen ermutigen, den Eltern mehrsprachiger Kinder die aktive Förderung der L1 ans Herz zu legen. Gerade der Schriftspracherwerb in der Erstsprache, der mangels Gelegenheit im Elternhaus meist auf einen institutionell verankerten muttersprachlichen Unterricht angewiesen ist, muss verstärkte Berücksichtigung finden.

Dieser muttersprachliche Unterricht, der bekanntermaßen zunächst als Rückkehrhilfe konzipiert war und nach Verlust dieser Funktion heute in der Kritik steht (vgl. z.B. Brumlik 2000), ist offenbar bedeutsam für die sprachliche Entwicklung und den Bildungserfolg von Kindern mit Migrationshintergrund. Er muss sich aber an die neuen Anforderungen anpassen – wünschenswert wäre beispielsweise eine häufigere Einbeziehung auch der Zweitsprache Deutsch im Rahmen von Sprachvergleichen, was selbstverständlich bedingt, dass die Lehrenden im muttersprachlichen Unterricht diese Zweitsprache auch in ausreichendem Maße beherrschen.

Weitergehende Konzepte sehen unter anderem eine zweisprachige Alphabetisierung im Anfangsunterricht (vgl. z.B. Siebert-Ott 2006[2]: 37f.) oder eine Orientierung am Two-Way-Immersion-Modell (vgl. Reich/Roth 2002: 24) vor. Diese sind aber wesentlich aufwändiger umzusetzen als rein auf den Sprachunterricht bezogene Vorschläge (vgl. 5.2.2), zudem bedürfen auch sie noch einer genauen Evaluation.

Wichtig ist, dass im Bildungswesen dem Erwerb der Erstsprachen ein Eigenwert zuerkannt wird. Insbesondere die unter 4.2.8 zusammengestellten Ergebnisse sind ein weiterer argumentativer Mosaikstein für den Versuch, das monolinguale Selbstverständnis der deutschen Schulen zu korrigieren. Dies wird jedoch nicht vom ‚Elfenbeinturm' der Wissenschaft aus gelingen: Wichtigste Voraussetzung hierfür sind Veränderungen in der Lehrer/innen-Ausbildung. Diese sind politisch zwar durchaus gewollt, wie beispielsweise Neuerungen in den Prüfungsordnungen von 2011 für die Lehrämter in Baden-Württemberg zeigen. Gleichzeitig sind jedoch die Vorgaben häufig noch so vage, dass es entscheidend auf die Umsetzung durch die Lehrenden der Universitäten bzw. Pädagogischen Hochschulen ankommen wird. In diesen Institutionen sollte intensiv daran gearbeitet werden, dass Lehrerinnen und Lehrer die Anwesenheit von mehrsprachigen Kindern im Klassenzimmer nicht mehr als einen den Unterrichtsverlauf beeinträchtigenden Störfaktor ansehen.

5.2.2 Folgerungen für den Sprachunterricht in der Primarstufe

Die erste Fragestellung der Grammatikdidaktik ist nicht, wie der Erwerb metasprachlicher Fähigkeiten möglichst nachhaltig und effektiv unterstützt werden kann – zunächst muss die Frage geklärt werden, wie diese metasprachlichen Fähigkeiten überhaupt beschaffen sein sollen. Entsprechend dem Fokus dieser Arbeit konzentriere ich mich im Folgenden auf meta-morphosyntaktische, metalexikalische und metasemantische Aspekte und damit auf diejenigen, die traditionell im Grammatikunterricht ihre Berücksichtigung finden.

Implizit oder explizit? – Zum Wesen der im Grammatikunterricht zu entwickelnden metasprachlichen Fähigkeiten

In der Darstellung dieser Untersuchung ist mehrfach der Unterschied zwischen implizitem („spezifisch syntaktischer Information", Funke 2001: 18) und explizitem (verbalisierbarem) Wissen über Sprache deutlich geworden – beispielsweise bei der Segmentierung von Wortfolgen (implizit) und der Beantwortung von Fragen zum Wortbegriff (explizit) oder bei Grammatikalitätsurteilen (implizit) und der Begründung derselben (explizit). An welcher dieser beiden Formen metasprachlicher Fähigkeiten primär im Grammatikunterricht gearbeitet werden sollte, ist durchaus nicht unumstritten.

Einerseits scheint es nicht möglich zu sein, ausschließlich auf die impliziten Fähigkeiten der Schüler/innen einzugehen bzw. diese anzuregen. Für gesteuerte Lernprozesse, wie sie in der Schule angestrebt werden, ist die Möglichkeit, die fokussierten sprachlichen Einheiten benennen zu können, essentiell. Für diese Benennung sind wiederum Begriffe unabdingbar, weshalb auf *begriffliches* Lernen im Grammatikunterricht wohl auch in Zukunft nicht verzichtet werden kann.

Auch Funke (vgl. 2001: 340) vertritt diese Position, hebt jedoch hervor, dass eine Beschränkung auf rein *terminologisches* Lernen, wie es im traditionellen formalsystematischen Grammatikunterricht häufig praktiziert wird, nicht zielführend ist. Den Unterschied zwischen begrifflichem und terminologischem Lernen umschreibt er folgendermaßen:

Es liegt nun auf der Hand, dass es didaktisch von entscheidender Bedeutung ist, ob dabei bloß *Bezeichnungen* gelernt wurden [terminologisches Lernen, A.K.] oder auch ein Verständnis der bezeichneten *Sachverhalte* erreicht wurde [begriffliches Lernen, A.K.]. (Funke 2001: 340f.; Hervorh. im Original)

Andererseits ist aus den Ergebnissen der hier vorliegenden Untersuchung in Übereinstimmung mit Funkes Studie zu schließen, dass metasprachliche Fähigkeiten nicht ausschließlich begrifflicher Natur sein können, sondern auch auf der (impliziten) Ebene der „spezifisch syntaktischen Information" (Funke 2001: 343) zu suchen sind. Diese bildet gewissermaßen die Basis für die Entwicklung verbalisierbaren Wissens, das dann zur Anregung weiterer Lernprozesse genutzt werden kann – ein Zusammenhang, den der aktuell praktizierte Grammatikunterricht weitgehend verkennt. Es wird nur selten der Versuch unternommen, das Augenmerk der Lerner/innen gezielt auf das vorhandene implizite metasprachliche Wissen zu richten – statt dessen werden Begriffe zur Bezeichnung sprachlicher Phänomene anhand von Beispielen beobachtet, isoliert, begrifflich gefasst und mit (zunehmend präzisen) Merkmalen versehen. Dadurch wird der Grammatikunterricht ‚handhabbar', erhält eine feste Struktur, die die Planung und Durchführung scheinbar erleichtert. Diese Vorgehensweise kritisiert Funke mit Recht:

Die Verallgemeinerung einer an einer Folge von Beispielen beobachteten Erscheinung stellt einen im Grammatikunterricht stets problematischen Schritt dar, da syntaktische Information lokale Reichweite hat und ausschließlich positiv ist, d.h. zwar zu einem Muster gleichartige Fälle zu erkennen gestattet, nicht aber von ihm abweichende. (Funke 2001: 349)

Der Grammatikdidaktik kommt daher die wichtige Aufgabe zu, die Arbeit an begrifflichem und nicht-begrifflichem Wissen zu vereinen:

Somit könnte ein begrifflich orientiertes Arbeiten, welches die Identifikation von grammatischen Merkmalen sprachlicher Einheiten zum Ziel hat, in bestimmten Abschnitten des Lernprozesses sinnvoll sein. Das Gleiche gilt für ein intuitives, nicht begriffliches Arbeiten. (Funke 2001: 354)

Aus den Ergebnissen der vorliegenden Untersuchung lässt sich in Übereinstimmung mit diesen Überlegungen schließen, dass die vorhandenen impliziten metasprachlichen Fähigkeiten der Schüler/innen stärker als bisher im Grammatikunterricht genutzt und gefördert werden müssten. Es ist in dieser Hinsicht sicher nicht von Vorteil, dass die Bedeutung der Sprachbetrachtungsaktivitäten im Alltag, wie sie Clark (1978) auflistet (vgl. 2.2), umgekehrt proportional ist zu ihrem traditionellen Stellenwert im Grammatikunterricht. Ansatzweise wird, wie einige der unter 5.1.2 dargestellten Konzepte zeigen, bereits darauf hingearbeitet, implizites metasprachliches

Wissen stärker einzubeziehen; häufig wird jedoch zu Recht ein noch stärkeres Anknüpfen am bereits vorhandenen Reflexionspotential der Schüler/innen gefordert, um auf dieser Basis die Ziele des Grammatikunterrichts erreichen zu können.

Eine damit zusammenhängende, weiterführende Frage ist, ob und inwiefern die schulisch und außerschulisch erworbenen metasprachlichen Fähigkeiten eine Rolle in der konkreten Sprachverwendung spielen – ob es also einen direkten Zusammenhang zwischen metasprachlichen und sprachlichen Fähigkeiten gibt.

Die Frage, inwieweit das sprachliche Bewusstsein neben der im Grammatikunterricht geforderten Sprachreflexion auch die konkrete Sprachverwendung steuert, wird unterschiedlich beantwortet. Sie ist eng verbunden mit der schon Jahrzehnte andauernden Diskussion um Sinn oder Unsinn des Grammatikunterrichts, in welchem bekanntermaßen ganz überwiegend nicht sprachliche, sondern metasprachliche Fähigkeiten vermittelt werden. Dies wird, wie Bredel (2007: 94ff.) hervorhebt, von vielen Beteiligten nicht vollständig nachvollzogen, worauf offensichtlich zumindest ein Teil der Probleme des Grammatikunterrichts beruht. Vielen Lehrer/inne/n und fast allen Schüler/inne/n ist offenbar nicht bewusst, dass die Regeln der Sprachverwendung, wie sie im Grammatikunterricht vermittelt werden, der Handlungspraxis nicht vorgeschaltet, sondern nachträgliche Beschreibungen sind[32].

> Einer der vielleicht schwerwiegendsten Irrtümer der Sprachdidaktik [...] besteht darin, dass dieses Verhältnis auf den Kopf gestellt wird und Schüler/innen über Merksätze (*knowing that*) zum regelgerechten Sprechen oder Schreiben (*knowing how*) angeleitet werden sollen. (Bredel 2007: 98; Hervorh. im Original)

Zum Teil ist dieses Missverständnis auch auf die im Lateinunterricht verwurzelte Tradition des (muttersprachlichen) Grammatikunterrichts zurückzuführen: Im fremdsprachlichen Lateinunterricht ist das Verhältnis von *knowing that* und *knowing how* notwendigerweise ein völlig anderes.

Die in der Forschung bisher ermittelten Erwerbsreihenfolgen (vgl. 2.2) und die häufig belegte Beobachtung, dass metasprachliche Reflexion dem korrekten Sprachgebrauch nicht notwendigerweise vorausgehen muss, lassen nur zwei Antwortmöglichkeiten auf die oben gestellte Frage offen: Entweder handelt es sich bei metasprachlichen Fähigkeiten lediglich um ein Epiphänomen, eine im Lernprozess nachgeordnete, eigentlich nicht benötigte ‚Luxusfunktion', oder aber metasprachliche Fähigkeiten sind nicht grundsätzlich notwendig, aber für bestimmte Aspekte oder Qualitäten des Sprachgebrauchs hilfreich (vgl. Häcki Buhofer 2002: 29). Hubert Ivo begründet die Notwendigkeit metasprachlicher Bildung in der Erstsprache beispielsweise mit den besonderen Anforderungen des Schriftspracherwerbs:

---

[32] Illustrieren lässt sich dieses Missverständnis durch die Äußerung einer Achtklässlerin, die im Rahmen einer informellen Befragung zum Sinn des Grammatikunterrichts schriftlich antwortete: „Grammatik gehört einfach dazu. Ohne Grammatik könnten wir doch kaum ein Satz koregt zusammen bekommen."

Diese reflexive Aneignung der eigenen Sprache macht im Kern muttersprachliche Bildung aus. Die für sie charakteristische Reflexion auf Sprache ist kategorial von Metakommunikation unterschieden. Sie zielt einerseits auf die sprachliche Norm, andererseits auf ein theoretisches Verständnis der eigenen Sprachlichkeit. (Ivo 2000: 25)

Auffällig ist, dass die Schriftsprache formale Strukturen in anderer und vielfältigerer Weise abbildet als die gesprochene Sprache.[33] Dies liegt daran, dass in der Schriftsprache Phänomene wie Groß- und Kleinschreibung, Getrennt- und Zusammenschreibung und Interpunktion implizite metasprachliche Fähigkeiten beanspruchen. „Daraus ergibt sich: Schreiben ist *seinem Sinn nach* ein Grammatikalisieren. Grammatische Reflexion, in welchen Abstufungen und Graden der Explizitheit auch immer, ist ein zum Schreiben gehörender Vorgang." (Funke 2000: 62; Hervorh. im Original)

Eine Aufgabe der Grammatikdidaktik ist es somit, Wege zu finden, mit denen Schüler/inne/n grammatisches Wissen so vermittelt wird, dass sie es bei der Produktion von Schriftsprache nutzen können. Bei diesem grammatischen Wissen muss es sich laut Funke (2000: 63ff.) primär um implizites ‚Orientiertsein', nicht um explizites metasprachliches Analysewissen handeln. Er zeigt am Beispiel der Groß- und Kleinschreibung, dass eine explizite Wortartbestimmung bei der Entscheidung über Zweifelsfälle nicht stattfindet: Gerade die Verbtypen, die laut einem Test zum expliziten metasprachlichen Wissen am schwierigsten zu ermitteln sind, verursachen bei der konkreten Textproduktion die wenigsten Fehler. „Die beim Schreibprozess effektiv wirksame Information ist also [...] syntaktische Kontextinformation, welche auf die Satzstruktur bezogen ist." (Funke 2000: 64) Diese ‚syntaktischen Kontextinformationen' sind es, die im Grammatikunterricht fokussiert werden müssen. Funke wendet sich hier gegen die klassische Vorstellung, explizites Wissen müsse vermittelt und anschließend durch Einüben automatisiert werden. Er plädiert stattdessen dafür, den Lerner/inne/n einen direkten Umgang mit ihren sprachlichen Intuitionen zu ermöglichen.

Fragestellungen, die ein spontanes, nicht auf die Handhabung grammatischer Terminologien beschränktes Reagieren ermöglichen und dabei mehrere Antworten zulassen, sind gleichzeitig geeignet, deutlich zu machen, dass verschiedenartige sprachliche Intuitionen respektiert werden können, und damit das Vertrauen in diese Institutionen zu stärken. (Funke 2000: 67)

---

[33] Dies lässt sich verdeutichen an der Fehlschreibung eines Grundschülers: „Gozeidank hatte ich mir nicht wehgetan." Die lautlichen Einheiten wurden hier den Konventionen entsprechend in Grapheme umgesetzt – dennoch zeigt erst die verschriftlichte Fassung, dass der Schüler die Wendung inhaltlich vermutlich nicht verstanden hat.

Eine solche für das Schreiben nutzbare Grammatik zu entwickeln, ist eine Aufgabe, die trotz zahlreicher Versuche bisher nicht als gelöst betrachtet werden kann. Als positives Beispiel für die Einbeziehung metasprachlicher Reflexion in den konkreten Sprachgebrauch ist Klotz (1996) zu nennen: Er belegt in einer aufwändigen Untersuchung, dass es möglich ist, durch einen funktionalen Grammatikunterricht eine Brücke von den metasprachlichen Fähigkeiten zur Sprachverwendung zu schlagen – konkret, „dass Grammatikunterricht als Sprachangebotsunterricht [...] strukturelle Variation fördert und Textverläufe in ihrem Niveau stabilisiert" (Klotz 1996: 255).

Ansonsten jedoch handelt es sich bei den meisten Plädoyers, die in diese Richtung zielen, um gut begründete und durch gelegentliche Einzelbeobachtungen garnierte Konzeptionen und Modelle, deren Wirksamkeit aber noch nicht empirisch überprüft ist. Das Verhältnis zwischen (im Grammatikunterricht vermittelten) metasprachlichen Fähigkeiten und der Fähigkeit zu bewusster und funktional angemessener Sprachverwendung ist damit weiterhin ein Desiderat.

Grammatikdidaktische Konzepte müssen sich einstweilen daran messen lassen, ob es ihnen gelingt, die erwiesenermaßen vorhandenen (impliziten) metasprachlichen Fähigkeiten der Schüler/innen zu aktivieren, weiterzuentwickeln und für den Erwerb expliziten Wissens und die Weiterentwicklung kommunikativer Kompetenzen zu nutzen. Dafür ist meines Erachtens eine Verbindung zweier Konzeptionen notwendig, die die grammatikdidaktische Diskussion in den letzten Jahren geprägt haben und die im Folgenden unter Berücksichtigung der Ergebnisse der vorliegenden Untersuchung diskutiert werden sollen:

Korrekte, bewusste und situativ angemessene Sprachverwendung als Ziel des Grammatikunterrichts: Funktionaler Grammatikunterricht

Dringend erforderlich ist es zunächst, den maßgeblich von Schmidt (1966^2) und Köller (1997^4) geprägten funktionalen Grammatikunterricht an die Bedürfnisse mehrsprachiger Lerner/innen anzupassen. Hier geht es zunächst um die Fähigkeit, Sprache zielbewusst und situativ angemessen verwenden zu können – in letzter Konsequenz aber auch um die Selbstaufklärung des sprachlich verfassten Denkens.

> Sein [Köllers, A.K.] Ziel ist ja nicht, den Schülerinnen und Schülern ein für sie neues linguistisches Wissen zu vermitteln, sei es auf Satz- oder auf Textebene, sondern ein bereits bei ihnen vorhandenes *Sprachgefühl* in gemeinsamer Arbeit mit ihnen *ins Licht des expliziten Bewusstseins treten* zu lassen. (Funke 2001: 320; Hervorh. im Original)

Demzufolge muss der Grammatikunterricht so gestaltet sein, dass die Lernenden ihn auch als Erkundung ihrer eigenen sprachlichen Fähigkeiten erfahren und nicht als Erforschung sprachlicher Feinheiten in fremden Texten. Es muss ihnen deutlich werden, dass sie im Grammatikunterricht etwas in einer neuen Weise erfassen, worüber sie auf andere Weise vorher schon verfügten (vgl. Funke 2001: 320).

Die von Köller selbst vorgeschlagenen und in Form von Unterrichtsskizzen präsentierten Phänomene (Tempus, Genus und Modus) sind für diesen Zugang offensichtlich geeignet – im Unterschied zu anderen grammatikalischen Erscheinungen wie beispielsweise den Kasus, bei denen der funktionale Grammatikunterricht sicherlich an seine Grenzen stößt. Auch Köller sieht die Schwachstellen seines Konzepts,

> [...] das keineswegs einen imperialen Anspruch erhebt. Unbestritten bleibt, dass nicht alle grammatischen Formen auf diese Weise im Unterricht behandelt werden können und dass viele über schlichte Einübungsformen gefestigt werden müssen. (Köller 1997[4]: 33)

Durch den funktionalen Grammatikunterricht sollen insbesondere konzeptionelle Schriftlichkeit und elaborierte Sprachverwendung gefördert werden (vgl. Funke 2001: 316): Bereiche, in denen die in nicht-institutionellem Rahmen erworbenen Fähigkeiten bei vielen Kindern und Jugendlichen (mit und ohne Migrationshintergrund) nicht ausreichen. Zur Förderung dieser elaborierten sprachlichen Fähigkeiten kann, wie Klotz (1996) anhand einer Unterrichtseinheit zum Thema ‚Adverbiale Bestimmungen' überzeugend belegt, metasprachliche Reflexion einen Beitrag leisten. Insbesondere L2-Lerner/innen, denen es häufig an geeignetem Input mangelt, sollten hiervon profitieren können.

Die formale Ebene, also die systematische Identifizierung von Wortarten oder die syntaktische Analyse von Sätzen und Wortgruppen, ist im Grammatikunterricht der Grundschule deshalb nicht zu vernachlässigen. Sie muss aber für den korrekten und situativ angemessenen Sprachgebrauch nutzbar gemacht werden, das heißt, die Übertragung auf orthographische oder textuelle Anwendungsbereiche muss direkt in den Grammatikunterricht integriert werden. So könnte eine Spiralwirkung im Sinne Neulands (2002: 9) angestrebt werden:

⟶ Reflexion über den eigenen Sprachgebrauch

reflektierterer Sprachgebrauch   Erweiterung des Sprachbewusstseins

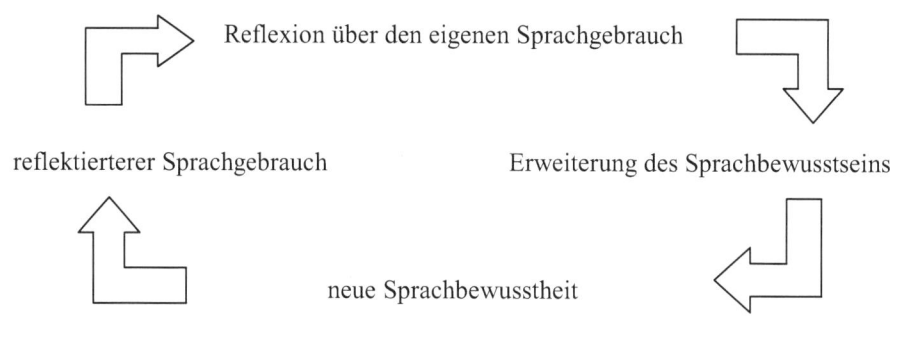

neue Sprachbewusstheit

Abbildung 5.1: *Beziehung von Sprachbewusstsein und Sprachgebrauch (vgl. Neuland 2002: 9)*

Hervorzuheben ist allerdings, wie auch Funke (2001: 324ff.) betont, dass diese Zusammenhänge bisher kaum empirisch belegt sind und dass es demzufolge weiterer Überprüfung bedarf, ob sprachliche Zusammenhänge in dieser Form analytisch erschlossen und in die konkrete Sprachverwendung übertragen werden können.

Einblicke in den Bau der Sprache als Ziel des Grammatikunterrichts: Grammatik-Werkstatt / Operationaler Grammatikunterricht

Verschiedene Grammatikdidaktiker, insbesondere Menzel und Eisenberg mit ihrer Grammatik-Werkstatt (Eisenberg/Menzel 1995; Menzel 1999), betonen im Gegensatz zu Schmidt und Köller die Bewusstmachung sprachlicher Strukturen als primäre Funktion des Grammatikunterrichts. Das heißt, dass im Sinne de Saussures konkret vorliegende ‚parole' analysiert und daraus auf die Struktur der zugrunde liegenden ‚langue' geschlossen wird. An einigen Stellen wird diese Arbeit damit gerechtfertigt, dass die gewonnenen Erkenntnisse wiederum in ‚parole' übertragbar sind, d.h. dass ein Wissen um sprachliche Strukturen die bewusste Sprachverwendung (in Produktion und Rezeption) erleichtert. Es wird in den genannten Konzepten jedoch nur selten der Versuch unternommen, diesen Zusammenhang nachvollziehbar zu begründen oder gar empirisch nachzuweisen.

Konsequenterweise erkennt Menzel der Arbeit an morphologischen und syntaktischen Phänomenen auch einen Eigenwert zu:

> Als Deutschlehrerinnen und -lehrer sollten wir [...] nicht ständig die Ziele unseres Grammatikunterrichts defensiv vertreten; *Einblick in den Bau der Sprache* ist unser vorrangiges Ziel. Und das ist so selbstverständlich zu vertreten wie die Ziele des Physik- oder Biologielehrers zum Beispiel! (Menzel 1999: 16; Hervorh. im Original)

Dass sich Kinder für derartige Arbeit begeistern lassen und dadurch nachhaltiger explizites Wissen über Sprache erwerben als mit der klassischen ‚Beispiel-Merksatz-Übung'-Methode des traditionellen Grammatikunterrichts, ist zwar ebenfalls noch kaum empirisch nachgewiesen, jedoch plausibel begründet und durch zahlreiche Einzelbeobachtungen belegt.

Was der Grammatik-Werkstatt und vergleichbaren Konzeptionen hingegen fast vollständig fehlt, ist die Berücksichtigung der Bedürfnisse mehrsprachiger Lerner/innen. Einerseits ist diesen die induktive Erarbeitung von Gesetzmäßigkeiten aufgrund des Mangels an analysiertem sprachlichem Wissen häufig nicht möglich; die durchdachten und aufwändig vorbereiteten Manipulations- und Beobachtungsaufgaben gehen dadurch möglicherweise ins Leere. Informelle Erfahrungen sprechen ebenso wie Untersuchungen beispielsweise von Rösch (2007: 288f.) dafür, dass die L2-Lerner/innen in stärkerem Maße strukturierte und explizite Sprachförderung auch auf der metasprachlichen Ebene benötigen.

Andererseits werden die aufgrund der Mehrsprachigkeit eventuell vorhandenen Vorteile der Lerner/innen nicht in die Planung einbezogen. Es bietet sich in diesem Zusammenhang an, den unter anderem von Oomen-Welke (vgl. 5.1.2) geforderten Sprachvergleich systematisch unter Verwendung geeigneter Beispiele einzusetzen. So können die vorhandenen metasprachlichen Fähigkeiten (insbesondere hinsichtlich der Kontrolle sprachlicher Verarbeitung) genutzt werden. Gleichzeitig wird an diesen Fähigkeiten angeknüpft, wodurch sie sich (im Gegensatz zum Status quo, vgl. 4.3.3) auch weiterentwickeln dürften. Die empirische Überprüfung dieser bisher nur angenommenen Zusammenhänge ist eine wesentliche Aufgabe der Forschung in den nächsten Jahren.

5.3 Fazit

Einigkeit herrscht in der Zweitspracherwerbsforschung [...] darüber, dass Kinder, die in mehrsprachigen Kontexten aufwachsen, besondere metasprachliche Fähigkeiten entwickeln, die sich in größerer Sprachbewusstheit äußern. (Jeuk 2007: 64).

Wie dieses Zitat zeigt, besteht in der aktuellen grammatikdidaktischen Diskussion die Tendenz, mehrsprachigen Kindern pauschal überdurchschnittliche metasprachliche Fähigkeiten zuzuschreiben (vgl. auch z.B. Oomen-Welke 2006^2c: 455) – auf der Basis von Einzelbeobachtungen oder der unhinterfragten Übertragung von unter völlig anderen Bedingungen zustande gekommenen Untersuchungsergebnissen.

Diese Annahme wurde in der vorliegenden Untersuchung mit insgesamt 80 beteiligten Kindern aus den Klassenstufen 1 und 4 anhand von vier unterschiedlichen metasprachlichen Aufgabenstellungen (Grammatikalitätsurteile, Fragen zum Wortbegriff, lexikalische Segmentierung, Bildung formaler Definitionen) überprüft. Die Ergebnisse lassen insgesamt den Schluss zu, dass bei Kindern mit Deutsch als früher Zweitsprache nicht pauschal besondere metasprachliche Fähigkeiten angenommen werden können.

Die mehrsprachigen Kinder haben offenbar in einzelnen Bereichen etwas bessere Startbedingungen als gleichaltrige Einsprachige, was den Umgang mit und die bewusste Betrachtung von Sprache angeht. Dies betrifft, wie die Auswertung der Grammatikalitätsurteile (vgl. 4.2.2) und der lexikalischen Segmentierung (4.2.4) zeigte, insbesondere die Fähigkeit, die Verarbeitung von Sprache zu kontrollieren und sich bewusst auf bestimmte sprachliche Ebenen zu konzentrieren bzw. andere auszublenden. Jedoch wird bei der Betrachtung der weiteren Ergebnisse deutlich, dass diese Startbedingungen nicht adäquat genutzt werden: Am Ende der Grundschulzeit war bei den untersuchten mehrsprachigen Viertklässler/inne/n kein solcher

Vorsprung mehr erkennbar; sie wurden sogar von den monolingualen Gleichaltrigen überholt.

In den vor allem vom analysierten sprachlichen Wissen abhängigen Bereichen dagegen wiesen die Kinder mit Deutsch als L1 zu Beginn der Schulzeit Vorteile auf: So etwa bei der Beurteilung grammatikalisch fehlerhafter Sätze (vgl. 4.2.2) oder bei der expliziten Begründung metasprachlicher Aussagen (vgl. 4.2.3). Eine Angleichung fand in diesen Bereichen nicht statt: Hier erzielten auch in der Gruppe der Viertklässler/innen die einsprachigen Kinder die deutlich besseren Ergebnisse.

Das Fazit mag aufgrund dieser kleinen, nur zwei verschiedene Schulen umfassenden Stichprobe gewagt erscheinen, es passt jedoch gut zu zahlreichen anderen Befunden (vgl. 1.6): Der Deutschunterricht, insbesondere der Grammatikunterricht, versagt im Umgang mit den Zweitsprachlerner/inne/n gleich in zweifacher Hinsicht.

- Einerseits werden die Defizite der mehrsprachigen Kinder hinsichtlich der Kenntnis und sicheren Verwendung sprachlicher Strukturen (*analysis*) nicht ausgeglichen.
- Andererseits gelingt es nicht, die besonderen Stärken der mehrsprachigen Kinder hinsichtlich der distanzierten / deautomatisierten Sprachbetrachtung und der Kontrolle der sprachlichen Verarbeitung (*control*) zu nutzen und weiter anzuregen.

Angesichts dessen ist es die Aufgabe der Grammatikdidaktik, sich auf die Bedürfnisse mehrsprachiger Lerner/innen besser einzustellen. Es müssen Konzepte entwickelt und kritisch erprobt werden, die die Defizite dieser Kinder hinsichtlich der sprachlichen Fähigkeiten und hinsichtlich des analysierten sprachlichen Wissens ausgleichen können und die gleichzeitig ihre Fähigkeit zur Kontrolle der sprachlichen Verarbeitung gewinnbringend nutzen. „Was wissen Kinder über Sprache?" (Wehr 2001) – Die Antwort auf diese Frage muss bei der Planung des Sprachunterrichts endlich das ihr zustehende Gewicht erhalten.

6 Literaturverzeichnis

Ahrenholz, B. (2008): Zweitspracherwerbsforschung. In: ders. und Oomen-Welke, Ingelore: *Deutsch als Zweitsprache* (DTP Bd. 9). Baltmannsweiler: Schneider, 64-80.

Andresen, H. (1985): *Schriftspracherwerb und die Entstehung von Sprachbewusstheit.* Opladen: Westdeutscher Verlag.

Andresen, H. (2002): Spiel, Interaktion und Dekontextualisierung von Sprache vor Schulbeginn. *Der Deutschunterricht* 3/2002, 39-46.

Andresen, H. (2005): *Vom Sprechen zum Schreiben: Sprachentwicklung zwischen dem vierten und siebten Lebensjahr.* Stuttgart: Klett-Cotta.

Apeltauer, E. (1997): *Grundlagen des Erst- und Fremdsprachenerwerbs.* München: Langenscheidt.

Bade, K. & Bommes, M. (2004): Einleitung: Integrationspotentiale in modernen europäischen Wohlfahrtsstaaten – der Fall Deutschland. In: Bade, K., Bommes, M. & Münz, R. (Hrsg.): *Migrationsreport 2004. Fakten – Analysen – Perspektiven.* Frankfurt a. M.: Campus, 11-42.

Belke, G. (1998): Das Spiel mit der Abweichung im Deutschunterricht mehrsprachiger Lerngruppen. In: Giese, H. & Ossner, J. (Hrsg.): *Sprache thematisieren. Fachdidaktische und unterrichtswissenschaftliche Aspekte.* Freiburg i. Br.: Fillibach, 147-166.

Belke, G. (2003³): *Mehrsprachigkeit im Deutschunterricht. Sprachspiele – Spracherwerb – Sprachvermittlung.* Baltmannsweiler: Schneider.

Belke, G. (2006²): Methoden des Sprachunterrichts in multilingualen Lerngruppen. In: Bredel, U., Klotz, P., Ossner, J. & Siebert-Ott, G. (Hrsg.): *Didaktik der deutschen Sprache. Ein Handbuch.* Paderborn: Schöningh, 840-853.

Belke, G. & Geck, M. (2007³): *Das Rumpelfax. Singen, Spielen, Üben im Grammatikunterricht. Handreichungen für den Deutschunterricht in mehrsprachigen Lerngruppen.* Baltmannsweiler: Schneider.

Benelli, B., Belacchi, C., Gini, G. & Lucangeli, D. (2006): 'To define means to say what you know about things': the development of definitional skills as metalinguistic acquisition. *Journal of Child Language* 33, 71-97.

Bense, E. (1981): Der Einfluss von Zweisprachigkeit auf die Entwicklung der metasprachlichen Fähigkeiten von Kindern. *Osnabrücker Beiträge zur Sprachtheorie* 20, 114-138.

Ben-Zeev, S. (1977): The influence of bilingualism on cognitive strategy and cognitive development. *Child Development* 48, 1009-1018.

Berthoud-Papandropoulou, I. & Sinclair, H. (1983): Meaningful or meaningless: Children's judgments. In: Seiler, T. B. & Wannenmacher, W. (Hrsg.): *Concept development and the development of word meaning.* Berlin/New York: Springer, 90-99.

Bialystok, E. (1986a): Children's concept of word. *Journal of Psycholinguistic Research* 15, 13-32.

Bialystok, E. (1986b): Factors in growth of linguistic awareness. *Child Development* 57, 498-510.
Bialystok, E. (1987): Words as things: Development of word concept by bilingual children. *Studies in Second Language Acquisition* 9, 133-140.
Bialystok, E. (1988): Levels of bilingualism and levels of linguistic awareness. *Developmental Psychology* 24, 560-567.
Bialystok, E. (1991a): Introduction. In: dies. (Hrsg.): *Language processing in bilingual children.* Cambridge: CUP, 1-9.
Bialystok, E. (1991b): Metalinguistic dimensions of bilingual language proficiency. In: dies. (Hrsg.): *Language processing in bilingual children.* Cambridge: CUP, 113-140.
Bialystok, E. (1999): Cognitive complexity and attentional control in the bilingual mind. *Child Development* 70, 636-644.
Bialystok, E. (2001): *Bilingualism in Development. Language, Literacy, and Cognition.* Cambridge: CUP.
Bialystok, E. (2011): Reshaping the mind: The benefits of bilingualism. *Canadian Journal of Experimental Psychology* 65, 229-235.
Bialystok, E. & Cummins, J. (1991): Language, cognition, and education of bilingual children. In: Bialystok, E. (Hrsg.): *Language processing in bilingual children.* Cambridge: CUP, 222-232.
Bialystok, E. & Martin, M. (2004): Attention and inhibition in bilingual children: evidence from the dimensional change card sort task. *Developmental Science* 7.3, 325-339.
Bialystok, E. & Ryan, E. B. (1985): Toward a Defenition of Metalinguistic Skill. *Merrill-Palmer Quarterly* 31, 229-251.
Blackmore, A. M., Pratt, C. & Dewsbury, A. (1995): The use of props in a syntactic awareness task. *Journal of Child Language* 22, 405-422.
Bommes, M. & Radtke, F.-O. (1993): Institutionalisierte Diskriminierung von Migrantenkindern. *Zeitschrift für Pädagogik* 39/3, 483-497.
Bredel, U. (2007): *Sprachbetrachtung und Grammatikunterricht.* Paderborn: Schöningh.
Brizic, K. (2009): Ressource Familiensprache: Eine soziolinguistische Untersuchung zum Bildungserfolg in der Migration. In: Schramm, K. & Schroeder, C. (Hrsg.): *Empirische Zugänge zu Spracherwerb und Sprachförderung in Deutsch als Zweitsprache.* Münster: Waxmann, 23-42.
Brumlik, M. (2000): Wann ist muttersprachlicher Unterricht sinnvoll? *Erziehung & Wissenschaft* 4/2000, 21.
Bußmann, H. (2002^3): *Lexikon der Sprachwissenschaft.* Stuttgart: Kröner.
Chlosta, C. & Ostermann, T. (2010^2): Grunddaten zur Mehrsprachigkeit im deutschen Bildungssystem. In: Ahrenholz, B. & Oomen-Welke, I. (Hrsg.): *Deutsch als Zweitsprache.* Baltmannsweiler: Schneider, 17-30.

Clark, E. (1978): Awareness of language: Some evidence from what children say and do. In: Sinclair, A., Levelt, W. & Jarvella, R. (Hrsg.): *The child's conception of language*. New York: Springer, 17-44.

Colzato, L., Bajo, M. T., Wildenberg, W. v. d., Paolieri, D., Nieuwenhuis, S., La Heij, W. & Hommel, B. (2008): How Does Bilingualism Improve Executive Control? A Comparison of Active and Reactive Inhibition Mechanisms. *Journal of Experimental Psychology: Learning, Memory and Cognition* 34 (2), 302-312.

Cromdal, J. (1999): Childhood bilingualism and metalinguistic skills: Analysis and control in young Swedish-English bilinguals. *Applied Psycholinguistics* 20, 1-20.

Cummins, J. (1979): Linguistic interdependence and the educational development of bilingual children. *Review of Educational Research* 49, 222-251.

Cummins, J. (2000): *Language, Power and Pedagogy. Bilingual Children in the Crossfire*. Clevedon et al.: Multilingual Matters.

Crain, S. & Thornton, R. (Hrsg.) (1998): *Investigations in Universal Grammar. A Guide to Experiments on the Acquisition of Syntax*. Cambridge: MIT Press.

Dalbert, C. & Schöler, H. (1991): Metasprachliches und primärsprachliches Wissen: Wissen dysgrammatisch sprechende Kinder mehr über Sprache, als sie können? *Die Sprachheilarbeit* 36, 4-13.

Demont, E. & Gombert, J. E. (1995): Activités métalinguistiques et acquisition de l'écrit. *Eduquer et Former. Théories et Pratiques* 3/1995, 11-25.

Donmall, G. (1985): *Language Awareness. NCLE Reports and Papers 6*. London: CILT.

Dürscheid, C. (2010^5): *Syntax. Grundlagen und Theorien*. Stuttgart: UTB.

Ehlers, S. (2002): Lesesozialisation zugewanderter Sprachminderheiten. In: Hug, M. & Richter, S. (Hrsg.): *Ergebnisse aus soziologischer und psychologischer Forschung: Impulse für den Deutschunterricht*. Baltmannsweiler: Schneider, 44-61.

Eisenberg, P. & Menzel, W. (1995): Grammatik-Werkstatt. *Praxis Deutsch* 129, 14-23.

Essen, A. v. (1997): Language awareness and knowledge about language: An overview. In: Lier, L. v. & Corson, D. (Hrsg.): *Knowledge about language (Encyclopedia of language and education 6)*. Cordrecht: Kluwer Academic Publishers, 1-9.

Esser, H. (2006): *Sprache und Integration. Die sozialen Bedingungen und Folgen des Spracherwerbs von Migranten*. Frankfurt a. M.: Campus.

Fairclough, N. (1992): *Discourse and social change*. Cambridge: Polity Press.

Funke, R. (2000): Wann ist grammatisches Wissen in Funktion? *Der Deutschunterricht* 4/2000, 58-68.

Funke, R. (2001): *Orientiertsein in syntaktischen Strukturen. Eine Untersuchung zum grammatischen Wissen von Schülerinnen und Schülern*. Habilitationsschrift: Universität Flensburg.

Funke, R. (2005): *Sprachliches im Blickfeld des Wissens. Grammatische Kenntnisse von Schülerinnen und Schülern*. Tübingen: Niemeyer.

Funke, R. (2007): Grammatisierung beim Lesen? *Osnabrücker Beiträge zur Sprachtheorie* 73, 97-118.
Funke, R. & Sieger, J. (2009): Die Nutzung von orthographischen Hinweisen auf syntaktische Strukturen und ihre Bedeutung für das Leseverstehen. *Didaktik Deutsch* 26, 31-53.
Geilfuß-Wolfgang, J. (2007^2): Syntax. In: Meibauer, J., Demske, U., Geilfuß-Wolfgang, J., Pafel, J., Ramers, K. H., Rothweiler, M. & Steinbach, M.: *Einführung in die germanistische Linguistik*. Stuttgart/Weimar: Metzler, 121-162.
Gleitman, L. R., Gleitman, H. & Shipley, E. F. (1972): The emergence of the child as grammarian. *Cognition* 1/1972, 137-164.
Gogolin, I. (1994): *Der monolinguale Habitus der multilingualen Schule*. Münster: Waxmann.
Gogolin, I. (2000): Sprachliche Pluralität und das Lehren des Deutschen. Einige nicht fachdidaktische Anmerkungen. In: Griesmayer, N. & Wintersteiner, W. (Hrsg.): *Jenseits von Babylon. Wege zu einer interkulturellen Deutschdidaktik*. Innsbruck et al.: Studien Verlag, 13-22.
Gogolin, I. (2008): Durchgängige Sprachförderung. In: Bainski, C. & Krüger-Potratz, M. (Hrsg.): *Handbuch Sprachförderung*. Essen: Neue Deutsche Schule Verlagsgesellschaft, 13-21.
Gogolin, I. & Roth, H.-J. (2007): Bilinguale Grundschule: Ein Beitrag zur Förderung der Mehrsprachigkeit. In: Anstatt, T. (Hrsg.): *Mehrsprachigkeit bei Kindern und Erwachsenen. Erwerb – Formen – Förderung*. Tübingen: Attempto, 31-46.
Gogolin, I. & Roth, H.-J. (2009): *Schulversuch bilinguale Grundschulklassen in Hamburg – Wissenschaftliche Begleitung. Bericht 2009. Abschlussbericht über die deutsch-türkischen Modellklassen*. Hamburg: Arbeitsstelle interkulturelle Bildung.
Gombert, J. E. (1992): *Metalinguistic development*. Chicago: University Press.
Gombert, J. E. (1997): Metalinguistic development in first-language acquisition. In: Lier, L. v. & Corson, D. (Hrsg.): *Knowledge about language. Encyclopedia of language and education 6*. Dordrecht: Kluwer Academic Publishers, 43-51.
Gornik, H. (1989): Metasprachliche Entwicklung bei Kindern. Definitionsprobleme und Forschungsergebnisse – ein Überblick. *Osnabrücker Beiträge zur Sprachtheorie* 40, 39-57.
Grimm, H. (2003^2): *Störungen der Sprachentwicklung. Grundlagen – Ursachen – Diagnose – Intervention – Prävention*. Göttingen: Hogrefe.
Günther, B. & Günther, H. (2004): *Erstsprache und Zweitsprache. Einführung aus pädagogischer Sicht*. Weinheim und Basel: Beltz.
Häcki Buhofer, A. (2002): Steuert Sprachbewusstheit den eigenen Sprachgebrauch? Überlegungen zum Zusammenhang an Beispielen aus der deutschen Schweiz. *Der Deutschunterricht* 3/2002, 18-30.
Hakes, D. T. (1980): *The Development of Metalinguistic Abilities in Children*. Berlin: Springer.

Helbig, G. & Schenkel, W. (1991[8]): *Wörterbuch zur Valenz und Distribution deutscher Verben.* Tübingen: Niemeyer.

Henrici, G. & Riemer, C. (2003): Zweitspracherwerbsforschung. In: Bausch, K.-R., Christ, H. & Krumm, H.-J. (Hrsg.): *Handbuch Fremdsprachenunterricht.* Tübingen/Basel: Francke, 38-43.

Herkenrath, A., Karakoc, B. & Rehbein, J. (2003): Interrogative elements as subordinators in Turkish: Aspects of Turkish-German bilingual children's language use. In: Müller, N. (Hrsg.): *(In)vulnerable Domains in Multilingualism.* Amsterdam/Philadelphia: John Benjamins Publishing, 221-269.

Hoffmann, L. (2011): Mehrsprachigkeit im funktionalen Sprachunterricht. In: ders. & Ekinci-Kocks, Y. (Hrsg.): *Sprachdidaktik in mehrsprachigen Lerngruppen. Vermittlungspraxis Deutsch als Zweitsprache.* Baltmannsweiler: Schneider, 10-28.

Horstmann, S. (2002): SchülerInnen als Experten: Mehrsprachigkeit als Ressource im Lernbereich Sprachreflexion nutzen. *Der Deutschunterricht* 3/2002, 79-83.

Hug, M. (2007): Sprachbewusstheit / Sprachbewusstsein – the state of the art. In: Siebert-Ott, G. & Hug, M. (Hrsg.): *Sprachbewusstheit und Mehrsprachigkeit.* Baltmannsweiler: Schneider, 10-31.

Humbolt, W. v. (1973): *Schriften zur Sprache.* Stuttgart: Reclam.

Ivo, H. (2000): Die Bedeutung der interkulturellen Herausforderung für Deutschdidaktik und Deutschunterricht. In: Griesmayer, N. & Wintersteiner, W. (Hrsg.): *Jenseits von Babylon. Wege zu einer interkulturellen Deutschdidaktik.* Innsbruck et al.: Studien Verlag, 23-31.

Jansen, H., Mannhaupt, G., Marx, H. & Skrowonek, H. (2002): Bielefelder Screening zur Früherkennung von Lese-Rechtschreibschwierigkeiten. Göttingen: Hogrefe.

Januschek, F., Paprotté, W. & Rohde, W. (1979): Zur Ontogenese metasprachlicher Handlungen. *Osnabrücker Beiträge zur Sprachtheorie* 10, 37-69

Januschek, F., Andresen, H. & Giese, H. (1981): Editorial. *Osnabrücker Beiträge zur Sprachtheorie* 20, 4-9.

Jeuk, S. (2003): *Erste Schritte in der Zweitsprache Deutsch. Eine empirische Untersuchung zum Zweitspracherwerb türkischer Migrantenkinder in Kindertageseinrichtungen.* Freiburg i. Br.: Fillibach.

Jeuk, S. (2005): Zweitspracherwerb im Vorschulalter. *Grundschule* 3/2005, 36-38.

Jeuk, S. (2007): Sprachbewusstheit bei mehrsprachigen Kindern im Vorschulalter. In: Siebert-Ott, G. & Hug, M. (Hrsg.): *Sprachbewusstheit und Mehrsprachigkeit.* Baltmannsweiler: Schneider, 64-78.

Jeuk, S. (2010): *Deutsch als Zweitsprache in der Schule. Grundlagen – Diagnose – Förderung.* Stuttgart: Kohlhammer.

Karmiloff-Smith, A. (1992): *Beyond Modularity. A Developmental Perspective on Cognitive Science.* Cambridge: MIT Press.

Karmiloff-Smith, A., Grant, J., Sims, K., Jones, M.-C. & Cuckle, P. (1996): Rethinking metalinguistic awareness: representing and accessing knowledge about what counts as a word. *Cognition* 58, 93-108.

Keim, I. & Tracy, R. (2007): Mehrsprachigkeit und Migration. In: Frech, S. & Meier-Braun, K.-H. (Hrsg.) *Die offene Gesellschaft. Zuwanderung und Integration.* Schwalbach: Wochenschau, 121-144.

Kempert, S. & Hardy, I. (2012): Effekte von früher Zweisprachigkeit auf das deduktive Schließen im Grundschulalter. *Zeitschrift für Entwicklungspsychologie und Pädagogische Psychologie* 44 (1), 27-39.

Klann-Delius, G. (1999): *Spracherwerb.* Stuttgart/Weimar: Metzler.

Klein, W. (1992^3): *Zweitspracherwerb. Eine Einführung.* Königstein / Ts.: Athenäum.

Klein, W. (2000): Prozesse des Zweitspracherwerbs. In: Grimm, H. (Hrsg.): *Sprachentwicklung. Enzyklopädie der Psychologie. Bd. 3.* Göttingen: Hogrefe, 537-570.

Klieme, E., Artelt, C., Hartig, J., Jude, N., Köller, O., Prenzel, M., Schneider, W. & Stanat, P. (Hrsg.) (2009): *Pisa 2009. Bilanz nach einem Jahrzehnt. Zusammenfassung.* http://pisa.dipf.de/pisa-2009/ergebnisberichte/PISA_2009_Zusammenfassung.pdf/view (30.09.2013)

Klotz, P. (1996): *Grammatische Wege zur Textgestaltungskompetenz. Theorie und Empirie.* Tübingen: Niemeyer.

Knapp, W. (2001): Förderung von Kindern aus sprachlichen Minderheiten. *Grundschule* 5/2001, 18-20.

Kniffka, G. & Siebert-Ott, G. (2009^2): *Deutsch als Zweitsprache. Lehren und Lernen.* Paderborn: Schöningh.

Kocianová, M. (2005): *Metasprachliche Fähigkeiten zweisprachiger Kinder. Zum Zusammenhang von sprachlicher und metasprachlicher Leistungsfähigkeit und die damit einhergehenden Implikationen für eine adäquate Förderung der Russisch-Deutsch sprechenden Kinder im Grundschulalter.* http:// deposit.d-nb.de/cgi-bin/dokserv?idn= 976667908&dok_var=d1&dok_ext=pdf&filename= 976667908. pdf (30.09.2013)

Köller, W. (1997^4): *Funktionaler Grammatikunterricht. Tempus, Genus, Modus: Wozu wurde das erfunden?* Baltmannsweiler: Schneider.

Krafft, A. (2008): Vorsprung durch Mehrsprachigkeit? Zum Verhältnis von Mehrsprachigkeit und metasprachlichem Wissen. In: Engin, H. & Olsen, R. (Hrsg.): *Interkulturalität und Mehrsprachigkeit.* Baltmannsweiler: Schneider, 77-78.

Krafft, A. (2011): Förderung in der Zweitsprache Deutsch auf der Basis metasprachlicher Fähigkeiten – Kann Sprachreflexion zu einem erfolgreichen (Zweit-) Spracherwerb beitragen? In: ders. & Spiegel, C. (Hrsg.): *Sprachliche Förderung und Weiterbildung – transdisziplinär.* Frankfurt a. M.: Lang, 33-50.

Kroffke, S. & Rothweiler, M. (2006): Variation im frühen Zweitspracherwerb des Deutschen durch Kinder mit türkischer Erstsprache. In: Vliegen, M. (Hrsg.): *Variation in Sprachtheorie und Spracherwerb.* Frankfurt a. M.: Lang, 145-153.

Küspert, P. & Schneider, W. (2006⁶): *Hören, lauschen, lernen. Sprachspiele für Kinder im Vorschulalter. Würzburger Trainingsprogramm zur Vorbereitung auf den Erwerb der Schriftsprache.* Göttingen: Vandenhoeck & Ruprecht.
Kuyumcu, R. (2007): Metasprachliche Entwicklung zweisprachig aufwachsender türkischer Kinder im Vorschulalter. In: Siebert-Ott, G. & Hug, M. (Hrsg.): *Sprachbewusstheit und Mehrsprachigkeit.* Baltmannsweiler: Schneider, 79-94.
Lier, L. v. (1995): *Introducing Language Awareness.* London: Penguin.
List, G. (1992): Zur Entwicklung metasprachlicher Fähigkeiten. Aus der Sicht der Sprachpsychologie. *Der Deutschunterricht* 4/1992, 15-23.
Luchtenberg, S. (1995): Language awareness-Konzeptionen. Ein Weg zur Aktualisierung des Lernbereichs „Reflexion über Sprache". *Der Deutschunterricht* 4/1995, 93-109.
Luchtenberg, S. (2006²): Entwicklung mündlicher Fähigkeiten im mehrsprachigen Kontext. In: Bredel, U., Klotz, P., Ossner, J. & Siebert-Ott, G. (Hrsg.): *Didaktik der deutschen Sprache. Ein Handbuch.* Paderborn: Schöningh, 121-132.
Luchtenberg, S. (2010²): Language Awareness. In: Ahrenholz, B. & Oomen-Welke, I. (Hrsg.): *Deutsch als Zweitsprache.* Baltmannsweiler: Schneider, 107-117.
Lundberg, I., Frost, J. & Petersen, O.-P. (1988): Effects of an extensive program for stimulating phonological awareness in preschool children. *Reading Research Quarterly* 23, 263-284.
Malakoff, M. & Hakuta, K. (1991): Translation skill and metalinguistic awareness in bilinguals. In: Bialystok, E. (Hrsg.): *Language processing in bilingual children.* Cambridge: CUP, 141-166.
Marx, H. (1997): Erwerb des Lesens und des Rechtschreibens: Literaturüberblick. In: Weinert, F. E. & Helmke, A. (Hrsg.): *Entwicklung im Grundschulalter.* Weinheim: Beltz, 85-111.
McDaniel, D. & Cairns, H. S. (1996): Eliciting Judgments of Grammaticality and Reference. In: McDaniel, D., McKee, C. & Cairns, H. S. (Hrsg.): *Methods for Assessing Children's Syntax.* Cambridge: MIT Press, 233-254.
Meisel, J. M. (2001): The simultaneous acquisition of two first languages: early differentiation and subsequent development of grammars. In: Cenoz, J. & Genesee, F. (Hrsg.): *Trends in Bilingual Acquisition.* Amsterdam/Philadelphia: John Benjamins Publishing, 11-41.
Meisel, J. M. (2007): Mehrsprachigkeit in der frühen Kindheit: Zur Rolle des Alters bei Erwerbsbeginn. In: Anstatt, T. (Hrsg.): *Mehrsprachigkeit bei Kindern und Erwachsenen. Erwerb – Formen – Förderung.* Tübingen: Attempto, 93-114.
Meisel, J. M. (2009): Second Language Acquisition in Early Childhood. *Zeitschrift für Sprachwissenschaft* 28, 5-34.
Menzel, W. (1999): *Grammatik-Werkstatt. Theorie und Praxis eines prozessorientierten Grammatikunterrichts für die Primar- und Sekundarstufe.* Seelze-Velber: Kallmeyer.
Müller, N. (2003): Introduction. In: dies. (Hrsg.): *(In)vulnerable Domains in Multilingualism.* Amsterdam/Philadelphia: John Benjamins Publishing, vii-xiv.

Müller, N., Cantone, K. F., Kupisch, T. & Schmitz, K. (2007[2]): *Einführung in die Mehrsprachigkeitsforschung.* Tübingen: Narr.

Nauwerck, P. (2005): *Zweisprachigkeit im Kindergarten. Konzepte und Bedingungen für das Gelingen.* Freiburg i. Br.: Fillibach.

Neuland, E. (2002): Sprachbewusstsein – eine zentrale Kategorie für den Sprachunterricht. *Der Deutschunterricht* 3/2002, 4-10.

Neumann, U. (2003): *Mehrsprachigkeit als Ressource. Plädoyer für eine Umorientierung der Schule.* http://www.praeventionstag.de/html/Get Dokumentation.cms?XID=42 (30.09.2013)

Nicholson, T. (1997): Phonological awareness and learning to read. In: Lier, L. v. & Corson, D. (Hrsg.): *Knowledge about language. Encyclopedia of language and education 6.* Dordrecht: Kluwer Academic Publishers, 53-61.

Oksaar, E. (2003): *Zweitspracherwerb. Wege zur Mehrsprachigkeit und zur interkulturellen Verständigung.* Stuttgart: Kohlhammer.

Oomen-Welke, I. (1999): Sprachen in der Klasse. *Praxis Deutsch* 157, 14-23.

Oomen-Welke, I. (2004): *JaLing – Das Tor zu Sprachen.* www.ph-freiburg.de/jaling/ (30.09.2013)

Oomen-Welke, I. (2006a): Sprachunterricht sprachübergreifend – (wie) geht das praktisch, und hat es Effekte? In: Timm, J.-P. (Hrsg.): *Fremdsprachenlernen und Fremdsprachenforschung: Kompetenzen, Standards, Lernformen, Evaluation. Festschrift für Helmut Johannes Vollmer.* Tübingen: Narr, 303-320.

Oomen-Welke, I. & Arbeitsgruppe (2006b): *Der Sprachenfächer. Höflichkeit. Benimm bei Tisch – Begrüßung und Anrede.* Freiburg i. Br.: Freiburger Verlag / Fillibach.

Oomen-Welke, I. (2006[2]c): Entwicklung sprachlichen Wissens und Bewusstseins im mehrsprachigen Kontext. In: Bredel, U., Klotz, P., Ossner, J. & Siebert-Ott, G. (Hrsg.): *Didaktik der deutschen Sprache. Ein Handbuch.* Paderborn: Schöningh, 452-463.

Oomen-Welke, I. (2010[2]a): Präkonzepte: Sprachvorstellungen ein- und mehrsprachiger SchülerInnen. In: Ahrenholz, B. & Oomen-Welke, I. (Hrsg.): *Deutsch als Zweitsprache.* Baltmannsweiler: Schneider, 373-384.

Oomen-Welke, I. (2010[2]b): Didaktik der Sprachenvielfalt. In: Ahrenholz, B. & Oomen-Welke, I. (Hrsg.): *Deutsch als Zweitsprache.* Baltmannsweiler: Schneider, 479-492.

Oomen-Welke, I. & Projektgruppe (1998): Sprachaufmerksamkeit. Bericht über ein Forschungsprojekt. In: Apeltauer, E., Glumper, E. & Luchtenberg, S. (Hrsg.): *Erziehung für Babylon.* Baltmannsweiler: Schneider, 152-159.

Ott, M. (2006[2]): Entwicklung schriftlich-konzeptualer Fähigkeiten im mehrsprachigen Kontext. In: In: Bredel, U., Klotz, P., Ossner, J. & Siebert-Ott, G. (Hrsg.): *Didaktik der deutschen Sprache. Ein Handbuch.* Paderborn: Schöningh, 193-207.

Pagonis, G. (2009): Überlegungen zum Altersfaktor am Beispiel eines kindlichen und jugendlichen DaZ-Erwerbs. In: Ahrenholz, B. (Hrsg*.): Empirische Befunde* *zu DaZ-Erwerb und Sprachförderung. Beiträge aus dem 3. Workshop „Kinder mit Migrationshintergrund".* Freiburg i. Br.: Fillibach, 193-212.

Papandropoulou, I. & Sinclair, H. (1974): What is a word? Experimental study of children's ideas on grammar. *Human Development* 17, 241-258.

Paradis, J. (2009): Maturation: For better or for worse? *Zeitschrift für Sprachwissenschaft* 28, 41-46.

Paul, I. (1999): *Praktische Sprachreflexion.* Tübingen: Niemeyer.

Peyer, A. (2003): Language awareness: Neugier und Norm. In: Linke, A., Ortner, H. & Portmann-Tselikas, P. R. (Hrsg.): *Sprache und mehr. Ansichten einer Linguistik der täglichen Praxis.* Tübingen: Niemeyer, 323-345.

Peyer, A. & Schader, B. (2006): „Jetzt weiss ich wenigstens, wie die Wörter hergestellt werden." Wortbildung kontrastiv. *Praxis Deutsch* 201, 42-46.

Piaget, J. (1992^3): *Psychologie der Intelligenz.* Stuttgart: Klett.

Piaget, J. (2005^8): *Das Weltbild des Kindes.* München: dtv.

Pienemann, M., Keßler, J.-U. & Roos, E. (2006): *Englischerwerb in der Grundschule. Ein Studien- und Arbeitsbuch.* Paderborn: Schöningh.

Pratt, C. & Nesdale, A. R. (1984): Pragmatic awareness in children. In: Tunmer, W. E., Pratt, C., Herriman, M. L. & Bowey, J. (Hrsg.): *Metalinguistic awareness in children. Theory, research, and implications.* Berlin: Springer, 105-125.

Reich, H. (2000): Die Gegner des Herkunftssprachenunterrichts und ihre Argumente. *Deutsch lernen* 2/2000, 112-126.

Reich, H. (2006^2): Tests und Sprachstandsmessungen bei Schülern und Schülerinnen, die Deutsch nicht als Muttersprache haben. In: Bredel, U., Klotz, P., Ossner, J. & Siebert-Ott, G. (Hrsg*.): Didaktik der deutschen Sprache. Ein Handbuch.* Paderborn: Schöningh, 914-923.

Reich, H. & Roth, H.-J. (2001): *Zum Stand der nationalen und internationalen Forschung zum Spracherwerb zweisprachig aufwachsender Kinder und Jugendlicher.* Hamburg: Behörde für Schule, Jugend und Berufsbildung.

Reich, H. & Roth, H.-J. (2002*): Spracherwerb zweisprachig aufwachsender Kinder und Jugendlicher. Ein Überblick über den Stand der nationalen und internationalen Forschung.* Hamburg: Behörde für Bildung und Sport.

Rösch, H. (2003): *Deutsch als Zweitsprache. Grundlagen, Übungsideen, Kopiervorlagen zur Sprachförderung.* Braunschweig: Schroedel.

Rösch, H. (2007): Das Jacobs-Sommercamp. Neue Ansätze zur Förderung von Deutsch als Zweitsprache. In: Ahrenholz, B. (Hrsg.): *Kinder mit Migrationshintergrund – Spracherwerb und Fördermöglichkeiten.* Freiburg i. Br.: Fillibach, 287-302.

Roth, H.-J. (2008): Verfahren zur Sprachstandsfeststellung – ein kritischer Überblick. In: Bainski, C. & Krüger-Potratz, M. (Hrsg.): *Handbuch Sprachförderung.* Essen: Neue Deutsche Schule Verlagsgesellschaft, 22-41.

Rothstein, B. (2011): Deutschunterricht und Qualifikation in der Herkunftssprache? In: Ders. (Hrsg.): *Sprachvergleich in der Schule.* Baltmannsweiler: Schneider, 9-26.

Rothweiler, M. (2006): The Acquisition of V2 and subordinate clauses in early successive acquisition of German. In: Lleó, C. (Hrsg.): *Interfaces in Multilingualism. Acquisition and representation.* Amsterdam/Philadelphia: John Benjamins Publishing, 91-113.

Rothweiler, M. (2007^2): Spracherwerb. In: Meibauer, J., Demske, U., Geilfuß-Wolfgang, J., Pafel, J., Ramers, K. H., Rothweiler, M. & Steinbach, M.: *Einführung in die germanistische Linguistik.* Stuttgart/Weimar: Metzler, 253-295.

Sandra, D. (1997): Morphological awareness and the second language learner. In: Lier, L. van & Corson, D. (Hrsg.): *Knowledge about language (Encyclopedia of language and education 6).* Cordrecht: Kluwer Academic Publishers, 63-71.

Schader, B. (2000*): Sprachenvielfalt als Chance. Handbuch für den Unterricht in mehrsprachigen Klassen.* Zürich: Orell Füssli.

Scheerer-Neumann, G. (1997): Was lernen Kinder beim Schriftspracherwerb außer Lesen und Schreiben? In: Balhorn, H. & Niemann, H. (Hrsg.): *Sprachen werden Schrift. Mündlichkeit – Schriftlichkeit – Mehrsprachigkeit.* Lengwil: Libelle, 86-93.

Scheib, A. (2011): *Mehrsprachigkeit in der Schule.* Masterarbeit, Pädagogische Hochschule Karlsruhe.

Schmidt, W. (1966^2): *Grundfragen der deutschen Grammatik. Eine Einführung in die funktionale Sprachlehre.* Berlin: Volk und Wissen.

Schöler, H. (1987): Zur Entwicklung metasprachlichen Wissens. In: Deutsche Gesellschaft für Sprachheilpädagogik e.V. (Hrsg.): *Spracherwerb und Sprachstörungen.* Hamburg: Wartenberg, 339-359.

Schöler, H. (2006^2): Sprachleistungsmessungen. In: Bredel, U., Klotz, P., Ossner, J. & Siebert-Ott, G. (Hrsg.): *Didaktik der deutschen Sprache. Ein Handbuch.* Paderborn: Schöningh, 898-913.

Schöler, H., Anzer, A. & Illichmann, E. (1986): Untersuchungen zu metasprachlichen Fähigkeiten dysgrammatisch sprechender Kinder. *Die Sprachheilarbeit* 31, 279-285.

Schulz, P. & Grimm, A. (2012): Spracherwerb. In: Drügh, H.; Komfort-Hein, S.; Kraß, A.; Meier, C.; Rohowski, G.; Seidel, R. & Weiß, H. (Hrsg.): *Germanistik. Sprachwissenschaft – Literaturwissenschaft – Schlüsselkompetenzen.* Stuttgart/Weimar: Metzler, 155-172.

Schulz, P., Kersten, A. & Kleissendorf, B. (2009): Zwischen Spracherwerbsforschung und Bildungspolitik: Sprachdiagnostik in der frühen Kindheit. *Zeitschrift für Soziologie der Erziehung und Sozialisation* 2/2009, 122-140.

Schulz, P. & Tracy, R. (2011): *LiSe-DaZ. Linguistische Sprachstandserhebung – Deutsch als Zweitsprache.* Göttingen: Hogrefe.

Schulz, P. & Tracy, R. (2012): *LiSe-DaZ. Linguistische Sprachstandserhebung – Deutsch als Zweitsprache. Das Projekt.* http://lise-daz.uni-mannheim.de/?page_id=4 (30.09.2013)

Siebert-Ott, G. (2000): „Elitebilingualismus" und „Konfliktzweisprachigkeit" (folk bilingualism). Über den Umgang mit Problemen und Chancen der Mehrsprachigkeit auch in der Lehrerausbildung. In: Griesmayer, N. & Wintersteiner, W. (Hrsg.): *Jenseits von Babylon. Wege zu einer interkulturellen Deutschdidaktik.* Innsbruck et al.: Studien Verlag, 89-105.

Siebert-Ott, G. (2006²): Muttersprachendidaktik – Zweitsprachendidaktik – Fremdsprachendidaktik – Multilingualität. In: Bredel, U., Klotz, P., Ossner, J. & Siebert-Ott, G. (Hrsg.): *Didaktik der deutschen Sprache. Ein Handbuch.* Paderborn: Schöningh, 30-41.

Snow, C., Cancino, H., de Temple, J. & Schley, S. (1991): Giving formal definitions: a linguistic or metalinguistic skill? In: Bialystok, E. (Hrsg.): *Language processing in bilingual children.* Cambridge: CUP, 90-112.

Szagun, G. (1996⁶)*: Sprachentwicklung beim Kind.* Weinheim et al.: Beltz.

Thoma, D. & Tracy, R. (2006): Deutsch als frühe Fremdsprache: zweite Erstsprache? In: Ahrenholz, B. (Hrsg.): *Kinder mit Migrationshintergrund. Spracherwerb und Fördermöglichkeiten.* Freiburg i. Br.: Fillibach, 58-79.

Tomlinson, B. (1994): Pragmatic Awareness Activities. *Language Awareness* 3/1994, 119-129.

Tracy, R. (1990): Spracherwerb trotz Input. In: Rothweiler, M. (Hrsg.): *Spracherwerb und Grammatik.* Opladen: Westdeutscher Verlag, 22-49.

Tracy, R. (1996): Grammatikmodell und Empirie: Die Gratwanderung zwischen Überinterpretation und Reduktion. In: Ehlich, K. (Hrsg.): *Kindliche Sprachentwicklung: Konzepte und Empirie.* Opladen: Westdeutscher Verlag, 31-52.

Tracy, R. (2003): *Sprachliche Frühförderung – Konzeptuelle Grundlagen eines Programms zur Förderung von Deutsch als Zweitsprache im Vorschulalter.* Mannheim: Universität Mannheim, Forschungs- und Kontaktstelle Mehrsprachigkeit.

Tracy, R. (2007): Wieviele Sprachen passen in einen Kopf? Mehrsprachigkeit als Herausforderung für Gesellschaft und Forschung. In: Anstatt, T. (Hrsg.): *Mehrsprachigkeit bei Kindern und Erwachsenen. Erwerb – Formen – Förderung.* Tübingen: Attempto, 69-92.

Tracy, R. (2008²): *Wie Kinder Sprachen lernen. Und wie wir sie dabei unterstützen können.* Tübingen: Francke.

Tracy, R. (2009): Beyond maturation. *Zeitschrift für Sprachwissenschaft* 28, 59-68.

Tracy, R. & Gawlitzek-Maiwald, I. (2000): Bilingualismus in der frühen Kindheit. In: Grimm, H. (Hrsg.): *Enzyklopädie der Psychologie. Band 3.* Göttingen: Hogrefe, 495-535.

Vonhoff, C. (2006): *Die Entwicklung von metasprachlichen Fähigkeiten bei Kindern mit Deutsch als Zweitsprache. Konzeptionelle Überlegungen zur Förderung in der Grundschule.* Wissenschaftliche Hausarbeit, Pädagogische Hochschule Karlsruhe.

Waller, M. (1988): Komponenten der metasprachlichen Entwicklung und Bedingungen ihres ontogenetischen Aufbaus. *Zeitschrift für Entwicklungspsychologie und Pädagogische Psychologie* 20, 297-321.

Wehr, S. (2001): *Was wissen Kinder über Sprache? Die Bedeutung von Meta-Sprache für den Erwerb der Schrift- und Lautsprache. Forschungsüberblick, theoretische Klärungen, Arbeitshilfen für die sprachheilpädagogische und logopädische Praxis*. Bern et al.: Haupt.

Weisgerber, L. (1966): Vorteile und Gefahren der Zweisprachigkeit. *Wirkendes Wort* 2/1966, 73-89.

Wieland, R. (2010): Sprache gebrauchen, Sprache thematisieren – Grammatikunterricht. In: Huneke, H.-W., Frederking, V., Krommer, A. & Meier, C. (Hrsg.): *Taschenbuch des Deutschunterrichts. Bd. 1: Sprach- und Mediendidaktik*. Baltmannsweiler: Schneider, 336-359.

Wolff, D. (2002): Sprachbewusstheit im Fremdsprachenunterricht. *Der Deutschunterricht* 3/2002, 31-38.

Wygotski, L. S. (1974): *Denken und Sprechen*. Frankfurt a. M.: Fischer.

7 Anhang

7.1 Material für die Sprachstandserhebung: LiSe-DaZ – Pilotierung III (Modul: Sprachproduktion)
© Christopher Tracy (unveröffentlichte Vorversion)

Bild 1:
Das sind Lise und ihre Freunde. Zusammen mit dem kleinen Hund erleben sie viele Abenteuer im Park.
Ü: Schau mal, die drei Kinder STEHEN hier. Und der Junge…?
Ü: Und wo ist der Hund?

Bild 2:
Lise hat sich mit ihrem Freund Ibo im Park getroffen. Er will wissen, was sie heute machen wollen.
1. Was muss Ibo fragen?

Die Kinder wollen zuerst auf der Wiese spielen…

Bild 3:
Auf einmal hören Lise und Ibo ein Geräusch – Wau-Wau. Es kommt aus einer Mülltonne. Die Kinder überlegen, was in der Tonne ist.
1. Was glauben die?

Mal sehen, ob's stimmt…

Bild 4:
Da steckt tatsächlich ein kleiner Hund drin.
1. Warum macht der Hund so ein trauriges Gesicht?

Bild 5:
Oh, sieh mal, was passiert hier?
1. Ibo versucht...

Ja, Ibo versucht, dem Hund zu helfen. Meinst du, er schafft das?

Bild 6:
Toll/Doch, die Kinder haben den Hund gerettet. Sie wollen ihn zum Spielen mitnehmen...

Bild 7:
1. Guck mal, was passiert hier?

Plötzlich hören alle ein lautes Geräusch und der Hund rennt dahin. Die Kinder rennen hinterher...

Bild 8:
Da wird gerade ein Baum gefällt. Oh, das sieht gefährlich aus. Guck mal, der eine Arbeiter macht SO.

1. Was will der denn?
Ich hoffe, da passiert nichts. Mal sehen, ob die Kinder den Hund aufhalten können.

Bild 9:
Zum Glück ist nichts passiert. Lise und Ibo gehen jetzt weiter. Den Hund wollen sie aber NUR mitnehmen, wenn er nicht mehr allein wegrennt.
1. Ibo sagt zu dem Hund: Du darfst nur mitkommen,…

Bild 10:
Die Kinder wollen jetzt die Tiere im Park füttern. Sie müssen die Tiere aber erst suchen. Ibo sieht sie zuerst und sagt Lise, wo die Tiere sind. Er sagt, guck mal:
1. Das Eichhörnchen sitzt…?
2. Und der Hase sitzt…?
3. Und die Enten schwimmen…?

Bild 11:
Lise hat für die Tiere Karotten und Nüsse mitgebracht. Damit füttert sie die Tiere jetzt:
1a. Die Karotte gibt sie...
1b. Und für wen sind die Nüsse?
1c. Und den Enten...?
Vielleicht sind im Park noch mehr Tiere. Schau doch mal hinter dem Busch nach!
2. Warum wollen die zu Lise?
Ibo möchte lieber weitergehen und fragt Lise, wann sie fertig ist.
3. Was kann Ibo fragen?
Jetzt gehen die Kinder weiter...

Bild 12:
Guck mal, sie treffen zwei Jungen, die Skateboard fahren. Lise möchte auch mal fahren.
1. Was muss Lise fragen?
Die Jungen sagen: Ja, du darfst. Aber der eine Junge will zuerst wissen, ob Lise schon einmal Skateboard GEFAHREN ist.
2. Was muss der Junge fragen?

Bild 13:
Lise hat das Skateboard bekommen und kann jetzt fahren.
1. Und der HUND ist auch…
Schau mal, der eine Junge will wissen, ob Ibo auch mal fahren möchte. Ibo möchte aber gerade nicht fahren.
2. Was muss er zu dem Jungen sagen?

Bild 14:
Jetzt haben sich die vier Kinder Luftballons gekauft. Schau mal, das ist ja lustig, der kleine Junge hat einen Wurstluftballon.
1. Warum läuft der Hund so dicht hinter dem kleinen Jungen her?
2. Was passiert jetzt gleich?

Bild 15:
Der Hund hat sich den Luftballon geschnappt und fliegt weg. Er winkt und ruft Tschüss.
1. Und was machen Lise und ihre Freunde?

7.2 Beispielhafte Analyse einer Sprachstandserhebung

Der folgende Beispielbogen (D2-CW1-01-M) soll die Erfassung und Auswertung der kindlichen Äußerungen nachvollziehbar machen. Die Impulse des Testleiters sind jeweils *kursiv* gedruckt.

Vor-Vorfeld	Vorfeld	Linke Klammer	Mittelfeld	Rechte Klammer	Nachfeld
Was muss Ibo fragen?					
		Könnten	wir was bitte	spielen?	
Es kommt aus einer Mülltonne.					
	In der Mülltonne	ist	ein Hund drin.		
Was glauben die?					
	Ein Hund.				
Warum macht der Hund so ein trauriges Gesicht?					
		Weiß	ich nicht.		
	Ibo	versucht,	den Mülleimer	runterzuschmeißen.	
Guck mal, was passiert hier?					
	Die	spielen	Frisbee.		
Was will der denn?					
Stopp,	hier	dürft	ihr nicht durch.		
Du darfst nur mitkommen,					
		wenn	du nicht	weglaufst.	
	Das Eichhörnchen	sitzt	auf einem Ast.		
Und	der Hase	sitzt	auf m Gras.		
Und	die Enten	schwimmen	auf m See.		
	Die Karotte	gibt	sie dem Hasen.		
Und für wen sind die Nüsse?					
			Für den Eichhörnchen.		
Und den Enten...					
			Brot.		
Warum wollen die zu Lise?					
Weil	die	wollen	auch Nüsse.		
Was kann Ibo fragen?					
		Könnten	wir in einer Minute	gehen,	
		wenn	du die Tiere	gefüttert hast?	
Was muss Lise fragen?					

		Dürfte	ich bitte auch einmal	fahren?	
Was muss der Junge fragen?					
		Hast	du schon mal Skateboard	gefahren?	
Und	*der Hund*	ist	auch auf dem Skateboard drauf.		
Was muss er dem Jungen sagen?					
	Ich	möchte	nicht.		
Warum läuft der Hund so dicht hinter dem kleinen Jungen her?					
Weil	der	will	die Wurstballon.		
Was passiert jetzt gleich?					
	Der	wird		platzen,	
	der	springt		hoch,	
nein	der	fliegt		hoch.	
Und was machen Lise und ihre Freunde?					
	Die	winken	auch.		

Satzstrukturen:

Typ	Anzahl	Beispiel
Verbzweitsätze	10	Weil die wollen auch Nüsse.[34]
Verbletztsätze	3	…wenn du die Tiere gefüttert hast?
Verberstsätze	5	Dürfte ich bitte auch einmal fahren?
Konstruktionen ohne Verb	1	Ein Hund.
Abweichende Konstruktionen	0	–

Verben in finiter Position:

Typ	Anzahl	Beispiel
nicht flektiert (ungrammatisch)	0	–
nicht flektiert (korrekt)	1	…den Mülleimer runterzuschmeißen.
nicht korrekt flektiert	1	…wenn du nicht weglaufst.
korrekt flektiert	16	Könnten wir was bitte spielen?

---

[34] [weil] wird hier als nebenordnende Konjunktion und nicht als Subjunktion verwendet – eine in der gesprochenen Sprache übliche Abweichung von der traditionell-schriftsprachlichen Norm, die situativ angemessen ist und deshalb nicht als Fehler gewertet wird.

Erwerb der Satzklammer: Elemente in der rechten Klammer in V2- und V1-Sätzen[35]

Typ	Anzahl	Beispiel
rechte Klammer nicht besetzt	8	Die spielen Frisbee.
Infinitiv in der rechten Klammer	4	Dürfte ich bitte auch einmal fahren?
Partizip II in der rechten Klammer	1	Hast du schon mal Skateboard gefahren?
Verbpartikel in der rechten Klammer	2	Der springt hoch.

Wortstellung und Flexion in der Nominalgruppe

Typ	Anzahl	Beispiel
kein Determinierer (ungrammatisch)	0	–
kein Determinierer (korrekt)	4	Weil die wollen auch Nüsse.
Determinierer / Nomen nicht korrekt flektiert	2	Weil der will die Wurstballon.[36]
Determinierer und Nomen korrekt flektiert	11	In der Mülltonne ist ein Hund drin.

Wortstellung und Flexion in der Präpositionalgruppe

Typ	Anzahl	Beispiel
Präposition fehlt	0	–
Präposition semant. abweichend	0	–
Präposition semant. korrekt – Det. / Nom. nicht korrekt flektiert	1	Für den Eichhörnchen.
Präposition semant. korrekt – Det. / Nom. korrekt flektiert	6	…auf m See.[37]

---

[35] VL-Sätze werden hier nicht berücksichtigt, da bei diesen die rechte Klammer obligatorisch gefüllt ist.

[36] Dieser Fehler muss als solcher erfasst werden, ist aber damit nicht automatisch ein Indiz für mangelnde Flexionskompetenz: Möglicherweise hat das Kind die Formulierung während des Äußerungsprozesses umgeformt; der feminine Artikel würde zum (evtl. ursprünglich intendierten) weiblichen Nomen passen: „Weil der will die Wurst." Ähnliche Fehler unterliefen auch Erstsprachlerner/inne/n recht häufig.

[37] Umgangssprachliche Konstruktionen, bei denen aufgrund phonologischer Prozesse Schwa-Laute und andere Phoneme getilgt bzw. der lautlichen Umgebung angepasst wurden, müssen als korrekt gewertet werden.

7.3 Fragebogen (Kl. 1)

(1) Grammatikalitätsurteile

Als erstes möchte ich dir Trulli vorstellen. Der Arme ist gestern die Treppe hinunter gefallen und hat sich am Kopf ganz furchtbar wehgetan. Jetzt will er lernen, wieder richtig Deutsch zu sprechen. *Hilfst du mir dabei?* Vielleicht hilft es ihm, wenn du ihm mit diesen Schildern anzeigst, ob es richtig war, was er gesagt hat – oder ob er einen Fehler gemacht hat. Zum Üben sagt er manchmal ganz komische Dinge, die eigentlich gar nicht sein können, die er sich aber ausgedacht hat. Zum Beispiel – Trulli, sag mal was:

Der Mülleimer liest ein Buch. – Ist das richtiges Deutsch? – Ja, es ist zwar eigentlich Unsinn, weil Mülleimer nicht lesen können. Aber man kann sich das ja ausdenken – oder? Und der Satz enthält keinen Fehler, das ist richtiges Deutsch.

Manchmal sagt er aber auch Sätze, die einfach falsch sind, in denen ein Fehler drinsteckt. Das ist dann kein richtiges Deutsch. Das merkst du sicher auch, dann sagen wir: falsch. Wir probieren es einfach mal aus:

    a) *Ein Fahrrad stehen auf dem Hof.*
    b) *Die Kinder spielen Fußball.*
    c) *Die Banane hüpft durch das Zimmer.*

Alternativ:
    d) *Das Haus geht über die Straße.*

	richtig	falsch
1.1 Heute scheint die Sonne, und meine Tasse schleckt ein Erdbeereis.	☐	☐
1.2 Mein Skateboard ist krank und können heute nicht in die Schule kommen.	☐	☐
1.3 Nachdem Anna Hausaufgaben die gemacht hat, geht sie auf den Spielplatz.	☐	☐
1.4 Wenn mein Fahrrad Durst hat, trinkt es am liebsten ein Glas Wasser.	☐	☐
1.5 Im Zoo schaue ich gern Affen den beim Klettern zu.	☐	☐
1.6 Die Frau sitzt im Schaukelstuhl und liest ein spannendes Buch.	☐	☐
1.7 Wenn mein Bruder Zeit hat, dann spielt er gerne mit mir.	☐	☐

1.8 Der Baum fressen meine Sandburg, die ich gestern gebaut habe, einfach auf.	**richtig** ☐	**falsch** ☐	
1.9 Heute scheinen die Sonne, und meine Tasse schleckt ein Erdbeereis.	**richtig** ☐	**falsch** ☐	
1.10 Mein Bruder ist krank und können heute nicht in die Schule kommen.	**richtig** ☐	**falsch** ☐	
1.11 Nachdem der Kühlschrank Hausaufgaben die gemacht hat, geht er auf den Spielplatz.	**richtig** ☐	**falsch** ☐	
1.12 Wenn meine Mutter Durst hat, trinkt sie am liebsten ein Glas Wasser.	**richtig** ☐	**falsch** ☐	
1.13 Im Zoo schaue ich gern den Affen beim Klettern zu.	**richtig** ☐	**falsch** ☐	
1.14 Der Baum frisst meine Sandburg, die ich gestern gebaut habe, einfach auf.	**richtig** ☐	**falsch** ☐	
1.15 Wenn Bruder mein Zeit hat, dann spielt er gerne mit mir.	**richtig** ☐	**falsch** ☐	
Kommentar:			
1.16 Die Kerze sitzt im Schaukelstuhl und liest ein spannendes Buch.	**richtig** ☐	**falsch** ☐	
Kommentar:			

(2) Wortbegriff

2.1 Gut, ich habe gesehen, dass du schon eine ganze Menge über die Sprache weißt. Kannst du mir auch sagen, was ein Wort ist?
_____

2.2 Kannst du mir denn ein Wort nennen?
_____

2.3 Ist „weil" ein Wort? Warum (nicht)?
_____

2.4 Welches Wort ist länger: „Zug" oder „Regenwurm"?
_____

(3) Lexikalische Segmentierung

Dann kannst du bestimmt auch zählen, wie viele Wörter ich dir vorspreche. Pass auf: Damit wir nicht durcheinander kommen, legst du für jedes Wort einen Klotz auf den Tisch. Ich mache es dir mal vor, und dann probierst du es, okay?

    a)   Tisch Ball grün Stift
    b)   Tag nach Kind Stuhl

3.1 haben   mit   Bäume   der
☐   ☐   ☐   ☐
3.2 runde   im   spielt   dem   schön
☐   ☐   ☐   ☐   ☐
3.3 Vor   dem   Haus   steht   ein   Baum.
☐   ☐   ☐   ☐   ☐   ☐
3.4 Die   Kinder   sitzen   gerade   im   Zimmer.
☐   ☐   ☐   ☐   ☐   ☐
3.5 Der   Apfelsaft   im   Becher   schmeckt   zuckersüß.
☐   ☐   ☐   ☐   ☐   ☐
3.6 Im   Baumhaus   liegen   steinharte   Schneebälle.
☐   ☐   ☐   ☐   ☐
3.7 Du hast vorhin „Baum" als ein Wort gezählt, und „Haus" als ein Wort gezählt. Ist denn jetzt „Baumhaus" ein Wort, oder sind es zwei? Warum?

(4) Bildung formaler Definitionen

Wir sind schon fast fertig. Als letztes möchte ich dich bitten, mir ein paar Wörter zu erklären. Du kennst sie ganz bestimmt. Du erklärst mir einfach, was jedes Wort bedeutet. Einverstanden? Was bedeutet…

Impuls:	Definition:
4.1 Lehrer	
4.2 Vogel	
4.3 Baum	
4.4 Bleistift	
4.5 Schwamm	
4.6 Würfel	
4.7 stolpern	
4.8 erraten	
4.9 Mitleid	
4.10 Mut	

7.4 Beispielhafter Verlauf einer Vorbereitungsphase zum Befragungsteil „Grammatikalitätsurteile"

Das Gespräch, mit dem der Untersuchungsteil „Grammatikalitätsurteile" vorbereitet wurde, konnte nicht in völlig standardisierter Form ablaufen (vgl. 4.2.2). Hier folgt ein mögliches (und typisches) Beispiel für Proband/inn/en der 1. Klasse.

TL (Testleiter)[38]: Guck mal, jetzt wollt' ich dir gerne hier den Trulli vorstellen. *Hallo, I.!* Guck mal, der Arme, der ist gestern die Treppe runtergefallen und hat sich am Kopf ganz furchtbar wehgetan. Und jetzt will er lernen, oder muss er lernen, wieder richtig Deutsch zu sprechen. Der hat das verlernt, weil es da alles so durchgeschüttelt hat. *Hilfst du mir dabei?*

K (Kind)[39]: Ja.

TL: Das ist prima. Guck mal, vielleicht hilft es ihm schon, wenn du ihm hier mit den Schildern zeigst, ob das richtig war, was er gesagt hat, ja? ((Zeigt die grüne Karte.)) Oder ob er einen Fehler gemacht hat. Dann nehmen wir die rote Karte. ((Zeigt die rote Karte.)) Okay, probieren wir das?

K: ((Nickt.))

TL: Aber ich muss dir zuerst noch was sagen: Zum Üben – wir üben ja jetzt mit dem Trulli – zum Üben sagt der Trulli manchmal ganz komische Dinge, ganz komische Sätze, die er sich ausgedacht hat, die eigentlich gar nicht sein

---

[38] Die Äußerungen, die der Handpuppe zugeschrieben werden, sind kursiv gedruckt. Bei diesen Äußerungen wurde darauf geachtet, dass kein Blickkontakt zwischen Testleiter und Kind bestand, sondern dass die Kinder nach Möglichkeit Blickkontakt zur Handpuppe aufnahmen. Dies ließ sich u. a. dadurch unterstützen, dass der TL selbst die Handpuppe anschaute.

[39] Es handelt sich hier um ein Kind der ersten Klasse mit Deutsch als L2: D2-CW1-03-W.

	können. Zum Beispiel – Trulli, sag mal was: *Der Mülleimer liest ein Buch.* – *Ist das richtiges Deutsch?* Hm, also es ist ja Quatsch, oder? Kann ein Mülleimer lesen?
K:	((Schüttelt den Kopf.))
TL:	Aber man kann sich das ja vorstellen. Der Mülleimer liest ein Buch. Und sonst ist da eigentlich kein Fehler drin. Also, es ist zwar Quatsch, ein Quatschsatz, aber es ist richtiges Deutsch. ((Zeigt die grüne Karte.)) Okay? Ja?
K:	((Nickt.))
TL:	Manchmal sagt der Trulli aber auch Sätze, wo falsche Wörter drin sind, wo wirklich ein Fehler drinsteckt, das ist dann kein richtiges Deutsch. Das merkst du dann sicher auch, dann sagen wir: Falsch. Probieren wir's mal aus?
K:	((Nickt.))
TL:	*Ein Fahrrad stehen auf dem Hof.*
K:	((Zeigt die grüne Karte.)) Richtiges Deutsch.
TL:	Sagst du den Satz mal?
K:	Ein Fahrrad steht auf dem Hof.
TL:	Mhm. Jetzt pass mal genau auf, was der Trulli sagt: *Ein Fahrrad stehen auf dem Hof.* Du hast was anderes gesagt, du hast es nämlich richtig gesagt. Und der Trulli? Trulli, sag's nochmal: *Ein Fahrrad stehen auf dem Hof.*
K:	((Zeigt die rote Karte.))
TL:	Welches Wort ist da falsch?
K:	Stehen.
TL:	Ja, genau! Da zeigen wir ihm aber die Karte! Hallo, Trulli, pass auf! Streng dich an! *Okay. Hm – Die Katze trinken gern Milch.*
K:	((Zeigt die rote Karte.))
TL:	Das ist wieder falsch, super. Trulli, streng dich an! *Okay, jetzt probier ich's nochmal. Die Kinder spielen Fußball.*
K:	((Zeigt die grüne Karte.))
TL:	Das ist richtig, super. Trulli, jetzt überleg dir nochmal so einen Quatschsatz, einen Unsinnssatz, und wir überlegen dann nur: Ist es richtiges Deutsch, oder steckt ein Fehler drin. *Die Banane hüpft durch das Zimmer.* Das ist Quatsch. Richtiges Deutsch?
K:	((Zeigt die grüne Karte.))
TL:	Super, gut gemacht.

7.5 Informationen zur Sprachbiographie der Proband/inn/en mit DaZ

Kl. 1, DaZ

	Erstsprache	bevorzugte Sprache (Angabe Eltern)[40]	besser beherrschte Sprache (Angabe Eltern)[41]	bevorzugte Sprache (Angabe Kind)[42]	besser beherrschte Sprache (Angabe Kind)[43]	Schriftspracherwerb in L1	Mutterspr. Unterricht in L1
D2-CW1-01-M	Türkisch	0	3	1	3	ja	ja
D2-CW1-02-W	Polnisch	0	1	2	2	nein	nein
D2-CW1-03-W	Serb.-Kr.	0	3	2	2	nein	nein
D2-CW1-04-W	Bosnisch	2	2	2	2	nein	nein
D2-CW1-05-M	Alban.	2	1	2	1	nein	nein
D2-CW1-06-W	Serb.-Kr.	0	1	2	1	ja	ja
D2-CW1-07-W	Türkisch	0	3	2	2	nein	nein
D2-CW1-08-M	Russisch	2	2	2	2	nein	nein
D2-CW1-09-M	Russisch	0	0	2	0	ja	ja
D2-KA1-10-M	Russisch	2	2	0	2	nein	nein
D2-KA1-11-M	Italien.	0	3	1	1	ja	nein
D2-KA1-12-M	Türkisch	0	2	0	1	ja	ja
D2-KA1-13-M	Russisch	2	2	1	2	nein	nein
D2-KA1-14-M	Italien.	0	0	0	0	nein	nein
D2-KA1-15-M	Polnisch	0	0	2	2	nein	nein
D2-KA1-16-M	Russisch	2	0	2	1	ja	nein
D2-KA1-17-M	Englisch	0	0	2	0	nein	nein
D2-KA1-18-W	Russisch	0	2	1	2	ja	nein
D2-KA1-19-M	Türkisch	2	2	2	2	ja	ja
D2-KA1-20-M	Russisch	0	3	0	0	ja	nein

---

[40] 0 = keine Angabe; 1 = Erstsprache; 2 = Zweitsprache (Deutsch)
[41] 0 = keine Angabe; 1 = Erstsprache; 2 = Zweitsprache (Deutsch); 3 = beide Sprachen
[42] 0 = keine Angabe; 1 = Erstsprache; 2 = Zweitsprache (Deutsch)
[43] 0 = keine Angabe; 1 = Erstsprache; 2 = Zweitsprache (Deutsch); 3 = beide Sprachen

Kl. 4, DaZ

	Erstsprache	bevorzugte Sprache (Angabe Eltern)[44]	besser beherrschte Sprache (Angabe Eltern)[45]	bevorzugte Sprache (Angabe Kind)[46]	besser beherrschte Sprache (Angabe Kind)[47]	Schriftspracherwerb in L1	Mutterspr. Unterricht in L1
D2-CW4-01-M	Türkisch	0	2	2	2	ja	ja
D2-CW4-02-W	Türkisch	2	0	1	2	ja	ja
D2-CW4-03-M	Alban.	2	2	2	2	ja	nein
D2-CW4-04-W	Alban.	0	1	2	2	nein	nein
D2-CW4-05-M	Serb.-Kr.	0	2	2	2	ja	ja
D2-CW4-06-M	Italien.	0	1	0	2	ja	nein
D2-CW4-07-W	Italien.	0	0	2	2	ja	ja
D2-CW4-08-W	Türkisch	2	2	2	2	nein	nein
D2-CW4-09-M	Italien.	0	1	2	1	ja	ja
D2-CW4-10-M	Türkisch	2	2	2	2	ja	nein
D2-CW4-11-W	Portug.	0	0	2	2	ja	ja
D2-KA4-12-M	Serb.-Kr.	2	2	2	2	ja	nein
D2-KA4-13-W	Bosnisch	0	0	0	1	nein	nein
D2-KA4-14-M	Rumän.	0	0	2	2	nein	nein
D2-KA4-15-M	Alban.	2	2	2	0	nein	nein
D2-KA4-16-W	Türkisch	2	2	0	2	ja	ja
D2-KA4-17-W	Persisch	2	0	0	2	ja	ja
D2-KA4-18-W	Kurdisch	0	0	1	0	ja	nein
D2-KA4-19-M	Serb.-Kr.	0	2	2	2	ja	ja
D2-KA4-20-M	Romani	2	2	2	1	nein	nein

---

[44] 0 = keine Angabe; 1 = Erstsprache; 2 = Zweitsprache (Deutsch)
[45] 0 = keine Angabe; 1 = Erstsprache; 2 = Zweitsprache (Deutsch); 3 = beide Sprachen
[46] 0 = keine Angabe; 1 = Erstsprache; 2 = Zweitsprache (Deutsch)
[47] 0 = keine Angabe; 1 = Erstsprache; 2 = Zweitsprache (Deutsch); 3 = beide Sprachen

7.6 Rohwerte der Proband/inn/en

Kl. 1, DaM

	LiseDaZ-Ergebnis[48]	Gramm.-Urteile +G+M[49]	Gramm.-Urteile −g−m[50]	Gramm.-Urteile −g+M[51]	Gramm.-Urteile +G−m[52]	Wort: Definition[53]	Wort: Beispiel[54]
D1-CW1-01-W	D	4	4	2	0	0	2
D1-CW1-02-M	D	4	4	3	3	2	1
D1-CW1-03-M	D	4	1	1	4	2	1
D1-CW1-04-M	D	4	3	4	4	0	1
D1-CW1-05-M	D	4	3	3	1	2	2
D1-CW1-06-M	D	3	4	1	0	2	1
D1-CW1-07-M	D	4	3	0	2	0	1
D1-CW1-08-M	D	4	4	1	0	2	1
D1-CW1-09-M	D	4	4	4	2	1	2
D1-CW1-10-W	D	4	3	2	3	2	2
D1-CW1-11-M	D	4	4	3	0	0	1
D1-KA1-12-W	D	3	4	3	4	2	1
D1-KA1-13-W	D	4	4	1	0	0	1
D1-KA1-14-M	D	4	4	1	1	2	1
D1-KA1-15-W	D	4	4	3	0	0	2
D1-KA1-16-M	D	4	4	4	4	2	2
D1-KA1-17-M	D	4	3	2	1	2	2
D1-KA1-18-W	D	3	4	3	0	2	2
D1-KA1-19-M	D	3	4	3	0	2	1
D1-KA1-20-M	D	4	4	4	3	2	1

---

[48] D = durchschnittlich, UD = unterdurchschnittlich
[49] Anzahl der korrekt beurteilten Items, von 4
[50] Anzahl der korrekt beurteilten Items, von 4
[51] Anzahl der korrekt beurteilten Items, von 4
[52] Anzahl der korrekt beurteilten Items, von 4
[53] 0 = keine Definition; 1 = metasprachliche Definition; 2 = nicht metasprachliche Definition
[54] 1 = korrektes Beispiel; 2 = kein korrektes Beispiel

	weil: Einstufung[55]	weil: Begründung[56]	Wortlänge[57]	Baumhaus: Einstufung[58]	Baumhaus: Begründung[59]	Seg.: unverb., offene Kl.[60]	Seg.: unverb., geschl. Kl.[61]
D1-CW1-01-W	2	0	1	1	2	5	3
D1-CW1-02-M	1	2	1	2	2	5	3
D1-CW1-03-M	1	1	2	2	1	5	3
D1-CW1-04-M	1	0	1	2	2	5	4
D1-CW1-05-M	2	2	1	2	2	5	4
D1-CW1-06-M	2	1	1	2	2	1	3
D1-CW1-07-M	2	0	1	2	2	5	3
D1-CW1-08-M	1	1	1	2	2	5	4
D1-CW1-09-M	2	2	1	1	1	5	4
D1-CW1-10-W	1	1	1	2	1	5	4
D1-CW1-11-M	1	1	1	2	2	5	3
D1-KA1-12-W	1	1	1	1	1	5	4
D1-KA1-13-W	2	0	1	2	2	5	4
D1-KA1-14-M	2	1	1	2	2	5	4
D1-KA1-15-W	2	0	1	2	2	5	3
D1-KA1-16-M	0	0	1	1	1	5	0
D1-KA1-17-M	2	2	1	1	1	5	4
D1-KA1-18-W	2	1	1	1	1	5	4
D1-KA1-19-M	2	2	1	2	2	5	3
D1-KA1-20-M	1	1	1	2	2	5	3

---

[55] 0 = keine Aussage; 1 = ‚weil': Wort; 2 = ‚weil': kein Wort
[56] 0 = keine Begründung; 1 = metasprachliche Begründung; 2 = nicht metasprachliche Begründung
[57] 1 = ‚Regenwurm': länger; 2 = ‚Zug': länger
[58] 0 = keine Aussage; 1 = ‚Baumhaus': ein Wort; 2 = ‚Baumhaus': zwei Wörter
[59] 0 = keine Begründung; 1 = metasprachliche Begründung; 2 = nicht metasprachliche Begründung
[60] Anzahl der korrekt gezählten Wörter, von 5
[61] Anzahl der korrekt gezählten Wörter, von 4

	Seg.: verb., offene Kl.[62]	Seg.: verb., geschl. Kl.[63]	Seg.: verb., Komposita[64]	Formale Def.: Nomen 1[65]	Formale Def.: Nomen 2[66]	Formale Def.: Verben.[67]	Formale Def.: Nomen 3.[68]
D1-CW1-01-W	11	1	1	0	0	0	0
D1-CW1-02-M	13	0	1	1	0	0	0
D1-CW1-03-M	12	3	0	0	2	1	0
D1-CW1-04-M	8	8	0	0	0	0	0
D1-CW1-05-M	10	8	0	0	0	0	0
D1-CW1-06-M	8	8	0	0	0	0	0
D1-CW1-07-M	13	8	3	0	0	0	0
D1-CW1-08-M	12	8	3	0	0	0	0
D1-CW1-09-M	4	1	3	0	0	0	0
D1-CW1-10-W	10	8	0	2	1	0	0
D1-CW1-11-M	11	6	1	1	0	0	0
D1-KA1-12-W	12	8	2	0	0	0	0
D1-KA1-13-W	13	7	3	0	0	0	0
D1-KA1-14-M	9	7	0	0	0	0	0
D1-KA1-15-W	9	7	0	0	0	0	1
D1-KA1-16-M	11	0	3	1	0	0	0
D1-KA1-17-M	12	8	2	0	0	0	0
D1-KA1-18-W	13	8	3	0	0	0	0
D1-KA1-19-M	11	7	0	2	2	0	0
D1-KA1-20-M	11	8	1	0	0	0	0

[62] Anzahl der korrekt gezählten Wörter, von 15
[63] Anzahl der korrekt gezählten Wörter, von 8
[64] Anzahl der korrekt gezählten Wörter, von 5
[65] Anzahl der formalen Definitionen (Stufe 5), von 3
[66] Anzahl der formalen Definitionen (Stufe 5), von 3
[67] Anzahl der formalen Definitionen (Stufe 5), von 2
[68] Anzahl der formalen Definitionen (Stufe 5), von 2

Kl. 1, DaZ

	LiseDaZ-Ergebnis[69]	Gramm.-Urteile +G+M[70]	Gramm.-Urteile –g–m[71]	Gramm.-Urteile –g+M[72]	Gramm.-Urteile +G–m[73]	Wort: Definition[74]	Wort: Beispiel[75]
D2-CW1-01-M	D	4	4	1	2	0	2
D2-CW1-02-W	D	4	4	2	3	1	2
D2-CW1-03-W	UD	4	4	4	3	0	1
D2-CW1-04-W	D	4	4	1	0	2	1
D2-CW1-05-M	D	3	4	1	1	0	1
D2-CW1-06-W	UD	4	4	1	2	0	2
D2-CW1-07-W	UD	4	0	0	4	2	2
D2-CW1-08-M	D	4	3	3	4	2	1
D2-CW1-09-M	UD	3	4	3	3	1	1
D2-KA1-10-M	D	3	4	2	1	0	2
D2-KA1-11-M	UD	4	2	1	3	1	1
D2-KA1-12-M	UD	3	2	1	2	0	1
D2-KA1-13-M	UD	3	3	1	0	2	2
D2-KA1-14-M	D	4	3	0	2	2	1
D2-KA1-15-M	UD	4	4	0	0	2	2
D2-KA1-16-M	D	4	1	0	2	1	2
D2-KA1-17-M	D	4	4	2	4	0	1
D2-KA1-18-W	UD	4	4	2	0	2	2
D2-KA1-19-M	D	4	4	0	2	3	2
D2-KA1-20-M	UD	4	3	3	3	1	2

---

[69] D = durchschnittlich, UD = unterdurchschnittlich
[70] Anzahl der korrekt beurteilten Items, von 4
[71] Anzahl der korrekt beurteilten Items, von 4
[72] Anzahl der korrekt beurteilten Items, von 4
[73] Anzahl der korrekt beurteilten Items, von 4
[74] 0 = keine Definition; 1 = metasprachliche Definition; 2 = nicht metasprachliche Definition
[75] 1 = korrektes Beispiel, 2 = kein korrektes Beispiel

	weil: Ein-stufung[76]	weil: Begründung[77]	Wortlänge[78]	Baumhaus: Einstufung[79]	Baumhaus: Begründung[80]	Seg.: unverb., offene Kl.[81]	Seg.: unverb., geschl. Kl.[82]
D2-CW1-01-M	2	0	1	2	2	5	3
D2-CW1-02-W	2	1	1	2	2	5	4
D2-CW1-03-W	1	0	1	1	2	5	4
D2-CW1-04-W	2	0	2	2	0	5	4
D2-CW1-05-M	2	0	1	2	2	4	4
D2-CW1-06-W	2	0	2	1	0	2	3
D2-CW1-07-W	2	1	1	2	2	5	3
D2-CW1-08-M	2	0	1	2	2	3	4
D2-CW1-09-M	1	0	1	2	2	5	3
D2-KA1-10-M	1	1	1	1	2	5	4
D2-KA1-11-M	1	1	1	2	2	5	3
D2-KA1-12-M	1	2	1	1	2	2	2
D2-KA1-13-M	1	1	1	2	2	5	3
D2-KA1-14-M	1	0	1	2	0	5	4
D2-KA1-15-M	2	0	1	2	1	5	3
D2-KA1-16-M	2	2	1	2	2	5	4
D2-KA1-17-M	1	2	1	2	2	5	4
D2-KA1-18-W	1	0	2	2	2	5	4
D2-KA1-19-M	2	2	1	2	2	5	4
D2-KA1-20-M	1	1	1	2	2	5	3

---

[76] 0 = keine Aussage; 1 = ‚weil': Wort; 2 = ‚weil': kein Wort
[77] 0 = keine Begründung; 1 = metasprachliche Begründung; 2 = nicht metasprachliche Begründung
[78] 1 = ‚Regenwurm': länger; 2 = ‚Zug': länger
[79] 0 = keine Aussage; 1 = ‚Baumhaus': ein Wort; 2 = ‚Baumhaus': zwei Wörter
[80] 0 = keine Begründung; 1 = metasprachliche Begründung; 2 = nicht metasprachliche Begründung
[81] Anzahl der korrekt gezählten Wörter, von 5
[82] Anzahl der korrekt gezählten Wörter, von 4

	Seg.: verb., offene Kl.[83]	Seg.: verb., geschl. Kl.[84]	Seg.: verb., Komposita[85]	Formale Def.: Nomen 1[86]	Formale Def.: Nomen 2[87]	Formale Def.: Verben.[88]	Formale Def.: Nomen 3.[89]
D2-CW1-01-M	5	8	0	0	0	0	0
D2-CW1-02-W	10	8	0	3	0	1	0
D2-CW1-03-W	12	7	2	0	0	0	0
D2-CW1-04-W	10	8	1	0	0	0	0
D2-CW1-05-M	12	5	2	0	0	0	0
D2-CW1-06-W	10	6	0	0	0	0	0
D2-CW1-07-W	10	7	1	0	0	0	0
D2-CW1-08-M	12	8	2	0	0	0	0
D2-CW1-09-M	13	8	3	0	0	0	0
D2-KA1-10-M	12	6	1	0	0	0	0
D2-KA1-11-M	9	8	0	0	0	0	0
D2-KA1-12-M	3	3	0	0	0	0	0
D2-KA1-13-M	11	8	1	0	0	0	0
D2-KA1-14-M	5	8	0	0	1	0	0
D2-KA1-15-M	11	7	3	0	0	0	0
D2-KA1-16-M	11	8	1	2	0	0	0
D2-KA1-17-M	9	8	0	0	0	0	0
D2-KA1-18-W	13	8	3	0	0	0	0
D2-KA1-19-M	9	8	0	2	2	0	0
D2-KA1-20-M	10	8	0	0	0	0	0

---

[83] Anzahl der korrekt gezählten Wörter, von 15
[84] Anzahl der korrekt gezählten Wörter, von 8
[85] Anzahl der korrekt gezählten Wörter, von 5
[86] Anzahl der formalen Definitionen (Stufe 5), von 3
[87] Anzahl der formalen Definitionen (Stufe 5), von 3
[88] Anzahl der formalen Definitionen (Stufe 5), von 2
[89] Anzahl der formalen Definitionen (Stufe 5), von 2

Kl. 4, DaM

	LiseDaZ-Ergebnis[90]	Gramm.-Urteile +G+M[91]	Gramm.-Urteile –g–m[92]	Gramm.-Urteile –g+M[93]	Gramm.-Urteile +G–m[94]	Wort: Definition[95]	Wort: Beispiel[96]
D1-CW4-01-M	D	3	4	4	4	1	1
D1-CW4-02-W	D	4	4	4	4	1	1
D1-CW4-03-M	D	4	4	4	4	0	1
D1-CW4-04-W	D	3	3	4	4	1	1
D1-CW4-05-M	D	4	2	4	3	2	1
D1-CW4-06-W	D	4	4	3	3	2	1
D1-CW4-07-M	D	4	4	4	4	0	1
D1-CW4-08-W	D	4	3	4	3	2	1
D1-CW4-09-M	D	4	4	2	4	1	1
D1-KA4-10-M	D	4	4	4	3	1	1
D1-KA4-11-W	D	3	4	4	4	1	1
D1-KA4-12-W	D	4	4	1	4	0	1
D1-KA4-13-W	D	4	4	4	4	1	1
D1-KA4-14-W	D	4	4	4	4	0	2
D1-KA4-15-W	D	4	4	4	4	2	1
D1-KA4-16-W	D	4	4	4	4	1	1
D1-KA4-17-M	D	4	4	4	4	2	1
D1-KA4-18-W	D	4	4	4	0	1	2
D1-KA4-19-W	D	4	4	4	4	1	1
D1-KA4-20-W	D	4	4	4	4	1	1

---

[90] D = durchschnittlich, UD = unterdurchschnittlich
[91] Anzahl der korrekt beurteilten Items, von 4
[92] Anzahl der korrekt beurteilten Items, von 4
[93] Anzahl der korrekt beurteilten Items, von 4
[94] Anzahl der korrekt beurteilten Items, von 4
[95] 0 = keine Definition; 1 = metasprachliche Definition; 2 = nicht metasprachliche Definition
[96] 1 = korrektes Beispiel, 2 = kein korrektes Beispiel

	weil: Einstufung[97]	weil: Begründung[98]	Baumhaus: Einstufung[99]	Baumhaus: Begründung[100]	Seg.: unverb., offene Kl.[101]	Seg.: unverb., geschl. Kl.[102]
D1-CW4-01-M	2	0	2	2	5	4
D1-CW4-02-W	1	1	1	1	5	4
D1-CW4-03-M	2	1	1	1	5	4
D1-CW4-04-W	1	1	1	1	5	3
D1-CW4-05-M	1	0	1	1	5	3
D1-CW4-06-W	2	0	1	1	4	0
D1-CW4-07-M	1	0	1	1	5	4
D1-CW4-08-W	2	1	1	1	5	4
D1-CW4-09-M	2	1	1	1	5	4
D1-KA4-10-M	1	1	1	1	5	4
D1-KA4-11-W	1	1	1	1	5	3
D1-KA4-12-W	2	2	2	2	5	4
D1-KA4-13-W	1	1	1	1	5	4
D1-KA4-14-W	1	1	1	2	5	3
D1-KA4-15-W	1	1	1	2	5	1
D1-KA4-16-W	1	1	1	1	5	4
D1-KA4-17-M	1	2	1	1	5	4
D1-KA4-18-W	2	1	1	1	5	4
D1-KA4-19-W	1	2	1	1	5	4
D1-KA4-20-W	1	1	1	1	5	4

---

[97] 0 = keine Aussage; 1 = ‚weil': Wort; 2 = ‚weil': kein Wort
[98] 0 = keine Begründung; 1 = metasprachliche Begründung; 2 = nicht metasprachliche Begründung
[99] 0 = keine Aussage; 1 = ‚Baumhaus': ein Wort; 2 = ‚Baumhaus': zwei Wörter
[100] 0 = keine Begründung; 1 = metasprachliche Begründung; 2 = nicht metasprachliche Begründung
[101] Anzahl der korrekt gezählten Wörter, von 5
[102] Anzahl der korrekt gezählten Wörter, von 4

	Seg.: verb., offene Kl.[103]	Seg.: verb., geschl. Kl.[104]	Seg.: verb., Komposita[105]	Formale Def.: Nomen 1[106]	Formale Def.: Nomen 2[107]	Formale Def.: Verben.[108]	Formale Def.: Nomen 3.[109]
D1-CW4-01-M	13	2	2	3	2	0	1
D1-CW4-02-W	15	8	5	3	3	1	2
D1-CW4-03-M	13	8	3	1	1	0	1
D1-CW4-04-W	14	8	4	0	0	0	0
D1-CW4-05-M	13	8	3	2	0	0	0
D1-CW4-06-W	9	0	4	1	0	0	0
D1-CW4-07-M	13	8	3	2	3	2	1
D1-CW4-08-W	12	8	2	2	1	0	0
D1-CW4-09-M	11	8	1	0	0	0	0
D1-KA4-10-M	13	8	3	0	0	0	1
D1-KA4-11-W	14	8	4	2	1	0	0
D1-KA4-12-W	11	8	1	0	0	0	0
D1-KA4-13-W	15	8	5	3	3	2	1
D1-KA4-14-W	12	8	2	0	2	0	0
D1-KA4-15-W	14	5	5	0	0	0	0
D1-KA4-16-W	12	8	2	2	2	2	1
D1-KA4-17-M	13	8	3	2	1	0	1
D1-KA4-18-W	14	8	4	0	0	0	0
D1-KA4-19-W	13	8	3	0	0	0	2
D1-KA4-20-W	13	8	3	3	0	1	2

---

[103] Anzahl der korrekt gezählten Wörter, von 15
[104] Anzahl der korrekt gezählten Wörter, von 8
[105] Anzahl der korrekt gezählten Wörter, von 5
[106] Anzahl der formalen Definitionen (Stufe 5), von 3
[107] Anzahl der formalen Definitionen (Stufe 5), von 3
[108] Anzahl der formalen Definitionen (Stufe 5), von 2
[109] Anzahl der formalen Definitionen (Stufe 5), von 2

Kl. 4, DaZ

	LiseDaZ-Ergebnis[110]	Gramm.-Urteile +G+M[111]	Gramm.-Urteile −g−m[112]	Gramm.-Urteile −g+M[113]	Gramm.-Urteile +G−m[114]	Wort: Definition[115]	Wort: Beispiel[116]
D2-CW4-01-M	D	4	3	2	4	0	1
D2-CW4-02-W	UD	4	3	3	4	0	1
D2-CW4-03-M	UD	4	3	0	1	0	1
D2-CW4-04-W	D	4	4	1	0	0	1
D2-CW4-05-M	D	4	4	4	4	0	1
D2-CW4-06-M	UD	4	3	4	3	1	2
D2-CW4-07-W	UD	4	4	2	1	2	1
D2-CW4-08-W	UD	4	4	1	1	2	1
D2-CW4-09-M	UD	4	4	1	1	0	1
D2-CW4-10-M	D	4	4	4	4	0	1
D2-CW4-11-W	UD	4	4	3	4	1	1
D2-KA4-12-M	D	4	4	4	4	1	1
D2-KA4-13-W	UD	3	4	0	1	0	1
D2-KA4-14-M	UD	4	4	1	0	0	1
D2-KA4-15-M	UD	4	4	2	4	2	1
D2-KA4-16-W	D	4	3	4	4	1	1
D2-KA4-17-W	D	4	4	4	4	1	1
D2-KA4-18-W	D	4	4	4	4	1	1
D2-KA4-19-M	UD	4	4	4	4	0	1
D2-KA4-20-M	UD	4	0	0	4	0	1

---

[110] D = durchschnittlich, UD = unterdurchschnittlich
[111] Anzahl der korrekt beurteilten Items, von 4
[112] Anzahl der korrekt beurteilten Items, von 4
[113] Anzahl der korrekt beurteilten Items, von 4
[114] Anzahl der korrekt beurteilten Items, von 4
[115] 0 = keine Definition; 1 = metasprachliche Definition; 2 = nicht metasprachliche Definition
[116] 1 = korrektes Beispiel, 2 = kein korrektes Beispiel

	weil: Einstufung[117]	weil: Begründung[118]	Baumhaus: Einstufung[119]	Baumhaus: Begründung[120]	Seg.: unverb., offene Kl.[121]	Seg.: unverb., geschl. Kl.[122]
D2-CW4-01-M	2	2	2	2	3	0
D2-CW4-02-W	1	1	2	2	5	4
D2-CW4-03-M	1	1	1	2	5	4
D2-CW4-04-W	2	0	2	1	5	4
D2-CW4-05-M	1	1	1	1	5	4
D2-CW4-06-M	1	1	2	2	5	4
D2-CW4-07-W	1	0	1	1	5	3
D2-CW4-08-W	2	0	2	2	5	4
D2-CW4-09-M	1	1	1	1	5	4
D2-CW4-10-M	1	1	1	1	5	4
D2-CW4-11-W	1	1	1	1	5	4
D2-KA4-12-M	1	1	1	1	4	4
D2-KA4-13-W	1	1	1	1	5	4
D2-KA4-14-M	2	0	1	2	5	4
D2-KA4-15-M	1	1	2	2	5	4
D2-KA4-16-W	1	1	1	1	5	4
D2-KA4-17-W	1	1	1	1	5	4
D2-KA4-18-W	1	1	1	1	5	4
D2-KA4-19-M	1	0	1	1	5	4
D2-KA4-20-M	1	2	2	2	5	3

---

[117] 0 = keine Aussage; 1 = ‚weil': Wort; 2 = ‚weil': kein Wort
[118] 0 = keine Begründung; 1 = metasprachliche Begründung; 2 = nicht metasprachliche Begründung
[119] 0 = keine Aussage; 1 = ‚Baumhaus': ein Wort; 2 = ‚Baumhaus': zwei Wörter
[120] 0 = keine Begründung; 1 = metasprachliche Begründung; 2 = nicht metasprachliche Begründung
[121] Anzahl der korrekt gezählten Wörter, von 5
[122] Anzahl der korrekt gezählten Wörter, von 4

	Seg.: verb., offene Kl.[123]	Seg.: verb., geschl. Kl.[124]	Seg.: verb., Komposita[125]	Formale Def.: Nomen 1[126]	Formale Def.: Nomen 2[127]	Formale Def.: Verben.[128]	Formale Def.: Nomen 3.[129]
D2-CW4-01-M	12	1	4	2	1	0	0
D2-CW4-02-W	12	8	2	1	1	1	0
D2-CW4-03-M	13	8	3	1	0	0	0
D2-CW4-04-W	10	8	0	3	3	0	0
D2-CW4-05-M	14	7	4	0	0	0	0
D2-CW4-06-M	9	8	0	0	0	1	0
D2-CW4-07-W	12	8	2	0	0	0	0
D2-CW4-08-W	12	8	2	0	0	0	0
D2-CW4-09-M	13	8	3	1	0	0	0
D2-CW4-10-M	11	8	1	0	0	0	0
D2-CW4-11-W	14	8	4	2	2	0	0
D2-KA4-12-M	15	8	5	3	3	2	1
D2-KA4-13-W	13	8	3	0	0	0	0
D2-KA4-14-M	12	8	2	0	0	0	0
D2-KA4-15-M	12	6	1	0	0	0	0
D2-KA4-16-W	15	8	5	3	2	0	0
D2-KA4-17-W	13	8	3	2	0	0	0
D2-KA4-18-W	15	8	5	3	2	0	0
D2-KA4-19-M	13	8	3	0	0	0	0
D2-KA4-20-M	14	5	3	1	0	0	0

---

[123] Anzahl der korrekt gezählten Wörter, von 15
[124] Anzahl der korrekt gezählten Wörter, von 8
[125] Anzahl der korrekt gezählten Wörter, von 5
[126] Anzahl der formalen Definitionen (Stufe 5), von 3
[127] Anzahl der formalen Definitionen (Stufe 5), von 3
[128] Anzahl der formalen Definitionen (Stufe 5), von 2
[129] Anzahl der formalen Definitionen (Stufe 5), von 2